美国少年犯
机构化处遇研究

刘洪峰 著

EXAMINING JUVENILE INSTITUTIONAL
CORRECTION IN THE UNITED STATES

中国政法大学出版社

2019·北京

图书在版编目（CIP）数据

美国少年犯机构化处遇研究/刘洪峰著. —北京：中国政法大学出版社,2019.3

ISBN 978-7-5620-8879-0

Ⅰ.①美… Ⅱ.①刘… Ⅲ.①青少年犯罪－研究－美国 Ⅳ.①C913.5

中国版本图书馆CIP数据核字(2019)第042312号

出 版 者　　中国政法大学出版社

地　　址　　北京市海淀区西土城路 25 号

邮寄地址　　北京 100088 信箱 8034 分箱　邮编 100088

网　　址　　http://www.cuplpress.com（网络实名：中国政法大学出版社）

电　　话　　010-58908586（编辑部）　58908334（邮购部）

编辑邮箱　　zhengfadch@126.com

承　　印　　固安华明印业有限公司

开　　本　　880mm×1230mm　1/32

印　　张　　12.125

字　　数　　300 千字

版　　次　　2019 年 3 月第 1 版

印　　次　　2019 年 3 月第 1 次印刷

定　　价　　59.00 元

目 录
Contents

图表索引

绪　论

一、问题的提出

少年犯罪问题并非某一个国家所独有，其是一个人类社会必须共同面对的社会性问题。当人类社会经过长期发展终于从成长角度分化出儿童观或少年观后，人们开始认识到对少年犯单纯施以传统应报和惩罚式的刑事处罚是残酷且无益于少年犯改造的。单纯应报和惩罚式的刑事处罚既无法有效地防止少年犯再次踏上犯罪之途，也无法使少年犯经过处遇制度的改造蜕变为对社会有益的人，更无法从根本上实现减少和预防少年犯罪行为的最终目的。由于人们认识到了少年对社会的重要性，也知道少年群体更多地需要的是保护与关怀，因此，人们希望能够寻找到一种既可以保护少年，也能够有效地预防和减少少年犯罪发生的方法，少年司法与处遇制度由此应运而生。由于少年司法与处遇制度具备了上述双重优势，因此，该制度在美国诞生后，很快就被其他国家所效仿，成了世界通行的平衡少年保护和少年犯罪治理的典型应对模式。

在少年司法制度中，少年犯处遇是少年司法工作的重要组成部分，也是预防少年犯罪的重要环节。没有效果良好的少年犯处遇，就无法实现改造少年犯并使之回归社会从而在根本上减少与预防少年犯罪的最终目的。做好少年犯的处遇工作，对于帮助少年犯群体健康成长、打破少年犯罪向成年人犯罪转化以及少年群体轻犯罪向重犯罪转化的恶性循环，以至于节省国家和社会资源，都具有重要的意义。但是，从中国少年犯矫正的司法实践来看，中国的少年犯机构化处遇机制相对比较单一，少年犯矫正最主要的模式是监禁矫正，即未成年犯管教所。与美国少年犯机构化处遇机制相比，中国的少年监狱模式存在很多不完善的地方。例如，教育工作发展不平衡、社会化效果不明显、缺乏专门化的处遇机构等。这些问题在实践中妨碍了少年犯机构化处遇制度发挥其应有的功能，亟待进一步的改革和完善。

作为少年司法制度诞生地的美国，其少年司法制度是当今世界上少年司法制度的典型模式，被很多国家所借鉴、学习和研究。美国少年司法体系由少年法院、警察、受案和缓刑工作人员、政府律师（公诉人）和儿童代理人（有时候是他或她的家长）、少年拘留所、少年矫正机构等组成，在这之中，我们以前往往只关注少年法院。虽然少年法院在美国少年司法中占据重要地位，但少年犯处遇体系才真正是美国少年司法的支柱。正如王新所言："大量少年往往在真正被带到少年法院的法官面前之前就被'筛选'或者'分流'出去了，如此，其去处就是个非常关键的问题。他们实际上仍处在'监狱、拘留所、公立或者私立少年矫正机构（包括精神健康机构和反物品滥用机构）、依少年法院的指令安置儿童的社会机构、社区矫正机构、训导学校、家庭'等不同角色的掌控之中。"[1]可见，这才是美国少年司法的真正落脚点，因此，我们应当关注美国少年犯的处遇问题。当然，美国少年犯的处遇体系也在不断发展变动

---

〔1〕 参见王新："美国少年法院发展变革之路及其启示"，载《中国青年政治学院学报》2011 年第 1 期。

之中，特别是美国近年来提出了少年犯处遇多样化理论，废除了传统的大规模监禁，[1]加入了野营队、训练营等不同的机构化处遇方式，甚至提出了社会化处遇发展模式，如在对少年犯的社会内处遇当中使用电子监控，监控少年的行踪，并辅以宵禁或在家监禁等处分。中国针对少年犯之机构化处遇方式相对还比较单一，除未成年犯管教所之外，并无妥当之机构化处遇模式。但出于利于少年发展和适应少年犯罪行为多样化特征的考虑，似有引进美国少年犯机构化处遇模式之必要。基于此，本书认为，我们有必要分析美国少年司法制度中少年犯机构化处遇机制的历史发展及其未来方向，以便从中得出可以启示中国少年犯机构化处遇机制的结论，并结合中国少年犯机构化处遇的发展现状进行分析并提出建议，从而为中国少年犯机构化处遇机制的完善提出具有可操作性的指引理念、方向模式和具体进路。

二、研究现状

（一）国内研究分析

目前，直接针对美国少年犯机构化处遇的研究相对比较少，没有对此问题的专门著作和学位论文，与此主题直接相关的论文也不多。通过超星发现系统对"美国少年司法"这一主题进行检索，共出现了549条结果，但其中直接研究美国少年犯机构化处遇问题的极少。例如，唐亮的《美国少年拘留制度改革》（载《青少年犯罪问题》2002年第4期）和姚建龙的《少年司法的起源：美国少年矫正机构运动的兴起》（载《环球法律评论》2007年第1期）等。文献大多是基于美国少年司法这一大主题

---

[1]　从整体上看是去严罚化、去监禁化趋势，但是一些州仍然维持了大规模监禁。本书在后文中会作出详细论述。

框架的研究，而且随着我国对少年司法关注度的上升，研究文献也逐渐增多。以期刊研究文献为例，2010 年以来，相关研究文献大幅上升，表明学术界对该问题予以了更多的关注。

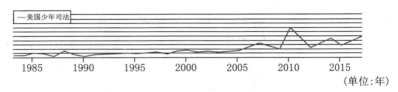

（单位：年）

图 1 "美国少年司法"主题期刊学术发展趋势图

从内容上看，与本书内容相关的研究主要可以被分为以下几个方面：

第一，针对美国少年司法的翻译性文献对美国少年犯机构化处遇内容的介绍。如耿佐林等于 1988 年翻译的《青少年犯罪》（马丁·R. 哈斯克尔、路易斯·雅布隆斯基著，群众出版社 1987 年版）是中国最早的对美国少年司法进行较为详细介绍的翻译著作。国内还翻译了一些美国少年法典，例如，《美国伊利诺伊州少年法庭法》《美国青少年犯教养法》《美国青少年教养法的补充规定》等。此外，还有对美国少年犯机构化处遇的发展的简单介绍。

第二，在美国少年司法这个大主题下涉及美国少年犯机构化处遇、少年监狱等问题的研究。例如，上海政法学院姚建龙的系列论文《少年司法的起源：美国少年矫正机构运动的兴起》（载《环球法律评论》2007 年第 1 期）、《美国少年司法严罚刑事政策的形成、实践与未来》（载《法律科学（西北政法大学学报）》2008 年第 3 期）、《标签理论及其对美国少年司法改革之影响》（载《犯罪研究》2007 年第 4 期）、《美国少年司法变迁中的正当法律程序改革及其借鉴》（载《求是学刊》2009 年第 3 期）等，张鸿巍和韦林欣的《美国少年司法的新近发展》（载《法学论坛》2005 年第 2 期），何雷的《Jackson 案和 Miller案：美国少年司法新风向标》（载《比较法研究》2013 年第 1期），赵恒的《美国少年司法的民事属性及其启示》（载《山东警察学院学报》2015 年第 5 期），于沛鑫的《美国少年司法分流制度及其对我国的启示》（载《中州学刊》2017 年第 6 期），张知博的《美国少年法院的刑事政策变迁及启示》（载《中国青年社会科学》2017 年第 2 期），童德华和肖姗姗的《美国少年犯转移制度评析》（载《广西大学学报（哲学社会科学版）》2017 年第 2 期）。此外，姚建龙根据其博士论文修改出版的《超越刑事司法——美国少年司法史纲》（法律出版社 2009 年版）大约是这些文献中最为全面和系统的。这些文献以美国少年司法为主题进行研究，但主要是对少年司法起诉、审判、量刑等方面的研究，并未涉及量刑之后的刑罚执行问题。

　　第三，在比较美国少年司法与中国少年司法这个大主题下涉及美国少年犯机构化处遇、少年监狱等问题的研究。例如，在研究美国少年司法制度的过程中提及美国少年犯机构化处遇的发展问题，但都是简单涉及。例如，杨盛欢的《中美少年司法制度比较研究》（华东政法大学 2009 年硕士学位论文），张璇的《中国少年司法制度建构的相关问题探讨——以美国少年司法制度为借鉴》（中国政法大学 2011 年博士学位论文），高维俭的《中美少年审判制度比较研究》（载徐建编：《青少年法学新视野》，中国人民公安大学出版社 2005 年版），田然和杨兴培的《我国少年司法改革的理念重塑与制度构建——以美国少年司法制度的借鉴为视角》（载《青少年犯罪问题》2017 年第 1 期）等。

　　第四，在少年监狱或未成年犯管教所的相关著作和论文中涉及美国少年犯机构化处遇问题的研究。例如，北京师范大学吴宗宪主编的《未成年犯矫正研究》（北京师范大学出版社 2012 年版），该书主要介绍未成年犯监禁矫正制度，稍有涉及美国少年监狱问题。其他关于美国少年犯机构化处遇的内容散见在一些教材和著作之中，如吴宗宪的《刑事执行法学》（中国人民大学出版社 2015 年版）、赵国玲的《刑事执行法学》（北京大学出版社 2014 年版）、刘最跃的《论未成年犯的教育和改造》（天津大学出版社 2013 年版）等，但一般都只是简单介绍而缺乏深入研究。

此外，在研究生学位论文方面，笔者尚未发现关于美国少年犯机构化处遇研究的硕士或博士学位论文。可见，本书的研究主题尚未引起足够的关注。与此主题有关的只有涉及美国少年司法的三篇论文，即杨盛欢的《中美少年司法制度比较研究》（华东政法大学 2009 年硕士学位论文）、张璇的《中国少年司法制度建构的相关问题探讨——以美国少年司法制度为借鉴》（中国政法大学 2011 年博士学位论文）、姚建龙的《福利、惩罚与少年控制——美国少年司法的起源与变迁》（华东政法学院 2006 年博士学位论文）。这三篇论文都是以美国少年司法为主题进行研究，但主要是对少年司法起诉、审判、量刑的研究，并未深入研究量刑之后的刑罚执行问题。

（二）国外研究分析

在美国，少年司法长期以来一直都是一个热点问题，其对于少年犯机构化处遇机制的研究相对国内而言比较多。在一百多年的时间里，美国就少年司法制度问题总结出了大量研究成果。例如，早在 1935 年，据杨兆龙先生的统计，美国的少年司法制度相关著作已逾千种[1]。

在研究视角上，一是从纵向的历史角度对美国少年司法中的

---

[1] 杨兆龙：“美国最近改革法院组织运动之略述”，载《现代司法》1935 年第 1 期。

机构化处遇进行历史研究。例如，罗森海姆的《少年司法的一个世纪》（商务印书馆 2008 年版）、Thomas J. Bernard, *The Cycle of Juvenile Justice*（Oxford University Press, 1992）、John C. Watkins, *The Juvenile Justice Century*（Carolina Academic Press, 1998）等。二是从横向的当下视角进行研究。这方面的研究大体上主要通过两种方式进行：一种是在研究美国少年司法的专著中通过专章的方式对美国少年犯机构化处遇问题进行研究，大多数美国少年司法的专著和教材都是如此设计的。例如，巴里·C. 菲尔德的《少年司法制度》（第 2 版）（中国人民公安大学出版社 2011 年版）、富兰克林·E. 齐姆林的《美国少年司法》（中国人民公安大学出版社 2010 年版）、Lewis Yablonsky, *Juvenile Delinquency: Into the 21st Century*（Wadsworth, 2000）、Clifford E. Simonsen & Marshall S. Gordon Ⅲ, *Juvenile Justice in America*（Macmillan Publishing Co., 1982）、David L. Jr. Hudson, *Juvenile Justice*（Chelsea House Publishers, 2010）、Barry C. Feld, *Cases and Materials on Juvenile Justice Administration*（West Academic Press, 2013）。另外一种是通过专门主题的方式研究美国少年犯机构化处遇问题。例如，Randall T. Salekin, *Forensic Evaluation and Treatment of Juveniles: Innovation and Best Practice*（American Psychological Association, 2015）就是一本专门针对少年犯机构化处遇对少年犯未来影响的专著。不过，美国当前对于少年犯机构化处遇机制的研究，总体上而言，存在着社区化、专门化、去机构化的倾向，强调少年和成年人之间的差异以及少年的可矫治性。

（三）发展趋势

通过对美国少年犯机构化处遇机制方面的资料的收集，我们可以看到，我国对于美国少年犯机构化处遇机制的系统研究还尚付阙如，尚无专门针对美国少年犯机构化处遇的博士论文或者系统性专著。随着对未成年犯矫治理论的广泛研究以及整个刑罚趋向轻缓化发展，当前的国内外理论与实务都非常重视少年犯机构化处遇的执行措施与矫治效果，少年机构化处遇也开始向更关注社会回归效果的开放化、社区化模式发展，这些措施将更有利于对少年犯的矫治和改造。但是，我国目前对美国的少年犯机构化处遇制度及其最新发展并不甚了解，不能及时跟进少年犯机构化处遇制度的最新发展与改革动态，这不能不说是一个巨大的缺憾。因此，我国在不断完善和发展中国少年犯机构化处遇制度的过程中，需要对美国少年犯机构化处遇机制的发展及其改革进行系统考察，从而为我国少年犯机构化处遇的发展提供借鉴。

三、研究价值

"少年强则国强。"少年的发展状况直接关系到民族和国家的未来，每个国家和民族都应当关注少年发展，这是国家和民族必须承担的历史重任。因此，世界上的所有国家均应重视少年群体的发展，促进少年群体的良好发展、预防和减少少年犯罪、矫治已实施犯罪之少年，这对于国家、社会以及世界的未来都具有举足轻重的意义。检视中国目前已经存在的少年立法状况，少年司法制度总体上还是依附于成人司法。中国少年司法虽然也有专章（《刑事诉讼法》《监狱法》）、专法（《未成年人保护法》《预防未成年人犯罪法》）等多种方式的规定，但是这些规定相对而言都属于原则性规定，真正能具体适用于少年犯群体的相关刑事法律大都散落在成人刑事法律的具体章节里，还不存在比较独立和体系化的少年刑事法律。所谓的少年刑事司法制度理念都是参照成人刑事司法的模式和成人犯罪的特性，"从宽""从轻"或"减轻"等刑事司法理念只能是施舍性的让渡，利益最大化、优先原则等最能体现少年犯身心独特性的刑事司法与处遇原则尚未得到体现。在最近几年里，我国少年犯罪总体呈下降趋势，但形势仍然很严峻。而且少年犯的再犯率仍然很高，很多被改造过的少年犯在被释放之后又会重新走上犯罪道路。在同一时期，美国少年犯罪也遇到过类似的发展问题。美国基于这些问题正在进行多样化的应对改革，特别是针对少年犯机构化处遇制度的改革，这或许可以为中国少年犯处遇的发展提供借鉴。因此，本书将从美国少年犯机构化处遇的源起开始，系统研究美国少年犯机构化处遇机制，从而为中国少年犯机构化处遇的发展和改革提供镜鉴。

总的来说，本书至少在以下方面具有理论价值和现实价值：

（一）本书的理论价值

研究美国少年犯机构化处遇机制，能够反映当前世界上较发达国家的少年犯刑事执行法学和少年犯处遇发展的最新实践与学术成果，从而填补我国针对美国少年犯机构化处遇的理论研究的空白。从当下中国学者针对美国少年司法相关问题的研究成果来看，目前的研究大多笼统而空洞，对少年犯处遇制度与理论缺乏系统的研究。基于此，本书收集了截至 2017 年的大量的美国少年犯机构化处遇机制一手数据资料和有关美国少年犯机构化处遇机制的最新研究文献，并进行了系统梳理，能够填补我国在该问题上的理论空白。

（二）本书的现实价值

对美国少年犯机构化处遇机制进行系统研究，可以为中国少年犯机构化处遇的司法实践提供借鉴。很多少年犯问题并非是某一个国家独有的，而是基于少年犯的通性，因此，其中可能出现的操作问题及其应对措施可以为中国少年犯处遇的发展提供可行的借鉴进路，进而可以使少年犯机构化处遇制度在中国得到有效的实施和良性的发展。实际上，中国少年犯机构化处遇机制中存在的很多问题都是由缺乏优良的理论与实践指引造成的，以致在缺乏比较的情况下对于问题不能提出具有价值的解决进路。而本书的研究则为这种实践困惑带来了可行性建议，本书的研究成果可以被立即投入我国少年犯处遇的执行实践之中。

四、研究方法

（一）比较的方法

少年犯机构化处遇制度并没有绝对固定的模式，它在不同的国家会呈现出不同的理论与实践样态。美国是少年司法及其机构化处遇制度的诞生地，少年犯机构化处遇制度在美国历经多年发展，经历过反复的探索、研究、实践，形成了很多比较成熟的经验性理念、原则、制度与措施。虽然中国与美国在国情与社会现实方面存在差异，但两国的少年犯机构处遇制度针对的都是少年犯，因此，我们仍能发现美国的少年犯机构化处遇实践中存在很多适合于中国少年犯机构化处遇的理念、原则和做法。

（二）历史的方法

少年犯机构化处遇制度的诞生有其特定的历史背景与条件，分析其产生的时代特点与发展的历史过程，对当代的研究具有非常重要的指导意义。不过，少年犯机构化处遇制度应该说是一个非常年轻的制度，即便是在其诞生地——美国——也只有不到两百年的历史，其历史发展脉络十分清晰。分析美国少年犯机构化处遇制度最初产生的社会背景及历史条件，以及其随着时代变迁所作出的改变，可以为中国完善少年犯机构化处遇制度提供理论基础与改革经验。

（三）联系实际的方法

实践是检验真理的唯一标准，也是检验一种制度是否适合于一个社会的唯一标准。任何一种制度在发展的过程中都需要随着社会现实的变化而不断完善与改革。如上文所述，少年犯机构化处遇制度产生并发展于美国，所以，中国完善自己的少年犯机构化处遇制度，可以借鉴美国的先进经验，但更重要的是将美国少年犯机构化处遇机制的发展与改革经验融入中国的少年犯处遇发展的实践中。

（四）文献分析的方法

任何研究都是建立在前人研究的基础之上的，因此，学术研究必然离不开对参考文献的系统分析。分析文献不仅能使我们掌握该领域的研究现状，避免不必要的学术重复劳动，还可以使我们在前人学术的基础上进行积累和创新，拓宽学术研究面，弥补个人进行学术研究可能存在的局限性。本书将通过对美国少年犯机构化处遇系统的文献整理，对相关的资料进行系统梳理，使得本书能够在全面了解美国少年犯机构化处遇相关研究理论现状与发展实践的基础上进一步拓展研究的深度，贡献本书的知识增量。

五、内容架构

本书共分为八部分：

第一部分"基本范畴：美国少年犯机构化处遇相关概念界定"，主要研究美国少年犯的概念、类型化，分析美国机构化处遇措施中少年犯的概况，考察少年司法及少年犯机构化处遇的概念、特征和分布，比较其与成人监狱之间的相似与差异。

第二部分"历史溯源：美国少年犯机构化处遇的起源与演变"，将分七个阶段分析自殖民地时代至今的美国少年犯机构化处遇的历史变迁，从中观察美国少年犯机构化处遇的发展脉络。

第三部分"根基架构：美国少年犯机构化处遇的理论基础"，主要研究美国少年犯机构化处遇的目的、任务和原则，构成美国少年犯机构化处遇机制存在和发展的理论基础。

第四部分"实体支撑：美国少年犯机构化处遇的组织类型"，研究少年拘留中心、少年庇护所、少年教养院、少年训练营、少年野营队、少年训练学校、少年接收与诊断中心、少年住宿处遇中心等多种少年犯机构化处遇组织类型。

第五部分"现状透视：美国少年犯机构化处遇的当代问题"，分析美国少年犯机构化处遇在当代遇到的问题与挑战。

第六部分"动态演化：美国少年犯机构化处遇的改革发展"，着重在第五部分的基础上分析少年犯机构化处遇机制为应对其存在的问题与挑战而作出的改革。

第七部分"问题反观：中国少年犯机构化处遇的现状与困境"，主要是在美国少年犯机构化处遇历史演变与现状透视的基础上，反观中国少年犯机构化处遇的实践与困境，将问题视野从美国转向中国，审视中国少年犯机构化处遇的发展困境。

第八部分"域外镜鉴：美国少年犯机构化处遇发展对中国的启示"，在前文反观中国少年犯机构化处遇实践与问题的基础上，提出中国少年犯福利型处遇理念的确立、少年犯转向处遇委员会的构建、吸收多元学科专业参与、建立专门化处遇机构、完善社会对少年犯机构化处遇的参与、拓展少年犯专门社区矫正等完善路径。

六、创新之处

当前，我国有一些针对美国普通监狱、一般性少年犯教育改造或刑事政策的研究成果，但是将美国少年犯机构化处遇机制作为主体进行系统、深入研究的，本书尚属首次。总体上，本书的创新之处有四：

创新一：研究对象创新。第一次以美国少年犯机构化处遇机制为研究对象，系统地对美国少年犯机构化处遇制度的历史、内容、问题及其改革进行研究。

创新二：研究方法创新。将目前比较新颖的循证理论研究与美国少年犯机构化处遇机制研究结合起来，将数据和理论进行结合，用数据实证理论，进而把握美国少年犯机构化处遇机制改革的当代态势和发展方向。

创新三：研究视角创新。并不仅着眼于对美国少年犯机构化处遇机制的介绍和对中国少年犯机构化处遇机制的借鉴，而是融合二者，使之具有可借鉴性。

创新四：借鉴对策创新。本书不仅是在美国少年犯机构化处遇机制发展趋势的基础上为中国少年犯机构化处遇机制的未来发展提出观念指引，更是在借鉴与本土实践结合的进路下，针对中国少年犯机构化处遇的实践与问题，提出中国少年犯福利型处遇理念的确立、少年犯转向处遇委员会的构建、吸收多元学科专业参与、建立专门化处遇机构、完善社会对少年犯机构化处遇参与、拓展少年犯专门社区矫正等完善路径。

第一章

基本范畴：美国少年犯机构化处遇相关概念界定

第一节 美国少年犯相关范畴

一、少年概念的诞生

少年犯的核心在于其主体是少年，所以要研究少年犯就必须先厘清少年的概念。人自出生后有一段生长成熟期，即婴儿期、儿童期、少年期、青年期，循序而进，以至于完全成年。所谓的少年一般以生理上的青春发育期为界，男生约在 14 岁，女生约在 12 岁，之前为儿童期，之后为少年期。[1]但是，少年的概念并不是一开始就有的，经过了一个长期的发展过程。

（一）少年概念的源起

在 18 世纪前的欧洲社会以及仍处于殖民地时代的美国，人的一生仅被分为 7 岁以上的成人以及未满 7 岁的幼儿两个阶段，如现今所谓的"少年"阶段——一个不同于成人的生命过程——是不存在的。所有未满 7 岁的小孩，在当时都被当作"动物"看待，由于弱小而没有能力保护自己，其死亡率非常高；7 岁以上的人，则一律被视为成人。相较于今日，当时的社

---

〔1〕 参见王玉叶："美国死刑制度的演进：Roper v. Simmons 案废除少年犯死刑之意义"，载《欧美研究》1998 年第 12 期。

会环境较为简单，社会同质性高而分化程度较低，这反映在与今日不同的社会化方式上。[1]社会化受家庭、教会、社区、工作场所（雇主）等的影响。尤其是当时的家庭型态，并非像现在的家庭那样在外观、空间上有独立、一体的存在，而是亲族或友人等随时自由进入家庭生活，家庭与社会的区别并不显著，少年很早便会离开家庭。[2]事实上，在6岁~8岁时，少年一般就已经在当学徒，向雇主学习工作技能了，是家庭单位里具有劳动能力的成员，其劳动力会直接影响到家庭生计。今日所谓的"少年"，在当时的日常生活中，不但与成人一起工作，在穿着上也与更年长的成人并无二致。而且从外表上看来，男孩就像是小型的父亲，女孩则是小型的母亲。除了工作与穿着外，他们也完全模仿年长成人的生活方式，与年长成人一起进行工作、宗教、娱乐等活动，甚至在村祭之时一起饮酒，喝到酩酊大醉。[3]

没有生活方式上的区别导致"少年"和成人不存在社会年龄的不同。就当时的社会而言，所谓的"少年"和成人是一样的，儿童在7岁以后，就过着成人型态的生活，扮演成人的角色。7岁以上的少年，被直接视为成人，男孩等同于男子，女孩等同于女子，这一过程是直线且连续的。这是一个没有独立而明确的"少年"概念的时代，7岁以上的所谓"少年"理所当然会被视为小型成人，受到与成人相同的对待，包括"刑事"审理及处罚。所谓"少年"在当时并不会被认为是需要特别保

---

〔1〕　参见［日］德冈秀雄：《少年司法政策の社會學》，东京大学出版社1993年版，第131页。

〔2〕　参见［日］佐藤直树：《大人の责任、子供の责任》，青弓社1993年版，第118~119页。

〔3〕　参见陈孟萱："少年司法保护制度之契机——以美国少年法制为借镜"，台湾大学2001年硕士学位论文，第7~8页。

护的存在，从而更不可能以现代法中的"保护对象"的形象出现。

（二）少年概念的演变轨迹

进入 18 世纪之后，"少年"此一特殊生命发展阶段逐渐被标示出来，并开始与"成人"彼此独立。[1]根据日本著名学者德冈秀雄的研究，其转变的轨迹可归纳为以下五个角度：[2]

（1）否定宗教宿命论带来的启示。传统基督教的宿命论，在当时支配着人们的想法。其认为，人一生下来就背负有原罪，无论是成人还是孩童都是戴罪的，因此，成人与孩童并没有本质性的差异，在人性本质上并没有什么不同。而后，历经独立战争，直至 19 世纪中叶，前述宗教观的影响力开始衰退，加之受到来自信奉自然主义、科学性、合理主义的启蒙思想的强烈挑战，以及来自基督教本身的教派抗争和移民带来的新宗教与新教派，在世俗化倾向愈发强烈的冲击下，宗教宿命论开始衰退。伴随而至的是新少年概念雏形的形成：少年不同于成人。这是因为在人的原罪宿命论破除后，人们开始相信，人并非生来就注定是有罪的、恶的、堕落的，通过教育孩童可以被引导出自然的倾向，并且孩童的精神及其灵魂也是可以被教育的。

（2）新式教育思想的冲击。启蒙思想家洛克（John Locke）与卢梭（Jean Jacques Rousseau）基于医学与哲学立场，挑战了宗教的人类观。洛克主张，人并没有生来的善或恶，人的本性像是一面丝毫未经着墨的白纸。卢梭进一步认为，人生来本是

---

〔1〕 See Kett, "Adolescence and Youth in Nineteenth-Century America", T. Rabb & R. Rotberg（eds.）, *The Family in History*, Harper Torchbook, 1971.

〔2〕 参见 [日] 德冈秀雄：《少年司法政策の社會學》，东京大学出版社 1993 年版，第 132~139 页。

性善，只是后来受到社会环境等不好的影响而改变了性格，人需要经过一定顺序，经历不同的发展阶段。他还主张，孩童既非动物，亦非成人，更不是一种"不完全成人"的存在，孩童就是孩童，"童年"（儿童期）乃是重要的时期，应该要受到重视与考虑。[1]洛克与卢梭的思想从欧洲大陆被传至美国，在美国成就了儿童中心主义。洛克的思想让儿童从宗教性的人类观中解放出来——儿童并非本性带有邪恶的精神，其拥有纯洁如白纸一般的心灵，而卢梭的看法则为儿童本质注入性善的观点。自此，"童年"成了人生中的一个独特时期，儿童本身被作为"处于其专属童年期（childhood）的儿童"看待，"童年"概念的发展逐渐完成。

（3）产业化过程以及儿童劳动力的排除。殖民地时代美国的生活，采用的是自给自足的方式，产业技能并不复杂，分工亦不细致，儿童能够轻易地通过学会劳动技能而使自己具备劳动及生活能力。但进入工业革命后，职业型态多由农业转化为工业，工厂的劳动者多是家庭内的成年男子，其较儿童能贡献更大的劳动力，再加上相对于过去的产业型态，工业对技能的要求更高，而技能的养成需历经一段相当长时间的训练及熟练。因此，伴随着产业型态的转移，家庭型态亦开始转化：相对于在外劳动、维持家计的父亲，母亲往往选择在家劳动、维持家庭，而儿童则开始在经济上及学习上依存于成人，并有一个朝向成人阶段的准备时间，性别差距与世代差别的型态及概念得以确立下来，角色分化更为明确。以美国历史为例，此一时期也存在所谓的博爱主义者及社会改良运动家，他们认为，工厂劳动会对儿童的肉体及精神造成伤害，职场竞争的情况亦与儿

---

[1] 参见［日］德冈秀雄：《少年司法政策の社會學》，东京大学出版社1993年版，第134页。

童纯洁心灵的形象无法配合，因而，为了谋求儿童之福祉，他们致力于推动制订儿童劳动禁止法。综合上述因素，儿童开始被排除在劳动场域之外，其与成人的区别愈发明显。[1]

（4）都市化与新型家庭关系的出现。伴随着产业化过程而来的是都市化现象，以都市作为中心的新型家庭得以出现，从而，对儿童的观念亦随着家庭型态的转换而转变：在这样一个都市化的家庭中，丧失了过去经济价值的儿童，反而成为"儿童中心主义"概念下家庭的中心。就母亲的角色而言，当时强调女性的四大美德：敬虔、纯洁、从顺、家庭。即作为女性，为人妻母的至高德行就是在家庭中处理好家务、教养好儿童，"育儿"成了女性间接从事社会改革工作的形式。同时，此一概念亦开始具有时代意义：在以女性为后盾的家庭中，男性带着劳动一天的疲惫回家后，享受着家庭的温馨，以及其身为家庭经济支柱的成就感，并满足于被女性及子女所需要。儿童则在父母的教养下，成为依存于父母，为父母提供情绪上的喜悦与满足的个体，并作为家庭的重心和联系家人的中心力量。但同时，亲子间发生代沟的情况也更加显著，一方面是社会文化的变动极为迅速，价值观及生活模式的不同造成了亲子间在认知与感受上存在差距；另一方面则是在都市化的过程中，家庭生活之外的活动开始增多，同一年龄层者之间逐渐形成了自我认同的文化型态，少年基于自身同侪的文化认可而有了自主的意识。总之，在此阶段，通过"育儿"工作的赋予，以及将儿童当作家庭重心一般重视，除了确立起了父母亲的权威形象外，

---

〔1〕 参见陈孟萱："少年司法保护制度之契机——以美国少年法制为借镜"，台湾大学 2001 年硕士学位论文，第 10~11 页。

更加凸显了儿童异于成人的独特性与差异性。[1]根据学者的研究，18世纪欧洲的幼儿死亡率下降，除了公共卫生与医学有了长足的发展外，家庭对于儿童态度的改变（即对儿童投注更大的关心），更是主要原因之一。

（5）学校教育的普及所带来的变化。不再将7岁此一年龄视为儿童与成人的分水岭的最主要原因是17世纪末近代公共教育形式的建立。在此之前，学校教育并不普及，而学校教育扩大之后，其影响有两个层面：其一是"读写能力"飞跃进展。[2]中世纪时，人们以口头方式来传承文化，7岁以下之人无法获得自由使用语言、完全理解语言的能力，其被认为与7岁以上的人有所区隔，由此，语言能力便成了一种能否体会到"成人的秘密"的能力。能够自由地使用话语，是作为社会性的"人"的一种象征。而7岁以上的少年与成人，由于拥有同样的语言能力，因此被视为同属一类。[3]然而，学校教育以培养读写能力为主，从而改变了以"话语"来区分儿童与成人的标准，取而代之的是，以"读写能力"来作为"成人"的标志，有读写能力的人被认为是可以正常交往的对象。随着"成人"的年龄段的上移，"少年阶段"渐渐被标示出来。其二是学校的隔离作用。一方面，儿童不再与成人一同学习技能，因为教授技能的机制渐渐"学校化"；另一方面，儿童进入社会的时间被向后迟延，儿童的成长阶段也被延长了：其由家庭直接衔接、延续至

---

〔1〕　参见［日］佐藤直樹：《大人の责任、子供の责任》，青弓社1993年版，第121页。

〔2〕　参见陈孟萱："少年司法保护制度之契机——以美国少年法制为借镜"，台湾大学2001年硕士学位论文，第11页。

〔3〕　See Eric K. Klein, "Dennis the Menace or Billy the Kid: An Analys is of the Role of Transfer to Criminal Court in Juvenile Justice", 35 *American Crim & Law Review*, 1998（2）.

学校，在学校里受到固定、定期且一般化的教育，进而成了一类特殊的人群。另外，学校教育的勃兴亦是基于工业革命后国家对于人口素质的要求。随着高度技术文明的高速发展，为求国力之强盛与发展，良好的国民养成变成了重要的课题。以美国的社会背景而言，其人口由移民组成，因此，统一的教育形式，成了统合美国社会与建立国民共通价值与信念的重要手段。[1]除了上述公立的公共教育外，教会等私人（非政府方）所创设的公共教育形式亦得以开展，这使得公共教育形式被快速普及。综上所述，这种公共教育的兴起，不仅将被劳动场所排除的儿童强制性地收纳进了学校，更是明确地标示着为进入成人阶段而"学习"的儿童与"工作"的成人两者间之区别，两者"本质上"的差异由此确立。[2]

概而言之，在以上因素的影响之下，美国于18世纪渐渐形成了所谓的"少年阶段"概念。[3]这个概念的内涵使少年（儿童）成了家庭与国家所共同关心的人群，被塑造为一种"弱小"且需要"保护"的形象，并且围绕此一形象构建了各种不同的制度，各种制度又进一步地反馈加强"少年"此一概念，也就更加印证了少年的形象，形成一种相互证明的循环效果。当然，少年形象的对象就是处于"少年"年龄阶层的族群，当概念内涵（弱小且需要保护）获得强大的证明而成立之后，概念就会贴附于概念的对象物（少年＝弱小且需要保护），而成为概念的本质（持有"少年"概念者认为少年本质上就是弱小且需要保

---

〔1〕 参见 ［日］德冈秀雄：《少年司法政策の社會學》，东京大学出版社1993年版，第137~139页。

〔2〕 参见陈孟萱："少年司法保护制度之契机——以美国少年法制为借镜"，台湾大学2001年硕士学位论文，第11~12页。

〔3〕 See Frost, Stein, *The Politics of Child Welfare*: *Inequality*, *Power and Change*, N. Y.: Harvester Wheatsheaf, 1989.

护）。但实际上，此时，少年的概念在一定程度上已经脱离了少年本身。以上论述的过程，只是少年概念诞生的历史，但其发展改变了幼儿与成人的划分方式，使得 7 岁的年龄区隔被打破，进而衍生出了"少年"这一特殊的人生阶段。总之，少年已不再是"小大人"，而成了与大人有所区别的、独立的"群"。少年应受"保护"的形象，也在少年法院的创设，以及社会变迁两者的相互影响下，被确立下来。

随着时代的变化，至 20 世纪 80 年代，"少年期的消灭"成了时代标语。其是由两个层面的原因造成的：一是少年犯罪现象在质与量上皆与过去迥异，容易直接导致传统少年形象的破灭；二是在社会生活层面，少年与成人并没有如同过去那般存在"本质上"的区隔。关于此两层面的演变，分述如下：近年来，少年作为加害者的重大事件频繁发生，尤其是一些特殊的少年重大犯罪（如暴力杀人案件）的比例不断上升，[1]甚至还有成年人成为少年犯罪的被害者之事发生，表示成人与少年间的均质化现象越来越显著。在少年犯罪成为显著社会问题时，社会大众开始感到生命受到威胁且没有保障，于是渐渐兴起了所谓的"过于宠溺少年"的论调，主张应反过来对少年加以适当的苛责。同时，保护少年犯罪之被害者的舆论也开始发酵，"少年为弱势应需要保护的特殊存在"形象破灭了，取而代之的观念是不成熟的少年，较之于成人虽无法负担同样的责难，但是绝非无可苛责；缺少经验及判断力的少年，应学着去承担责任，故少年应与成人同为受刑罚的主体，并须为其所犯下的危

---

〔1〕 See Geraghty, "Justice for Juvenile: How Do We Get There?", 88 *Journal of Criminal Law & Criminology*, 1997, pp. 9~10.

害结果负责任。[1]除了少年犯罪的现象之外，有学者认为，在种种日常生活（例如，音乐、文学、衣着、饮食习惯、嗜好、游戏、运动，甚至遣词用字等各方面）中，少年与成人的界线都已十分模糊。尤其是在犯罪以及性发育两个层面，少年已然早熟，这更增加了其与成人的相似之处。在这样的发展背景下，不但"少年作为与成人截然不同的特殊族群"的观念更加淡薄，而且透露出了成人对于少年具有对立意识，敌对少年的社会观念逐渐明显。

二、少年犯概念的确立

在确立一般意义上的少年概念之后就可以据此在法律上确立少年责任能力及其后果，即法律上的少年概念。少年在生理方面已渐成熟，有部分认知与行为能力，但心理尚未完全发展成熟，在未满成年年龄之前，其行为效力应受到法律的特别保护。因为每个人生长成熟时间绝非一致，各国规定人的自然权利关系的年纪也不一致，大约在 14 岁~21 岁之间为成年。世界各国立法例也大多规定 18 岁以下的犯罪为少年犯，不得判处死刑或终身监禁，这一立法例比例超过了 3/4。[2]《联合国公民权利与政治权利国际公约》（International Covenant on Civil and Political Rights）第 6 条第 5 款亦有此规定，几乎所有联合国成员都签署了该公约，但是美国对该条款声明保留。[3]也有人认为，对少年犯罪的了解并不一定单一地从法律上一般犯罪的定义抑

---

[1]　Elizabeth S. Scott and Thomas Grisso, "Evolution of Adolescence: A Developmental Perspective on Juvenile Justice Reform", 88 J. Crim. L. & Criminology, 1997, pp. 137~189.

[2]　See Patrick, "The Status of Capital Punishment: A World Perspective", 56 J. Crim. L., Criminology & Policescl, 1965, pp. 397, 398~404, 410.

[3]　参见王玉叶："美国死刑制度的演进：Roper v. Simmons 案废除少年犯死刑之意义"，载《欧美研究》1998 年第 12 期。

或身份犯概念之层面加以考量。相反地，其定义常会受到特殊性质或作者个人兴趣的影响。因此，少年犯罪并没有单一定义可兹充分表达，其通常包括法律上的一般犯罪规定及身份犯之定义。1967年美国总统法律执行与司法行政委员会的定义即具有上述内容：少年犯罪不仅包括那些成人世界中可能构成犯罪的任何个案，同时包括仅适用于少年身份之各种犯行，如酗酒、药物滥用、违反学校规定，以及少年被指认无法管教、逃学、离家出走而需要监督者等。这些诠释为我们较简化之少年犯罪概念，然而由于个人需求、兴趣不同，其经常以多重定义的形式被呈现，甚至被作二分化处理，使其定义全赖作者之选择。[1]本书基于美国少年犯机构化处遇实践的立场，认为少年犯是指处于少年阶段而触犯一般犯罪规定或者身份犯规定的少年。此一概念未必会获得所有人的同意，但在实践中却能够尽量囊括美国少年犯机构化处遇的发展实际，而美国"少年司法与犯罪预防办公室"（Office of Juvenile Justice and Delinquency Prevention）对于少年犯罪的统计也是采取这种立场的。

现代"认知神经科学"（Cognitive Neuroscience）研究发现，处于少年发展时期的人脑前叶功能尚未发育完全，这会限制其认知能力及控制情绪的能力。[2]少年在心理、生理发展阶段表现出的不成熟性特征主要包括三个方面：一是少年群体的易感性高。易感性是一个医学领域的专用词汇，原意是不同群体在相同的环境下患病风险的高低。被借鉴到刑事法领域之后，易感性是指不同群体受环境影响程度的高低。如上文所述，少年

---

〔1〕　参见侯正杰："美国少年犯罪问题及其社区处遇"，台湾警察专科学校2004年硕士学位论文，第7页。

〔2〕　See Melissa S. Caulum, "Postadolescent Brain Development: A Disconnect Between Neuroscience, Emerging Adults, and the Corrections System", WISC. L. REV., 729（2007）.

时期是少年群体性格及行为模式逐渐塑成的阶段，在此一阶段，周围环境很容易影响少年的人格、行为方式、社会化发展，家庭、学校、社会环境、同辈群体等诸如此类的因素都可能影响少年的性格与行为模式，因此，我们可以用易感性非常高来形容少年。如果少年的周围环境比较恶劣，则这种恶劣环境的影响很容易诱发少年群体实施违法犯罪行为。基于少年阶段的这种特质，应当重视少年阶段的生长环境，对违法犯罪的少年应当注重思想教育和行为矫正，避免少年走上违法犯罪的道路或者再次违法犯罪。二是少年群体的自我控制能力差。少年期是一个正在发展中的时期，这一阶段的少年虽然具备了一定的自我控制能力，但是这种控制能力并不是一种定型的控制能力，其不但比成人自控能力差，而且一般会表现出不稳定的特性。也就是说，这一阶段的少年身心发育尚不成熟，不能够像成年人那样辨别事物和行为，容易因为无法控制自己的心理和行为而实施犯罪行为，因此，法治较为成熟的国家一般都采用与成人刑事司法有所区别的制度来追究少年的刑事责任并对其实施矫治。三是少年群体易出现叛逆心理。虽然生理和心理的发育并未成熟，但是其正逐渐走向成熟，在这一阶段，少年的独立意识与自我意识也会随着年龄增长而不断增强，而随着独立意识和自我意识的增强，他们希望摆脱来自家长、学校和社会的束缚，开始追求与成人平等的家庭和社会地位，甚至会激烈地反抗在追求平等过程中遇到的束缚和限制。这种少年阶段特有的叛逆心理导致少年群体容易走向偏激，从而外化为过激行为。事实上，这也是大多数少年都会经历的"叛逆期"，有些国家将这个阶段称为"躁狂期""困难期"。[1]

───────────────

〔1〕 参见张璇："中国少年司法制度建构的相关问题探讨——以美国少年司法制度为借鉴"，中国政法大学 2011 年博士学位论文，第 10~11 页。

因此，鉴于少年犯心智尚未完全发展成熟，对于是非善恶的辨识能力较差，不易控制冲动，世界上多数国家普遍认为少年犯"宜教不宜罚"。尤其是在青春叛逆期，无人管束的问题少年成群结队在街头游荡、冲动行事、不计后果，遇有犯错应予特别处置，不能与成年罪犯一般对待。大部分步入歧途的儿童及少年均出身于贫穷、暴力或解体的家庭，被忽视、虐待或遗弃，缺乏正当的教养，他们是环境的受害人而非罪犯。由于其年纪尚幼，人格尚未定型，此时，国家与社会更应及时伸出援手，助其脱离恶劣环境，加以保护教养，防范其坠入更罪恶的深渊，此亦属国家职责之所在。总之，对少年犯的处置，应考量少年本身福利与其最佳利益，以"诊疗"（clinical）重于"刑罚"（punitive）为原则，给予罪错少年以"矫治机会"（rehabil-itation），视其需要安排辅导感化与就学就业训练，给予其成为正常公民的机会。[1]

三、少年犯的年龄范围

在英国的普通法体系中，推定 7 岁以下儿童无犯意，称作"年幼抗辩"（infancy defense），是"不可反驳的推定"（irrebuttable presumption）。7 岁～14 岁儿童同样推定无犯意，但可反驳。14 岁以上的少年则须为自己的犯罪行为负全部刑责。[2]美国法律承袭了英国普通法传统，认为 7 岁以上的儿童即有刑事责任能力。美国联邦最高法院在 1967 年"In re Gault 案"中仍维持此观念，认为"在普通法中，7 岁以下儿童被认为不能具有

〔1〕　参见王玉叶："美国死刑制度的演进：Roperv. Simmons 案废除少年犯死刑之意义"，载《欧美研究》1998 年第 12 期。

〔2〕　参见王玉叶："美国死刑制度的演进：Roperv. Simmons 案废除少年犯死刑之意义"，载《欧美研究》1998 年第 12 期。

犯罪故意。超过这个年龄，即可被逮捕、审判和像成年人一样接受惩罚"。[1]但具体而言，少年犯在美国有着"年龄上限"（upper age）、"年龄下限"（lower age）和"延长年限"（extended age）的范围规定。

少年犯的年龄上限在联邦层面是根据《联邦少年犯罪法》确立的，其规定少年犯罪就是低于18岁之人实施的犯罪行为。[2]但少年犯的年龄上限在美国各州的具体规定并不相同，虽然多数州的规定为17岁，但是也有部分州规定为15岁或16岁。根据美国少年司法中心2016年的调查报告，在包括了美属萨摩亚、关岛、波多黎各、北马里亚纳群岛、维京群岛等五个属地的56个司法区中，[3]有47个州（司法区）的少年犯的一般犯罪年龄上限是17岁，占大多数，佐治亚、路易斯安纳、密歇根、密苏里、南卡罗来纳、得克萨斯、威斯康星等7个州的少年犯的一般犯罪年龄上限是16岁，还有纽约和北卡罗来纳2个州的少年犯的一般犯罪年龄上限是15岁（参见表1）。如果超越年龄上限，则就要按照一般成人刑事程序。[4]在身份犯方面，除了南卡罗来纳州是16岁之外，其他州的少年犯的年龄上限均是17岁。

在少年犯的年龄下限方面，美国普通法在"Allen v. United States 案"[5]中确立了7岁的年龄下限规定，认为7岁以下的儿童不具有刑事犯罪意识，因而也就不构成犯罪。在各州（司法区），有些州通过少年法确立少年犯年龄下限，有些州在实践中

---

〔1〕 387 U. S. 1，p16.

〔2〕 18 USC，5031~5042.

〔3〕 一般情况下，大多数司法报告中只统计美国50个州和哥伦比亚特区，不包括海外属地。但这里是美国少年司法中心的统计数据，本书就遵从该中心的统计。

〔4〕 See Angel Zang, *U. S. Age Boundaries of Delinquency* 2015, The National Center for Juvenile Justice, 2016.

〔5〕 Aleen v. Qnited States, 150 U. S. 551（1893）.

则是通过普通法、法庭规则或刑法典来辅助确定少年犯年龄下限。截至 2016 年，只有 18 个州（司法区）在少年法中具体规定了少年犯的一般犯罪年龄下限，分别为 10 岁、8 岁、7 岁、6 岁不等（参见表 1），其中北卡罗来纳州规定少年犯一般犯罪年龄下限为 6 岁，比联邦判例法确定的 7 岁下限还要低，也是美国少年司法中少年犯一般犯罪年龄下限最低的州。在身份犯方面，大部分州并没有规定身份犯的年龄下限，只有 5 个州规定了年龄下限，分别为 8 岁、7 岁、6 岁，最低的为马萨诸塞州和北卡州规定的 6 岁。

在美国少年犯中还有一个延长年限的规定。所谓延长年限，是指在少年犯实施犯罪行为时不超过少年犯年龄上限的情况，为了更好地对少年进行矫治，少年法院可以在延长年限内对其适用少年司法程序。例如，某州少年犯的年龄上限是 17 岁，延长年限是 20 岁，则某人 14 岁实施犯罪行为，如果在 20 岁之前起诉都可以适用少年司法程序。就不同犯罪类型的少年司法处遇程序而言，延长年限的规定可能不同，在一些州中，延长年限还需要少年的同意或者需要经过听证。截至 2015 年，美国已有 7 个州允许延长年限到 18 岁或 19 岁，40 个州允许延长年限到 21 岁~24 岁，还有 3 个州没有年龄限制（参见表 1），即可以在整个判决确定的刑罚期间内都由少年法院管辖。

表 1　2016 年美国各州（司法区）少年犯法定年龄范围统计

州	一般犯罪上限	一般犯罪下限	身份犯上限	身份犯下限	延长年限
阿拉巴马	17	NS	17	NS	20
阿拉斯加	17	NS	17	NS	19
亚利桑那	17	8	17	8	20

州	一般犯罪上限	一般犯罪下限	身份犯上限	身份犯下限	延长年限
阿肯色	17	10	17	NS	20
加利福尼亚	17	NS	17	NS	24
卡罗拉多	17	10	17	NS	FT
康涅狄格	17	7	17	7	19
特拉华	17	NS	17	NS	20
哥伦比亚特区	17	NS	17	NS	20
佛罗里达	17	NS	17	NS	20
佐治亚	16	NS	17	NS	20
夏威夷	17	NS	17	NS	FT
爱达荷	17	NS	17	NS	20
伊利诺伊	17	NS	17	NS	20
印第安纳	17	NS	17	NS	20
爱荷华	17	NS	17	NS	20
堪萨斯	17	10	17	NS	22
肯塔基	17	NS	17	NS	20
路易斯安纳	16	10	17	NS	20
缅因	17	NS	17	NS	20
马里兰	17	7	17	NS	20
马萨诸塞	17	7	17	6	20
密歇根	16	NS	17	NS	20
明尼苏达	17	10	17	NS	20
密西西比	17	10	17	7	19

州	一般犯罪上限	一般犯罪下限	身份犯上限	身份犯下限	延长年限
密苏里	16	NS	17	NS	20
蒙大拿	17	NS	17	NS	24
内不拉斯加	17	NS	17	NS	20
内华达	17	NS	17	NS	20 FT（性犯罪）
新汉普郡	17	NS	17	NS	20
新泽西	17	NS	17	NS	FT
新墨西哥	17	NS	17	NS	20
纽约	15	7	17	NS	20
北卡罗来纳	15	6	17	6	20
北达科他	17	7	17	NS	19
俄亥俄	17	NS	17	NS	20
俄克拉荷马	17	NS	17	NS	18
俄勒冈	17	NS	17	NS	24
宾夕法尼亚	17	10	17	NS	20
罗德岛	17	NS	17	NS	20
南卡罗来纳	16	NS	16	NS	20
南达科他	17	10	17	NS	20
田纳西	17	NS	17	NS	20
得克萨斯	16	10	17	NS	18
犹他	17	NS	17	NS	20
佛蒙特	17	10	17	NS	21

州	一般犯罪上限	一般犯罪下限	身份犯上限	身份犯下限	延长年限
弗吉尼亚	17	NS	17	NS	20
华盛顿	17	NS	17	NS	20
西弗吉尼亚	17	NS	17	NS	20
威斯康星	16	10	17	NS	24
怀俄明	17	NS	17	NS	20

说明：NS指没有年龄限制。FT指适用于少年司法处遇项目整个期间。数据来源于 Angel Zang，"U. S. Age Boundaries of Delinquency 2015"，*The National Center for Juvenile Justice*，2016，美国少年司法与犯罪预防办公室网站。

四、少年犯的类型化

关于美国对于少年犯有不同的分类方法。例如，美国学者克利夫·罗伯森（Cliff Roberson）等人将其分为暴力犯罪少年犯与非暴力犯罪少年犯[1]，凯伦·赫斯（Kären M. Hess）则将其分为"身份犯少年""一般犯罪少年"与"重大犯罪少年"。[2] 本书认为，少年犯相对于成人犯而言最大的特殊性在于身份犯的存在，因此，可以参考凯伦·赫斯博士的分类方法，将其区分为"重大犯罪少年""一般犯罪少年"以及"身份犯少年"等三类。

（一）重大犯罪少年

自20世纪60年代以后，美国政府对于犯罪问题普遍采取强

---

〔1〕　See Cliff Roberson, *Juvenile Justice*: *Theory and Practice*, CRC Press, 2013, pp. 9～12.

〔2〕　See Kären M. Hess, *Juvenile Justice*, World Group, 2009, p. 168.

硬的态度，这种犯罪政策亦被应用在犯罪少年之上，尤其是重大犯罪少年的身上，联邦政府也逐渐倾向认为过去未能有效地对重大犯罪少年有所控制，应把国家的力量加重于此部分。[1] 1984 年"少年司法及犯罪防止全国咨询委员会"（National Advisory Committee for Juvenile Justice and Delinquency Prevention）提出了"重大少年犯罪：联邦工作方向的转变"，指出以往联邦政府往往将补助金浪费在与犯罪无关的层面，但是却没有留意到对重大犯罪的控制以及对于公众的保护，而这些重大犯罪中有部分是由少年所犯下的，这些少年应该受到法律的规制。在这个趋势下，美国在1978 年修法的时候创设了重大犯罪少年不由家事法院专属管辖，而回到一般刑事法院管辖，所受到的刑罚处遇也回到成人刑罚的模式。从总体上看，重大犯罪少年主要包括那些实施严重犯罪行为的少年，所谓严重犯罪主要包括积习犯罪、累犯、特别严重暴力犯罪、集团犯罪及其他特别严重的犯罪行为。[2]

（二）一般犯罪少年

一般犯罪少年是指那些实施一般性犯罪行为的少年。虽然这些犯罪行为与身份犯的行为都不是非常严重的危害行为，其社会危害性不高，但是与身份犯少年的不同之处在于，这些一般犯罪少年实施的一般性犯罪行为如果由成人实施也会构成犯罪。[3] 为了强化对少年犯的改造，将其从犯罪行为的轨道扭转到正常发展的轨道，改变其越轨的人生，美国把一般犯罪行为少年与一般成人犯罪行为相分离，以使其区分，不给少年犯留

---

〔1〕　参见赵雍生：《社会变迁下的少年偏差与犯罪》，桂冠图书出版公司 1997 年版，第 809 页。

〔2〕　See Kären M. Hess, *Juvenile Justice*, World Group, 2009, pp. 188~193.

〔3〕　See Kären M. Hess, *Juvenile Justice*, World Group, 2009, p. 175.

下犯罪烙印。

这些一般性犯罪主要包括财产犯罪、网络犯罪以及一般暴力犯罪等。财产犯罪是这些犯罪行为中最多的一种，有超过 1/4 的少年犯罪都是财产犯罪，[1]主要类型包括一般盗窃、入室盗窃、摩托盗窃、财产破坏犯罪、纵火罪等。但是，少年实施暴力犯罪也非常多，据估计，有超过 1/8 的暴力犯罪是由少年实施的，并且这一趋势还在持续增长。谋杀是少年犯实施的最为严重的犯罪行为，也是较为大量的犯罪行为，占到全部谋杀犯罪起诉数据的 1/10。[2]此外，还有抢劫、强奸、人身伤害等也是少年犯经常实施的犯罪行为。不过，随着网络在少年生活中占据越来越重要的地位，现在由少年实施的网络犯罪行为也越来越多，如网络入侵、网络身份盗窃等。

（三）身份犯少年

美国少年犯罪法律中有所谓"身份犯罪"（status offense）的规定：若行为人是成人，则不构成犯罪行为；但若行为人是少年，便会成为少年司法介入的对象。有不少学者直接将美国少年犯中的"status offense"译为虞犯，本书认为这一翻译并不严谨，因为少年基于身份而产生的"status offences"在法律上仍然是一种犯罪行为，在实践上也归入少年犯罪统计，与其他犯罪并无本质差异，至于其在理论上是否妥当则又是另一回事，不能将理论应然与实践混为一谈。美国现在有不少学者正在呼吁取消少年身份犯，如果将来美国在法律上取消了身份犯，采取其他方式处理，则另当别论。此外，还有人认为身份犯是一种行政处分，本书认为这其实是对美国少年犯处遇机制的误解，因为身份犯的最终确定也要经过司法程序的认定，而非仅是由

---

[1] See Kären M. Hess, *Juvenile Justice*, World Group, 2009, p. 179.

[2] See Kären M. Hess, *Juvenile Justice*, World Group, 2009, p. 182.

行政管理部门决定，因此，虽然身份犯处分大多比较轻微，处遇也更偏向治疗和社会化，但仍然属于少年犯罪范畴，而非行政处分。

身份犯罪大概分为以下三种：一是违反仅适用于青少年的法令者，如饮酒、吸烟、无故旷课等；二是不遵从父母或保护者的命令，以离家出走或违反管理为典型，亦包含法院认定的"难以管教"（incorrigible）和"不守规矩"（unruly）；三是除以上两者外，参与不道德的行为，或将来有成为怠惰者或犯罪者可能的。[1]身份犯罪是出于少年其特殊性质的规范，可以显示出少年与成人的不同特质，亦即基于此种特质，少年需要迥异于成人的对待与规范，而且宣示了少年必须远离有害物品、环境，要具有顺从的道德品质。由规范少年"身份犯罪"的特殊规定，我们得见其所反映出的少年形象：少年未成熟，需要保护，应温顺、服从成人的指引，达到身心健康，符合正常成长。

对身份犯少年的处理态度，与针对少年犯的除罪化、去机构化以及转向程序有很大的关系。所谓除罪化，即将身份犯少年排除于少年司法系统之外。但是对于少年的转向程序，其成效一直被人怀疑是以操作的手段取得的，意即抽取那些表现良好的身份犯少年用来作评估，以评价方案的成效。因为身份犯少年的症状本就轻微，其评估结果肯定是良好的，因此易使人误以为去机构化政策成效卓著，其实是故意抽样之偏误。[2]另外，虽然去机构化的行动在此时期的确使监禁在州少年矫治机

---

〔1〕　藤本哲也对于美国少年法院管辖少年所产生的诸多问题有详尽的介绍与探讨。参见［日］藤本哲也：《现代アメリカ犯罪事典》，劲草书房1991年版，第324页。

〔2〕　参见赵雍生：《社会变迁下的少年偏差与犯罪》，桂冠图书出版公司1997年版，第311页。

构的少年急剧减少，但在这个行动执行之时，却发生了私人矫治机构中所庇护的少年人数增加的情形，也就是说，这个结果代表了公部门与私部门的协力，虽然从表面上看公家机关所庇护的人数减少，但是实际上，少年司法系统处理少年犯的能力却增加了。这就是在评价转向政策时常被提到的对于少年控制网的扩张。详言之，批评者认为，身份犯少年转向以及去机构化之实行其主要的副作用是"司法控制网的扩大"（Net-widening）。"司法控制网的扩大"乃是指有些较轻微的偏差行为少年，原本不一定会受到监禁的处遇，但在司法程序前都被警察机关等移转到相关转向或去机构化方案中，这些少年虽然未被送至公家机关而被监禁，但是仍然会被相关方案留下纪录而被标签化，使他们从原本的不受注意、不被追究，成为该类方案中的服务人群，失去转向以及去机构化原本设立的美意，使这些少年受到过多及不必要的注意。[1]这种发展的情况也与少年法院建立以来，为了拯救街上失养失教的少年，而将身份犯纳入少年司法保护下的理念不同。在这种困境之下，身份犯少年无法进入少年司法去享有少年司法所给予的保护，只能在社会中载浮载沉，一直到其成为犯罪少年之时少年司法才得以介入，这样的发展并不符合当初的预想。

少年法院不再处理身份犯，导致少年法院刑事化，放弃福利色彩。身份犯的改革未见成效，反而导致了少年法院福利色彩的消失以及身份犯少年成为一般犯罪少年的状况。首先，身份犯的改革政策原本是基于标签理论，期望借由转向以及去设施化政策，使得身份犯得以避免被司法体系标签化，这是原本的初衷。然而，这种改革却削减了少年法院原本得以对身份犯

---

〔1〕 参见赵雍生：《社会变迁下的少年偏差与犯罪》，桂冠图书出版公司1997年版，第311页。

少年给予相关福利以及促进其复归的功能，少年法院的福利色彩减少，而往纯粹司法的部分靠拢。详言之，原本的少年法院以国家亲权思想为本，给予身份犯少年适当的处遇模式，使得身份犯少年得以受到相关的保护，并在回归社会之后保有自我的生活空间。然而，少年司法不再处理身份犯的政策会导致法院无法给予身份犯少年相关福利，也就是说，少年司法慢慢地走向了刑事法院化的立场，并且往犯罪控制的方向靠拢，这种方向是当初希望身份犯少年可以避免被标签化而受到不当待遇的学者所无法预见的。其次，随着20世纪80年代政府维护国家形象、公众对犯罪的恐惧，以及对法与秩序的要求，20世纪80、90年代，少年司法持续强调严罚化，在这个前提之下，社会舆论便要求司法加强对于风险的控管，在此便包括了对于身份犯少年的管理。美国政府在20世纪80年代之后，便以宵禁之名对身份犯进行大量逮捕，而少年法院对于这些身份犯不再避忌，而是对其加以威吓或监禁，当然，庇护与监禁时期比例都呈现上升趋势，这也与政策制定者希望身份犯离开少年司法系统的初衷大相径庭。宵禁的逮捕实是一种类型的情境控制，而这类身份犯原本通常都不会进入法院，也就是并不会进入少年司法系统，但是在这个政策之下，这些宵禁违反者反而经常被反复逮捕，此外，还有部分逃家或父母申请的身份犯也进入了法院。这种情况在20世纪80年代少年司法对犯罪少年持续严罚的态度下，被美国学界认为是拯救少年精神的衰落、少年福利司法精神的消逝，对身份犯管理的新政策亦体现了这个论点。同时，对身份犯进行大量的逮捕，使得美国对少年的控制网扩大到了少年司法建立以来的最大程度。

持续的严罚化，使身份犯大量进入少年司法系统，因为转向制度或是去设施化使得身份犯少年离开司法系统，但还是会因为相关的登记措施而被贴上标签，再不给予相关保护的话，很容易使其进一步变成犯罪少年。所以，在整个少年司法系统当中，基于国家亲权思想的考量下，无论如何，少年法院都必须要对身份犯拥有管辖权，必须对身份犯少年有一定的处理能力，并且给予相关的福利。这是因为支撑美国少年司法的刑事政策思想是国家亲权思想，以国家亲权思想的立场，少年法院将自己以及国家视为少年的家长，所以少年法院的管辖必须包括少年是毋庸置疑的。无论如何，美国少年司法系统都会把身份犯少年纳入司法体系之中。[1]

五、美国少年犯机构化处遇措施中的少年犯概况

（一）身份犯 VS 非身份犯

美国少年犯处遇机构中多数属于非身份犯，而对身份犯进行机构化处遇属于比较少的现象。如上文所述，非身份犯是指那些同时触犯对少年和成人有效的刑事法律而形成的犯罪行为，不过，美国少年司法与犯罪预防办公室的历年统计中也包含了那些技术违反行为，例如对于缓刑、假释和法庭秩序违反的行为；而身份犯则是那些违反只对少年因其尚未达到成人身份而构成的犯罪行为，例如离家出走、逃学等。虽然很多身份犯也会进入美国少年司法系统进行处理，但是往往对其进行比较宽缓的处理，不对其进行机构化处遇。

根据美国少年司法与犯罪预防办公室于 2016 年 5 月发布的《处遇机构中的少年犯（2013）》报告，截至 2013 年 10 月 23 日，美国少年犯处遇机构中绝大多数的少年犯都属于非身份犯，比例为 86%，身份犯的比例仅占 4%（参见表 2）。由于美国少

---

[1] 参见廖经晟："少年多样化处遇之研究——以美国法为中心"，台湾大学 2011 年硕士学位论文，第 36~83 页。

年犯处遇机构有时候还会矫治一些没有构成犯罪的其他危险少年（例如患有精神疾病的暴力少年等），这类人员的比例为 10% 左右（需要注意的是，美国少年司法与犯罪预防办公室的统计还包括了少年犯处遇机构中 21 岁以上尚未释放或者转移至成人监狱的这部分人数）。

表 2　美国少年犯处遇机构中的身份犯与非身份犯

	人数（名）			比例（%）		
	1997 年	2006 年	2013 年	1997 年	2006 年	2013 年
全部人数	116 701	104 819	60 227	100	100	100
非身份犯	98 813	88 106	51 624	85	84	86
身份犯	6242	4615	2524	5	4	4
其他人员	11 646	12 098	6079	10	12	10

（＊数据来源：美国少年司法与犯罪预防办公室，2016 年）

　　不过，从总的趋势来看，美国少年犯处遇机构中的少年犯数量一直在减少，从 1997 年至 2013 年已经减少了一半左右。少年犯处遇机构中的少年犯总体数量减少了 48%，而身份犯减少了 60%（参见图 2）。其中，2006 年至 2013 年这个时间段减少得最多，这与奥巴马政府自 2009 年以来大力推进的宽缓化刑事司法改革有着很大的关系。

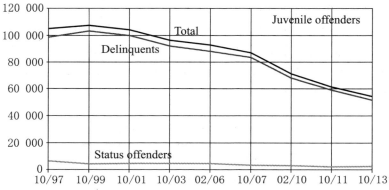

图 2　美国少年犯处遇机构中少年犯数量变化趋势（1997 年至 2013 年）

（＊数据与图表来源：美国少年司法与犯罪预防办公室，2016 年）

（二）暴力犯 VS 非暴力犯

在非身份犯的分类下，美国少年犯罪还可以被分为暴力犯和非暴力犯。暴力犯对社会的危险性更高，也更应该安置在机构化处遇机构中进行矫治。这一方面对社会安全有利；另一方面也更有利于对暴力性少年犯进行集中矫治，以便于其回归社会。与此相对的就是非暴力犯，主要包括财产犯罪、毒品犯罪、公共秩序犯罪、技术违反等。相比于暴力犯，这些犯罪对社会的危险性并不是很高，实际上更适于采取非机构化的处遇措施。

根据美国少年司法与犯罪预防办公室于 2016 年 5 月发布的《处遇机构中的少年犯（2013）》报告，截至 2013 年 10 月 23 日，美国少年犯处遇机构中暴力犯人数一直在 20% 以上，但是比例变化并不大，在 1997 年、2006 年和 2013 年所占比例分别为 23%、21% 和 23%（参见表 3）。

表3 美国少年犯处遇机构中的暴力犯

	人数（名）			比例（%）		
	1997年	2006年	2013年	1997年	2006年	2013年
全部人数	116 701	104 819	60 227	100	100	100
暴力犯	26 304	21 759	13 761	23	21	23

（＊数据来源：美国少年司法与犯罪预防办公室，2016年）

从2013年的少年犯犯罪行为详细数据中我们能更清晰地看到美国少年犯暴力犯罪和非暴力犯罪的特征。根据美国少年司法与犯罪预防办公室于2016年公布的数据显示，自1997年至2013年，美国少年犯的所有犯罪类型都在大幅下降。其中，毒品交易犯罪人数下降最多，达到81%。在非身份犯中，对个人犯罪（主要是暴力犯罪）人数最多，有19 922名，毒品犯罪的人数最少，只有3533名（参见表4）。而相对于财产犯罪和毒品犯罪高达60%左右的下降人数，对个人犯罪却只有43%的下降比例，这一比例并不算高，甚至低于秩序犯的下降比例。在故意杀人罪、性侵罪、抢劫罪、重伤害罪、轻伤害罪等五种主要的针对个人的暴力犯中，故意杀人罪的下降比例最高，为66%。但这一比例并不算高，因为非暴力犯中的汽车盗窃和毒品交易犯罪的下降比例远远高于故意杀人罪。从这一角度我们或许也可以看到美国少年犯的犯罪类型中暴力犯所占比例比较高，也是其中比较突出的问题。

表4 2013年美国少年犯处遇机构中的少年犯罪行为类型统计

	人数（名）	1997年至2013年人数变化比例（%）
总体	54 148	－48
非身份犯总计	51 624	－48

		人数（名）	1997 年至 2013 年人数变化比例（%）
非身份犯	对个人犯罪总计	19 922	−43
	对个人犯罪 故意杀人罪	657	−66
	性侵罪	4025	−28
	抢劫罪	4924	−47
	重伤害罪	4155	−56
	轻伤害罪	4554	−31
	其他	1607	−27
	财产犯罪总计	12 768	−60
	财产犯罪 入室盗窃	5422	−57
	盗窃	2853	−61
	汽车盗窃	1694	−74
	纵火罪	387	−57
	其他	2412	−49
	毒品犯罪总计	3533	−61
	毒品犯罪 毒品交易罪	550	−81
	其他	1983	−52
	秩序犯罪总计	6085	−41
	秩序犯罪 枪支犯罪	2161	−48
	其他	3924	−36
	技术违反	9316	−25
身份犯		2524	−60

（*上表中统计的"枪支犯罪"主要是指非法持有枪支犯罪，并非以枪支为手段的暴力性犯罪。数据来源：美国少年司法与犯罪预防办公室，2016 年）

(三) 白人 VS 少数族裔

美国的种族分化问题相对比较严重，学界在讨论人口、犯罪、刑事司法等问题的时候一般都会讨论白人与少数族裔的问题。在美国，少数族裔主要包括黑人（主要是非裔）、西班牙裔、印裔、亚裔等，现在还有不少人有多重少数族裔背景（例如西班牙裔和亚裔的后代就同时具有了西班牙裔和亚裔的双重少数族裔特征）。不过，一般研究文献中关注双重少数族裔问题的并不多，但美国少年司法与犯罪预防办公室历年关于美国少年犯罪的统计，常常会把多重少数族裔的人群单独列出来。

根据美国少年司法与犯罪预防办公室的统计，2013 年，美国少年犯处遇机构中各种族裔所占人口比例（包括裁判前阶段和裁判后阶段）为白人 32%、黑人 40%、西班牙裔 23%、印第安人 2%、亚裔 1%，而有双重族裔背景的少年犯大约有 5% 左右。在 2003 年的时候，美国少年犯处遇机构中的少年犯族裔比例比现在高。当时的比例为：白人 39%、黑人 38%、西班牙裔 19%。从人数总体上看，1997 年至 2013 年，各少数族裔人口都快速下降，总体上下降了 44%。人口总量上，黑人下降得最多，亚裔下降得最少。而下降比例上则是亚裔下降得最多，为 79%。当然，相对于白人来说，少数族裔整体的下降比例比较低。当前，从绝对人数来看，美国少年犯处遇机构中，黑人少年犯最多，达到 21 550 名，亚裔只有 476 名（参见表 5）。

表 5　2013 年美国少年犯处遇机构中白人与少数族裔人口变化比例

种族	2013 年数量（名）	人口变化比例（%）	
		较 2003 年	较 1997 年
总数	54 148	-44	-48
白人	17 563	-53	-55

种族	2013 年数量（名）	人口变化比例（%）	
		较 2003 年	较 1997 年
少数族裔总体	36 585	−38	−44
黑人	21 550	−41	−49
西班牙裔	12 291	−33	−36
印第安人	1078	−37	−33
亚裔	476	−67	−79
多种族裔	1190	30	112

（＊数据来源：美国少年司法与犯罪预防办公室，2016 年）

从少年犯的各种犯罪类型比例来看白人与少数族裔的问题，我们可以发现，各个族裔都有自己相对而言比较固定的犯罪特征。美国少年司法与犯罪预防办公室的统计数据显示：2013 年美国少年犯处遇机构中各族裔最高比例的犯罪类型并不相同，白人少年犯犯罪比例最高的是性侵犯罪，为 53%；黑人少年犯犯罪比例最高的是抢劫，为 68%；西班牙裔少年犯犯罪比例最高的是毒品交易，为 32%；印第安人少年犯犯罪比例最高的是轻伤害罪，但只有 3%；亚裔少年犯犯罪比例最高的是汽车盗窃，但只有 2%。（参见表 6）从统计数据中我们可以看到，大部分的少年犯罪都由白人、黑人和西班牙裔实施的，尤其是黑人在各个犯罪类型中都占据高位，而印第安人和亚裔的犯罪则少到可以忽略不计。

表6 2013年美国少年犯处遇机构中各犯罪类型中白人与少数族裔比例

		总体	白人	黑人	西班牙裔	印第安人	亚裔
总体		100	32	40	23	2	1
非身份犯罪		100	32	40	23	2	1
非身份犯罪	故意杀人罪	100	18	48	30	2	1
	性侵罪	100	53	26	17	2	1
	抢劫罪	100	8	68	20	1	1
	重伤害罪	100	23	45	28	2	1
	轻伤害罪	100	26	38	18	3	1
	入室盗窃	100	27	45	24	1	1
	盗窃	100	35	44	16	2	2
	汽车盗窃	100	31	41	24	2	2
	毒品交易罪	100	31	33	32	1	1
	其他毒品罪	100	43	26	26	2	1
	枪支犯罪	100	15	52	29	1	1
	技术违反	100	33	34	28	2	1
身份犯		100	49	30	13	3	1

（＊数据来源：美国少年司法与犯罪预防办公室，2016年）

而从各个族裔的犯罪类型比例角度来看，我们也可以发现每个族裔的不同犯罪倾向。根据美国少年司法与犯罪预防办公室的统计，在各种犯罪类型中比例最高的是技术违反行为，入室盗窃次之，抢劫罪再次之。总体上看，就是财产罪与人身犯罪比较多。当然，最为严重的故意杀人罪比例并不高，只有1%。（参见表7）从各个族裔的犯罪偏好来看，各个族裔犯罪偏好为：白人实施最多的三种犯罪行为是性侵犯罪、技术违反犯罪、轻伤害犯罪；黑人实施最多的三种犯罪行为是抢劫罪、入室盗窃罪、技术违反犯罪；西班牙裔实施最多的三种犯罪行为是技术违反犯罪、入室盗窃罪、重伤害罪；印第安人实施最多的三种犯罪行为是技术违反犯罪、轻伤害罪、入室盗窃罪；亚裔实施最多的三种犯罪行为是技术违反犯罪、抢劫罪和重伤害罪。

表 7　2013 年美国少年犯处遇机构中白人
与少数族裔各种犯罪类型比例

		总体	白人	黑人	西班牙裔	印第安人	亚裔
总体		100	100	100	100	100	100
非身份犯罪		95	93	96	97	93	95
非身份犯罪	故意杀人罪	1	1	1	2	1	2
	性侵罪	7	12	5	6	7	5
	抢劫罪	9	2	15	8	3	11
	重伤害罪	8	5	9	9	6	9
	轻伤害罪	8	9	8	7	12	8
	入室盗窃	10	8	11	11	7	9
	盗窃	5	6	6	4	5	4
	汽车盗窃	3	3	3	3	3	6
	毒品交易罪	1	1	1	1	0	1
	其他毒品罪	6	7	4	6	6	6
	枪支犯罪	4	2	5	5	1	5
	技术违反	17	17	15	21	21	12
身份犯		5	7	4	3	7	5

（＊数据来源：美国少年司法与犯罪预防办公室，2016 年）

第二节 美国少年司法相关范畴

一、美国少年司法的含义

基本上，"少年司法"（Juvenile Justice）系指社会通过政府及民间之犯罪预防与控制机构对少年犯罪所采取之防治措施。其探讨的主题包括少年偏差与犯罪行为处遇以及少年司法体系问题。一般而论，少年司法涵盖犯罪原因、机构控制、预防对策、社区服务策略以及处理违反法律规章行为的立法等。警察、法院少年矫治机构则为少年司法体系的主要构成要素，但是其他诸如学校、社会辅导、服务机构等也负有处理少年事件的义务与责任。早期法律对于少年处遇并未予以特别重视，少年与成年并无差异地必须遵循相同的法律、规定，接受同样的处遇。换言之，早期法律并未对少年与成年身份予以区分，对少年的保护亦欠周延。

在美国司法体制下，所谓少年司法是指一种给少年提供错误行为的责任承担并接受正式保护的法律设置。[1]同时，它也是一个用以指明少年与成人在司法需求上的区别及其独特性的概念。但是，由于司法体制的原因，美国并没有一个固定、统一的少年司法模式，51个州有51种少年司法模式，每种少年司法模式都有自己独特的发展历史，其各自依赖的法律、政策都不相同。"甚至在同一州内，同一议会制定的法令也会被不同的地方，在非常广泛的条件下进行不同的解读和实践，产生多样化的实际效果。"[2]

---

〔1〕 See Kären M. Hess, *Juvenile Justice*, World Group, 2009, p. 3.

〔2〕 See Kären M. Hess, *Juvenile Justice*, World Group, 2009, p. 3.

从历史的发展来看，对于犯罪者的惩罚常被视为是对反社会行为的处理方式。对于违反社会规范者而言，由于对他人或社会秩序造成危险及破坏，行为人需为自己所犯下的罪行负责，所以由司法机构施予适当的处分，以达到预防再犯及维护社会安宁的目的。[1]在刑事犯罪政策中，相关理论主要可被分为一般预防理论及特别预防理论。一般预防理论着重于刑罚所带来的威吓作用；特别预防理论则强调刑罚对行为人产生再社会化的作用，也就是所谓的预防再犯。当代世界少年司法制度的趋势受到特别预防理论的影响很大，后者影响到少年司法制度执行保护管束的概念及方式。[2]故倡导以预防再犯，用社会化的政策来替代处罚犯罪行为人的方法，此理念强调对于犯罪行为的矫治，以降低将来再犯的可能性。少年犯罪与一般的成人犯罪不同，少年的自制力较低，社会经验也较为不足，故较容易受到他人诱惑而导致自身判断能力降低，因此，以对待成年人的标准对待少年并不合适。再加上少年的可塑性高，如果能够给予适当的教育及矫治，使其再社会化，重返社会生活的机会将会提高许多。

美国少年司法独立于一般法制经过了一个相当长的演变历程，在其独立之前，各国对于少年犯之处罚多附属于成年刑罚体系。最近半个世纪以来，受到 J. O. 劳克纳所提出的"4D"运动的影响［"4D"即为 1960 年到 1970 年间的"转向"（diversion）、"除罪化"（decriminalization）、"去机构化"（deinstitutionalization）、"正当程序"（dueprocess）］，美国少年司法逐渐朝向以刑罚以外的方法达到刑罚的效果。[3]各国立法例对于少年犯

〔1〕 林东茂：《刑法综览》，一品文化出版社 2007 年版，第 18～19 页。
〔2〕 杨世隆、林健阳："我国少年观护制度的现况与展望"，载杨士隆、林建阳主编：《犯罪矫治——问题与对策》，五南图书出版公司 2007 年版，第 452～457 页。
〔3〕 陈依农："论少年司法之定位与功能"，台北大学 2011 年硕士学位论文，第 31 页。

罪也已采取与成人犯不同的处遇措施，在量刑上以较轻刑罚，辅以矫治措施为原则，采取个别化处遇、复归措施。相较于监禁的刑罚方式，这些对于少年采取较为"温和"的措施在实施数十年后也引起了批评及反对的声浪。一方面，因为犯罪率的升高，社会大众希望能采取较为严苛的处罚来吓阻持续上升的犯罪率；另一方面，有越来越多的人认为以复归的方式，为犯罪少年提供较多的福利服务，更能降低犯罪措施，支持者表示遭到监禁的少年最后还是需要回归社会，不如以转向等措施降低监禁处遇所需要的经费。[1]这两种对立的观点一直影响着美国少年刑事司法体系的发展。

二、美国少年司法的构造

直至美国少年司法发展的第一个世纪，少年司法仍然是根植于刑事司法的愿景之中。但是，随着美国各个州逐渐创制出各种形式的少年司法体制，少年司法的结构也开始多样化。在20世纪早期，各州立法者开始制定各种各样的新式少年司法机构，以便于把少年司法机构嵌合于现存的司法程序和政策之中。从目前来看，美国少年司法构造并没有统一的模式可言，只有一个大略的共同要素。

（一）美国少年司法的一般构造

虽然美国少年司法在严格意义上并没有完全统一的模式，但是总结美国少年司法的基本体系，我们可以发现，其还是存在一些共同的要素和基本流程的。本书根据少年犯的基本流程将美国少年司法的一般构造分为案件发现阶段、起诉受理阶段、正式程序阶段、裁决安置阶段、安置阶段、安置后阶段。

---

〔1〕 〔美〕Albert R. Robert：《矫正社会工作》，郑瑞隆、邱顾良译，心理出版社2007年版，第263~264页。

案件发现阶段。虽然美国大多数少年司法案件都是经由执法部门进入少年司法程序的，但是还有一些案件是来自于非执法部门的转介。无论是执法部门还是其他部门的转介，都可以将那些不严重的、社会危险性较低的、适合在其他部门安置的少年犯转向至其他替代性程序和机构。

起诉受理阶段。在很多情况下，少年法庭审查官决定什么案子可以被其受理，而不是由检察官决定起诉。在受理起诉阶段，由检察官决定可能转向替代性措施，也可能转向刑事程序。还有的情况是，根据成文法的规定，某些特定的严重少年犯罪必须转向刑事程序。在少年法庭受理之后，法庭还可以决定案件进入非正式程序或替代性程序。

正式程序阶段。进入少年司法正式程序之后，法官还可以根据审理情况驳回起诉，或者将案件通过司法豁免而转向刑事司法程序。

裁决安置阶段。裁决安置阶段一般有三种裁决结果：一是直接释放；二是机构化安置，将需要矫治的少年犯裁定安置于少年犯训练学校、少年犯训练营等机构化处遇措施之中；三是对少年犯裁处缓刑或者非机构化安置。

安置阶段。对于非机构化安置或者缓刑而言，如果没有违反监管条件，则到期就会释放，如果违反监管条件，则可能撤销非机构化安置或缓刑，重新进入机构化安置措施之中。对于机构化安置而言，如果矫治效果很好，则到期会直接释放；如果还需要更为轻缓的监管，则会进入安置后阶段；还有可能因为发生重大违法事件而进入刑事程序。

安置后阶段。对于从机构化安置进入安置后阶段的少年犯而言，其可能会面临两种结果：一种是表现良好，直接释放；一种是违反安置后监管条件，从而被撤销监管，重新进入机构化安置阶段。

（二）美国少年司法与刑事司法的比较

随着美国各个州逐渐创制各种形式的少年司法体制，少年司法开始脱离于刑事司法。但由于其脱胎于刑事司法，美国少年司法在构造的过程中还是保留了很多刑事司法构成要素。对二者进行比较，有助于我们明晰美国少年司法与刑事司法之间的关联与差异。

表 8　美国少年司法与刑事司法的比较

	少年司法	共同基础	刑事司法
1.运作前提	少年行为具有延展性；矫治经常是可行的目标；少年从属于家庭而不是独立的。	社会防卫是首要目的；违法者必须承担责任；享有宪法权利。	惩罚与罪行之间应当符合比例性；一般威慑能够起到作用；矫治并非首要目的。
2.预防阶段	运用多样化的特别预防活动，例如学校、教堂、娱乐场所等都可以作为预防活动或场所；预防的目的在于改变个体行为，也经常聚焦于降低个体、家庭和社区中的风险要素和提升个体、家庭和社区中的保护要素。	教育方式被用于预防一些特殊行为，例如酒驾、吸毒等。	预防活动是一般性的，旨在威慑。
3.执法阶段	适用个别化的青少年团体；一些额外的行为（身份行为）被禁止，例如逃学、逃家、违反宵禁等；	所有范围的犯罪行为都涉及司法；存在宪法和程序法保护；回应性和主动性方式都会使用；	向公众开放所有信息的获取；执法部门运用裁量权将罪犯从刑事司法系统中转向出去。

	少年司法	共同基础	刑事司法
3. 执法阶段	在公众获取相关信息方面有一定限制；大量的青少年从少年司法程序中转向，经常进入替代性项目中。	都运用社区警务策略。	
4. 受理—起诉阶段	在很多情况下，少年法庭审查官决定什么案子可以受理，而不是检察官；诉诸法庭的决定要同时考虑社会和法律因素，而非单纯是法律因素；很大比例的案件从正式案件程序中转向；审查官或者检察官将案子从正式程序转向由少年法庭、检察官办公室或者其他社会机构管理的措施。	都需要合理根据；检察官行为代表国家。	认罪交易非常普遍；起诉决定更多是由法律因素决定；诉讼构成以后犯罪行为的犯罪历史；检察官运用裁量权决定不予起诉或者从刑事程序中转向。
5. 拘留—羁押阶段	青少年可能因保护其自身或者社会安全而被拘留；青少年不能和成人一同关押，除非能够保证"视线和声音上的区隔"。	被起诉的犯罪人可能会被羁押，以保证他们能够出庭应诉；存在家庭拘留替代措施或电子拘留。	被起诉的个人有权利申请保释。

续表

	少年司法	共同基础	刑事司法
6.裁决—定罪阶段	少年法庭程序属于准民事的程序，也可能秘密审判； 如果存在罪责，青少年会被裁定为少年犯罪而非犯罪； 没有申请陪审团审判的权利。	都适用排除合理怀疑的证据规则； 都有获得律师帮助权、质证权和沉默权； 都可以向上级法院上诉； 毒品法庭、枪支法庭等新兴法庭都在逐步探索。	被告有获得陪审的宪法权利； 罪责必须建立于受到起诉的个人犯罪行为； 所有程序都是公开的。
7.安置—量刑阶段	安置决定取决于个人和社会因素、犯罪行为严重性、青少年的犯罪历史； 安置理念中包含着明显的矫治理论； 少年法庭有非常多的安置替代措施可供选择； 安置包括非常广泛的社区基础措施和机构化安置措施； 安置命令可能直接指向被告人之外的一些人，例如被告人父母； 安置期限可能是不定期的，会根据少年犯的矫治情况进行变动。	安置或量刑决定都受到当前犯罪行为、犯罪历史和社会因素的影响； 安置或量刑决定旨在让罪犯承担责任； 安置或量刑决定都会考虑到被害人，例如赔偿或者禁止接触令（no contact order）。	量刑决定主要是由当前犯罪行为的严重性和罪犯的犯罪历史决定的； 量刑在很大程度上体现为合比例性（均衡性）和惩罚； 量刑经常是定期刑。
8.出狱后安置—假释阶段	后续安置包含监管和再融入行为，例如家庭、学校、工作等。	从监狱释放后的个人行为都会受到监控； 违反监管条件会导致重新入狱执行剩余刑罚。	假释的功能主要在于监控和报告违反监控条件的行为。

(三) 美国少年司法结构的多样化

20 世纪早期，美国各州立法者开始创设各种各样的新式少年司法机构，以便使少年司法机构嵌合于现存的司法程序和政策。从目前来看，美国少年司法并没有一个完全统一的模式。还有一些地方甚至根本就没有少年法院。在这些地方，处理少年犯案件的通常是高级法院或巡回法院等其他法院的一个部门。例如，在康涅狄格州，少年法庭就是普通司法体系中高级法院的一个部门；在佐治亚州，少年法院就是个独立的机构，且 159个县均有自己独立的少年法院；在卡罗拉多州，少年法庭是 22个地区法院的一个部门；丹佛市虽然有独立设置的少年法院，但其同时也是普通法院；犹他州只有一个独立的少年法院，通过在全州 8 个司法地区设立 22 个分支机构来处理全州的少年犯案件。[1]

除结构和组织不同之外，美国各州少年司法机构所负担的责任及其活动也不相同。大多数州的少年法院都有权受理关于少年犯罪的各种类型案件，诸如少年犯罪案件、少年虐待与疏忽案件等。但一些少年法院还可以受理收养、剥夺父母权利、少年人际协议等案件。个别少年法院甚至还可以受理交通案件和儿童抚养案件。[2]少年法院受理少年犯罪案件的范围是根据各州的法律来确定的，在大部分州，少年法院可以受理任何由少年实施犯罪行为的案件，这可能包括各种由少年实施的相关轻微犯罪（例如闲逛、违反治安秩序、破坏行为等）、较严重犯

---

[1] See Jeffey A. Butts, *Juvenile Justice*: *Juvenile Court*, *Encyclopedia of Crime and Justice* (2nd ed.), edited by Joshua Dressler, Vol. 3, Macmillan Reference USA, 2002, p. 941.

[2] See Jeffey A. Butts, *Juvenile Justice*: *Juvenile Court*, *Encyclopedia of Crime and Justice* (2nd ed.), edited by Joshua Dressler, Vol. 3, Macmillan Reference USA, 2002, p. 942.

罪（例如枪支犯罪、毒品犯罪、纵火罪、财产犯罪等），以及人身犯罪（例如谋杀、伤害、抢劫等）。[1]

少年司法的目的在各州也不相同。在 20 世纪 80 年代至 20 世纪 90 年代，不少州改变了其少年司法制度的目的，更加注重惩罚和责任。例如，佐治亚、阿肯色、夏威夷、伊利诺伊、爱荷华、路易斯安纳、密歇根、密苏里和罗德岛等九州明确授权其少年法院给予少年犯与其犯罪行为相适应的惩罚，以使少年为其行为负责；北卡罗来纳、南卡罗来纳、俄亥俄、佛蒙特、西弗吉尼亚、肯塔基等一些州少年司法制度的目的则侧重于预防和矫治。不过，大部分州则兼采矫治与公共安全的双重目的。[2]

三、美国少年司法的特征

（一）综合性的少年司法体系

与毒品法院、家庭法院一样，少年法院在美国是问题解决型法庭的一种。美国由选举和任命两种方式产生少年法院法官。美国少年司法由政府干预儿童生活的一整套机构和制度所构成，少年司法独立于成人司法但同时又与成人司法相衔接。组成少年司法体系的部门有很多，包括警察、少年法院、少年拘留所、政府律师（公诉人）和儿童代理人、缓刑工作人员、少年矫正机构以及依照少年法院指令安置儿童的社会福利机构，所有机构

---

[1]　See Jeffey A. Butts, *Juvenile Justice*: *Juvenile Court*, *Encyclopedia of Crime and Justice* (2nd ed.), edited by Joshua Dressler, Vol. 3, Macmillan Reference USA, 2002, p. 943.

[2]　See Jeffey A. Butts, *Juvenile Justice*: *Juvenile Court*, *Encyclopedia of Crime and Justice* (2nd ed.), edited by Joshua Dressler, Vol. 3, Macmillan Reference USA, 2002, p. 943.

和组织都承担着自己的特定功能。[1]在少年司法中，起主导作用的当然是少年法院。一般而言，美国少年法院的定位是处遇实施罪错行为的少年教育机构、教育场所以及培养其公民意识的社会教育途径，不过，对于犯有严重罪行的少年犯依然要进行惩罚。少年法院常用的制裁方式主要有判决给付赔偿金和罚金的补偿性司法制裁、社区非机构化处遇、判入少年监狱或者转移到成人刑事司法。少年法院常用的处遇方式主要有转处、缓刑监督、在家监禁、电子监管等。同时，少年法院还可以与社区合作采取更加灵活的非机构化处遇措施，如社会服务等。

（二）多元化的矫治处遇机构

矫治处遇机构是美国少年司法的重要组成部分，它承接着少年法院的处理结果，并将之实现。美国少年法院对于少年问题拥有非常大的管辖权，但这种权力要通过与政府公共机构、民间组织以及社区机构的合作才能实现。在少年司法制度早期，这些政府公共机构、民间组织和社区机构主要包括少年拘役所、少年监狱、私营少年训练学校、社会救济院等，其与少年法院共同合作对少年犯进行处遇改造。这些机构对不同年龄层次的少年犯按照其需求进行有针对性的专门处理，他们之间的专业职能相互交叉和重叠。后来，随着精神病医学的发达和毒品问题的泛滥，出现了精神诊断治疗机构和药物滥用矫治处遇机构。当前，随着美国社会对少年犯问题的深入认识，以及脑神经科学、生物学、制药学的发达，出现了越来越多的细分化的少年犯矫治处遇机构，与少年法院之间的衔接更加紧密。

---

〔1〕 参见胡伟新："美国少年司法制度的特点及思考"，载《人民司法》2010年第1期。

（三）多样化的司法转处措施[1]

美国少年司法中有一项非常重要的制度就是转处程序。转处程序就是司法机关对一些罪行比较轻微的少年由缓刑官[2]或者检察官裁量实施非刑事化、非监禁化处理，从而不进入正式少年司法程序的制度。转处程序的核心是少年犯非监禁化，其目的在于将施行罪错行为的少年从司法程序和监禁处遇中解脱出去，主要代之以家庭和社区为基础的矫治处遇措施，通过家庭或社区对其实施矫治。美国每个州的转处措施并不相同，甚至有较大差异。以伊利诺伊州东北部的库克郡为例，其转处措施主要包括社区范围内监督、在家监禁、晚间报告制度、治安拘留替代计划、电子监控、司法保护安置，其中使用得最多的措施是电子监控。例如，旧金山市顶级物业区的狄兰司街有一家完全由少年犯自我管理、自我经营的公寓。该公寓由一名社会慈善家买下，专门用于少年犯改造。公寓一楼是餐馆和汽车修理厂，二楼是搬运公司，三楼是宿舍。公寓中从经理到服务生都是少年犯。由于名声大、收费低和服务信誉好，餐馆和搬运公司的生意都十分兴隆，每年盈利近亿美元。但少年犯没有报酬。据旧金山法官介绍，进入该公寓的少年犯由法官裁定，多数是非暴力犯罪和因贫穷而犯有轻罪的青少年，最长可在公寓住3年。公寓内的少年犯可以自由进出，但外面的人不能入内。在这里，少年犯可以学会做人的尊严和生存的本领，一些人甚至成了律师、警察、公司经理和少年缓刑官。[3]而有些州则偏好采取罚金或者社区服务的方式进行转处。不过对少年犯

---

〔1〕 本书第六章对转处程序运作有详细的解释。

〔2〕 也有称为观护人。

〔3〕 参见胡伟新："美国少年司法制度的特点及思考"，载《人民司法》2010年第1期。

进行司法转处的时候，并不会排除惩罚那些犯有严重罪行的少年犯。实际上，美国近年来有不少少年犯被转移至成人刑事司法程序处理，而这会导致对少年犯处理的重刑化，并因此受到了很多批评。

（四）非常有特点的缓刑制度

缓刑制度是美国少年司法的一大特色，少年法院中的很多事项都需要缓刑官来完成。或者可以说，缓刑官是美国少年法官不可或缺的辅助人员，也是美国少年司法队伍重要的组成部分。美国各州的少年法院都拥有一支通过统一考试选拔产生的职业化缓刑官队伍。美国伊利诺伊州于 1905 年修改了《少年法院法》，将缓刑制度纳入了该州的少年司法体系，从而使得缓刑官成为政府组成人员。不过，缓刑官并不都受雇于地方政府，有的也受雇于联邦政府。一般而言，缓刑官的主要职责包括五个方面：走访少年犯的家庭、邻居、教师或雇主，对少年犯的背景进行调查，提出调查报告；向法官提出如何处理少年犯的建议；庭审时担任少年犯的代理人；对违法少年进行缓刑监管；管理少年管教中心。[1]随着少年法院受理案件数量越来越多，很多州的缓刑官又承担了作出转处决定的职能，即筛选和分流拟起诉到少年法院的案件，并决定案件之转处或起诉。对于需要由少年法院裁决的案件，缓刑官一般会在 24 小时内请求少年法院收容审问。[2]

（五）类型多样的庭审方式

美国少年法院的庭审方式灵活多样，可以根据需要采取不

---

〔1〕 参见胡伟新："美国少年司法制度的特点及思考"，载《人民司法》2010年第 1 期。

〔2〕 具体程序可以参见黄鼎轩："少年司法的管辖、搜索与转向——以美国法制为中心"，东吴大学 2015 年硕士学位论文。

同的形式。全国少年法庭中心（NYCC）的一项研究确认了美国少年法院的四种重要组织模式：成年人法官模式、少年法官模式、同龄人陪审团模式、少年法官席模式。而在所有的少年法院中，约有47%的少年法院使用成年人法官模式，其中经常会含有少年代理人和少年陪审团，由少年陪审团提出对少年犯的刑罚处置建议。约有9%的美国少年法院采用少年法官模式，其中由少年代理人提交案件，并由少年陪审团提出量刑处置建议。约有12%的少年法院适用同龄人陪审团模式，其中由一位成人法官审理案件，虽然少年代理人不参加，但是少年陪审团能够询问被告人和提出量刑处置建议。大约有10%的少年法院采用少年法官席模式，其中由多位少年法官和少年代理人参加案件审理，但不包括少年陪审团。[1]

第三节　美国少年犯机构化处遇相关范畴

一、美国少年犯机构化处遇的概念

"少年犯机构化处遇"（Juvenile residential correction）是指将少年犯安置于一定机构，提供住宿，但严格限制其与社会接触的矫治措施，这是美国少年法院对少年犯所能施加的最严格的处遇类型。实际上，少年犯机构化处遇最明显的特征就是：在限制少年犯与社会接触方面，其"比社区化非住宿式处遇"（community-based program）更为严格；在概念用词方面，少年犯机构化处遇有多种表达方法，例如，"Juvenile institutional cor-rectional program""Juvenile institutional placement""Juvenile res-

---

〔1〕 参见王志亮："美国少年司法的新发展：少年法庭与毒品法庭"，载《青少年犯罪问题》2014年第4期。

idential placement""Juvenile residential correction"等，并没有固定的用语。

从概念范围上看，美国少年犯机构化处遇的概念有三种：

第一种是广义的少年犯机构化处遇概念，其认为少年犯机构化处遇包括任何住宿式的、含有少年犯的安置矫治形式，如少年拘留中心、监狱、诊疗与接收中心、森林营地、野营队、训练营、训练学校等，甚至还包括专门用于性犯罪少年、毒瘾少年、精神疾病少年或孤儿矫治的少年矫治机构。这种观点以普雷斯顿·埃洛德、R. 斯考特·瑞得等人为代表。[1]

第二种是中义的少年犯机构化处遇概念，其认为少年犯机构化处遇措施包括除了成人监狱或拘役所以及专门针对精神疾病少年、毒瘾少年和孤儿的专门机构之外的所有住宿式少年犯接收机构。这种观点以美国少年司法与犯罪预防中心（美国少年司法与犯罪预防办公室）为代表，其每两年一次的《少年犯住宿式处遇机构调查》中就包括了拘留中心、庇护所、教养院、野营队、训练学校、治疗中心、住宿诊疗中心等七种形式。[2]著名少年司法专家克利夫·罗伯逊教授在其《少年司法：理论与实践》一书中也持类似观点，认为"当前，少年犯被安置于以下六种机构之一：少年拘留中心、庇护所、接收/治疗中心、训练学校、野营队、中途之家/教养院"。[3]

第三种是狭义的少年犯机构化处遇概念，其认为少年犯机

---

〔1〕 See Preston Elord and R. Scott Ryder, *Juvenile Justice*, World Group, 2016, p. 338.

〔2〕 See Sarah Hockenberry, Andrew Wachter and Anthony Sladky, *Juvenile Residential Facility Census 2014: Selected Findings*, Office of Juvenile Justice and Delinquency Prevention, 2016, p. 1.

〔3〕 See Cliff Roberson, *Juvenile Justice: Theory and Practice*, Taylor & Francis Group, LLC, 2010, p. 242.

构化处遇措施包括少年拘留中心、训练营等短期安全管束矫治机构和青年农场、训练学校等长期安全管束矫治机构，而教养院、野营队等则是以社区为基础的机构化处遇之替代措施，不属于少年犯机构化处遇措施。这种观点以罗伯特·W.泰勒、埃里克·J.弗里奇、托里·J.凯提等人为代表。[1]

本书认为，美国少年犯机构化处遇主要是与非机构化的社区化处遇相比较而言的，因此其范围要按照相关处遇措施是否能够与社区化处遇相区分来划分，但同时也要包括那些特殊的、对一般少年犯不具有意义的机构。中义的少年犯机构化处遇概念没有把主要用于成人监禁的拘役所包含在内，似有不妥。因为虽然成人拘役所和成人监狱羁押少年犯并不是常态且应当受到批判，但是实际情况却是其中确实一直羁押着不少少年犯。仅仅因为其在理论上没有少年、成人的区别而忽略对其加以讨论有掩耳盗铃之欺。因此，在现实的意义上考量，其虽非重点，但仍应当被纳入少年犯机构化处遇的讨论之中。另外，虽然专门用于性犯罪少年、毒瘾少年、精神疾病少年或孤儿矫治的少年矫治机构只是针对少数特殊的少年犯，而并不针对一般少年犯。由于其仍然属于少年犯机构化处遇措施之一，因此，中义的少年犯机构化处遇概念似有不完全之嫌。狭义的少年犯机构化处遇概念则把具有住宿要求的教养院、野营队排除在外，但是这些机构在设置与安全要求等方面与青年农场、训练学校等并无差异。相比较而言，第一种观点的范围最广，也相对比较合理，既把握了与社区化处遇相区分的要求，又包括了那些特殊的专门处遇机构，因此，本书采纳第一种观点，即少年犯机构化处遇是指为少年犯提供住宿式安置的处遇方式。其中既包

---

[1] Robert W. Taylor, Eric J. Fritsch and Tory J. Caeti, *Juvenile Justice*, World Group, 2016, p. 350.

括类似成人监狱的安全机构，也包括半开放式的住宿式安置，但全开放式的非住宿式社区项目则不属于本书所述的机构化处遇范畴。在这种概念下，本书将在第四章重点讨论少年拘留中心、少年庇护所、少年教养院、少年训练营、少年野营队、少年训练学校、少年接收与诊断中心、少年住宿处遇中心以及作为专门化机构的安定设施和特殊情况下处遇的成人监狱。

需要注意的是，由于美国少年犯中性犯罪和毒瘾少年的专门矫治机构经常附设于少年训练学校等机构内部，单独成立机构较少，因此，本书不再予以重点讨论。但并不表明这些问题不重要，而是待未来美国此类专门化机构独立性比较强之后再来观察和讨论更有评价与借鉴价值。

二、美国少年犯机构化处遇的基本特征

美国少年犯机构化处遇有着自身的特征，从宏观上看，我们可以从以下几个角度予以分析：

（一）美国少年犯机构化处遇设施规模庞大

在少年处遇机构中，机构规模至关重要。少年犯处遇机构规模特征的第一个方面是单个少年犯处遇机构的规模，即存在大型少年犯处遇机构。在判断处遇机构规模的标准上，一般认为，拥有超过 30 个床位的机构已经能够被称为大型处遇机构，这也是少年犯处遇机构的关键特征。美国少年司法专家德穆罗指出："机构管理者应当知道每一个少年犯的名字。"如果一个少年犯处遇机构的管理者不能做到这点，便说明该少年犯处遇机构的规模过大了。德穆罗认为，一所机构应以 30 名少年犯为容纳上限。[1]与德穆罗观点类似，安妮 E. 凯西基金会主席帕特里

---

[1] See Richard A. Mendel, *The Missouri Model*, Baltimore, Maryland: The Annie E. Casey Foundation, 2010, p. 22.

克·麦卡锡在 2015 年"少年犯拘留替代措施倡议"（Juvenile Detention Alternatives Initiative）研讨会上向少年犯处遇机构的管理方说明：如果少年犯被判处机构内处遇，则少年犯处遇机构的规模应被控制在 30 个床位以内。[1] 然而事实却是，许多少年犯处遇机构的规模均大于这一标准甚至还有一些容纳数百人的巨型少年犯处遇机构。例如，一家位于威斯康星州的少年监狱能够监禁 559 名少年犯；又如建于 2001 年的伊利诺伊州基瓦尼少年监狱可容纳 354 名少年犯，现有少年犯 260 名，其中超过 40% 的少年犯来自 150 英里外的库克郡。少年犯处遇机构大型化并不表明这种现象有利于少年犯的发展，有学者认为大型化并不是最佳选择，甚至对少年犯有害。[2]

规模特征的第二个方面是数量规模大，即大型少年犯处遇机构较多。依照 2016 年"量刑工程"（Sentencing Project）关于少年犯处遇与处遇机构的最新研究，当前多数被判处机构处遇的少年犯都被安置于拥有 50 个~200 个床位的少年犯处遇机构之中。全美迄今还在运作的少年犯处遇机构中有 34 所可容纳 200 名以上的少年犯，其中 19 所可以容纳 300 名以上的少年犯。[3]

（二）美国少年犯机构化处遇设施历史久远

美国少年犯机构化处遇的历史久远，很多少年犯处遇机构都有悠久的历史。美国最早的正式少年犯处遇机构——少年监狱——是出现在近二百年前的"纽约感化院"（House of Refuge），

---

〔1〕　See Liz Ryan, "What is A Youth Prison?", https://medium.com/@ LizRyanYJ/locked-up-b22651d203e1#. qtfay0qso.

〔2〕　See Richard A. Mendel, *The Missouri Model*, Baltimore, Maryland: The Annie E. Casey Foundation, 2010, p. 2.

〔3〕　See Joshua Rovner, *Declines in Youth Commitments and Facilitiesin the 21st Century*, Washington D. C.: The Sentencing Project, 2016, p. 6.

于 1825 年 1 月 1 日正式开放。这是世界上最古老的少年监狱。直至 19 世纪末，全美各州都有了少年监狱。少年监狱有过许多名称，最早被称为感化院，后依次被称为"管教所"（Reformatory）、"工艺劳作学校"（Industrial School）、"训练学校"（Training School），直至今天的"学校"（School）、"机构"（Institute）、"发展中心"（Development Center）、"矫正中心"（Correctional Center）等。虽然少年犯处遇机构的名称几经改变并呈现多样化，但以少年监狱为核心的处遇模式一直不变。以佛罗里达州的"少年犯改造学校"（Florida State Reform School）为例，其曾被称为"男子工艺劳作学校"（Florida Industrial School for Boys），后改名为"阿瑟多泽尔学校"（Arthur G. Dozier School），建立于 1900 年 1 月，已有超过一百年的历史。该学校最早为安置有轻罪行为的少年犯而设立，也庇护一些身份犯少年（例如逃学少年、"屡教不改"的离家出走少年等）。此外，福利机构的儿童也被安置于此。有学者认为，以少年监狱为中心的少年犯处遇机构太过陈旧且过时，[1]无法实现其建造之时所具有的功能和价值指向，应当被时代淘汰。

（三）美国少年犯机构化处遇更注重矫治

由于美国少年犯处遇机构在早期是作为与成人处遇机构相区分的处遇机构而出现的，所以其惩罚方式与成人处遇机构存在很大程度的不同，少年犯处遇机构更注重矫治。以作为成人监狱的一种早期替代场所的少年监狱为例，其虽然在某种程度上也反映了成人矫正的方式，但其更注重对少年犯的矫治与复归。很多州的法律都明确规定少年处遇机构的目的是矫治少年

---

〔1〕 See Liz Ryan, "Youth Prisons are Old, Outdated and Obsolete", https://medium. com/@ LizRyanYJ/youth – prisons – are – old – outdated – and – obsolete – eb1305f94eae#. s2io62tz8.

犯。例如，在康涅狄格州，"儿童与家庭部"（Department of Children & Families）声明一所名为"少年训练学校"（Connecticut Juvenile Training School）的"康涅狄格州少年监狱"（Connecticut's Youth Prison）的任务是为少年犯"提供一个安全的治疗环境，同时为其提供成长与成功的机会"。

为了更好地完成矫治工作，同成人监狱一样，少年犯处遇机构也配备有"矫治官"（Correctional Officers）。尽管名称不尽相同，但发挥的作用是相似的，即维护处遇机构秩序、保护少年犯安全与控制矫治项目。少年犯处遇机构在职衔上也仿照成人教育进行设置，以堪萨斯州为例，少年监狱矫治官的头衔与职责和成人监狱几乎完全相同。位于拉思德的少年监狱二级少年犯矫治官负责"少年矫治机构中所有的监督矫治工作，并通过对少年犯的安保与控制保障公共安全"。此外，矫治官还需相互监督，以"监督、保持纪律并控制少年犯在合适的时间出现在他们的房间、食堂、教室、工厂、活动地点、澡堂"。[1]

（四）美国少年犯机构化处遇设施的关押对象是少年

少年犯处遇机构的另一个特征是其关押对象是少年。著名少年监狱学者莉斯·瑞恩提出将少年关押在少年监狱是对少年未来的破坏，认为"孩子们对未来有着希望和梦想。他们只是与其他孩子一样的一群人。他们想要成为作家、制片人、诗人、发明家、医生、教师、活动家。他们希望能够参与社会变革"。[2]旨在关闭少年监狱，同时探寻监禁的替代措施的 RISE 青少年计划弗吉尼亚州负责人达库恩·比伯认为："弗吉尼亚少

---

〔1〕 See Liz Ryan, "A Youth Prison Mirrors Adult Corrections", https://medium.com/@LizRyanYJ/a-youth-prison-mirrors-an-adult-corrections-approach-in-key-ways-241c563b2592#. b4a1b0jeh.

〔2〕 See Liz Ryan, "Kids Are In Youth Prisons", https://medium.com/@LizRyanYJ/kids-are-in-youth-prisons-6d7d733ed03e#. mm6gl2p87.

年监狱正在毁掉我们所有人。从这些监狱出来的年轻人状况比以前更糟。他们的家庭面临着很大压力，因为他们的孩子在监狱服刑，与家人分离，且因需要向国家支付监禁自己孩子的费用而承受着极大的经济负担。"许多曾被监禁过的少年犯呼吁对他们所在的社区而非监狱进行调查。达库恩·比伯正组织他所在的社区进行替代性司法改革，以逐步减轻对少年监狱的依赖。他最近在一篇名为《弗吉尼亚需要一个真正的少年监狱替代措施》的文章中提出："弗吉尼亚的立法者应立足于社区探寻监狱的替代措施，继续向监狱划拨经费是错误的。继续发展监狱会让很多在监狱里的年轻人失去改变的机会并影响他们所在社区的安全。弗吉尼亚应给社区项目一个机会，将资金注入社区。"[1]但是这些问题的存在及对其的批评并不能改变少年犯处遇机构对象是少年犯的事实，只能说明这些机构存在着诸多问题需要改变，而这些问题仍然是针对少年犯处遇或矫治的。

（五）美国少年犯机构化处遇将少年犯家庭排除

少年犯处遇机构以众多方式排除家庭对少年犯矫治的参与。尽管双方都希望有更多的接触，但家庭对孩子的探视仍然受到限制，家庭难以参与决定孩子在少年犯处遇机构中的矫治计划。在由"联邦少年司法与犯罪预防办公室"（Federal Office of Juvenile Justice & Delinquency Prevention）与"少年司法促进组织"（Campaign for Youth Justice）赞助的少年犯家属聆听会上，家属反映在与狱中的孩子维系感情时遇到了很多困难。例如，有家属认为"总体来看，少年监狱似乎并不想让我们也参与进

---

[1] See Da'Quon Beaber, "Virginia Needs Areal Alternative to Youth Prisons", http://pilotonline.com/opinion/columnist/guest/da-quon-beaver-virginia-needs-a-real-alternative-to-youth/article_ 8873e4fc-8047-5e7d-aee5-9e2b9988f252. html.

来。所有的规则似乎都旨在排除家庭的参与"。[1]还有家属认为
"一些父母没有交通设施去探望孩子，也没人愿意给他们提供交
通便利，所以这导致了维系家庭关系的困难。你没有机会见到
自己的孩子或者与之交谈，你与孩子之间就无法建立起亲情关
系"。[2]甚至还有家属提到费用问题，如"我与我的家人只能
每几个月交谈一次，因为他们负担不起电话费。我母亲还有几个
孩子要照顾，没办法老来看我，因为家里离这有一小时路程，来
回也需要油费"。[3]

一份名为《司法促进家庭与自由家庭未来》（Justice Families,
Families Unlocking Futures）的报告指出："关于少年司法危机的
解决办法，超过20个城市的1000多个家庭参与了研究与记录。
这些家庭分享了对狱中孩子的担忧、监狱在家庭与孩子间建立
的壁垒、家庭在孩子的关怀处遇上的极其有限的决策权以及监
狱对孩子的负面影响。"[4]显而易见的是，家属都希望保持与狱
中孩子的联系，并参与到对孩子的关怀与处遇决策中。但"少
年犯机构化处遇调查"（Survey of Youth in Residential Placement）
的结果表明，在矫治机构中的少年犯与家庭接触的比例还不到

---

〔1〕 Jr. Eric H. Holder, Karol V. Mason and Robert L. Listenbee, *OJJDP Family Lis-
tening Sessions Report*, Washington D. C. : Office of Juvenile Justice and Delinquency Pre-
vention, 2013, p. 12.

〔2〕 Jr. Eric H. Holder, Karol V. Mason and Robert L. Listenbee, *OJJDP Family Lis-
tening Sessions Report*, Washington D. C. : Office of Juvenile Justice and Delinquency Pre-
vention, 2013, p. 13.

〔3〕 Jr. Eric H. Holder, Karol V. Mason and Robert L. Listenbee, *OJJDP Family Lis-
tening Sessions Report*, Washington D. C. : Office of Juvenile Justice and Delinquency Pre-
vention, 2013, p. 14.

〔4〕 Justice Families, Families Unlocking Futures, "Solutions to the Crisis in Juvenile
Justice", http://www. justice4families. org/media/Families_ Unlocking_ FuturesFULLNO-
EMBARGO. pdf.

其他非机构化处遇措施中的少年犯的一半。少年犯们认为这是由探视时间、居住距离、缺少交通设施与资源限制带来的不便造成的。14%的少年犯表示他们所处的监狱不允许探视。几乎没有少年犯认为是自己或者其家庭的原因导致见面或谈话无法实现的。[1]当然,公众也希望见到家庭团聚。2016 年 "GBA Strategies" 对少年司法改革的民意调查显示,89%的美国人希望将少年犯的家庭纳入处遇与矫治计划服务。[2]

三、美国少年犯机构化处遇设施的分布

美国少年犯机构化处遇设施非常多。美国少年司法与犯罪预防办公室 2016 年《少年犯机构化处遇设施调查结果》的数据显示:截至 2014 年,美国有 2429 家机构化处遇设施,在排除了专门针对精神疾病、药物滥用矫治或者孤儿的处遇机构之外,还有 1852 家。[3]虽然其中也不包括那些安置有少年犯的成人拘留所或成人监狱,并不完全等同于本书所述的少年犯机构化处遇设施,但从这些主要数据中我们可以大略看到美国各州少年犯机构化处遇设施的分布。如下表 9 所示:

---

〔1〕 Jeff Slowikowski, *Youth's Needs and Services*, Washington D. C.: Office of Justice Programs, 2010, p. 3.

〔2〕 需要指出的是,这个民意调查的范围是 1000 名以上的成年人,调查范围并不太广泛,但仍具有参考意义。See GBA Strategies, "Poll Resultson Youth Justice Reform", 2016-02-01.

〔3〕 See Sarah Hockenberry, Andrew Wachter and Anthony Sladky, *Juvenile Residential Facility Census* 2014: *Selected Findings*, Office of Juvenile Justice and Delinquency Prevention, 2016, p. 1.

表9　美国各州少年犯机构化处遇设施分布

U. S. total	1852	Missouri	59
Alabama	43	Montana	16
Alaska	17	Nebraska	12
Arizona	19	Nevada	20
Arkansas	33	New Hampshire	4
California	169	New Jersey	29
Colorado	35	New Mexico	22
Connecticut	5	New York	99
Delaware	6	North Carolina	27
Dist. of Columbia	11	North Dakota	10
Florida	76	Ohio	74
Georgia	29	Oklahoma	30
Hawaii	4	Oregon	58
Idaho	20	Pennsylvania	114
Illinois	31	Rhode Island	7
Indiana	55	South Carolina	19
Iowa	53	South Dakota	16
Kansas	26	Tennessee	26
Kentucky	36	Texas	90
Louisiana	30	Utah	30
Maine	3	Vermont	2
Maryland	29	Virginia	45
Massachusetts	52	Washington	36
Michigan	58	West Virginia	41
Minnesota	50	Wisconsin	48
Mississippi	14	Wyoming	14

（＊数据来源：美国少年司法与犯罪预防办公室网站，2016 年）

　　此外，根据"少年优先民间组织"（Youth Fist）的统计，美国现在有大约 80 家成立超过 100 年或者床位超过 100 个的大型少年犯安全级机构化处遇设施。其中大部分为各州运营的机构，并给少年犯提供长期监禁处遇（其分布如下图 3 所示）。从图中我们可以看到，东部和南部的美国大型少年犯安全级机构化处遇设施明显多于中西部和北部。

图3　美国大型少年监狱分布图

（＊图片来源：美国少年优先网站）

第四节　美国少年犯机构化处遇设施与成人监狱比较

一、美国少年犯机构化处遇设施与成人监狱的相似

（一）物理结构上有相似之处

虽然少年犯处遇机构一开始是作为成人监狱的替代措施产生的，但其在物理结构上模拟了成人监狱。著名少年监狱学者莉斯·瑞恩总结了少年监狱模仿成人监狱的 15 个物理特征："①用刀片刺网围绕监狱周边，有时甚至围绕监狱里的某些建筑；②与成人监狱相同的混凝土或砖结构建筑；③每扇门、每个门厅、走道、监区和公共出入口都上锁；④牢房都设有铁门，有时还有铁床与送食物的小窗口，或是配有厕所和洗手池的潮湿牢房；⑤单独监禁的牢房，通常没有床单、毯子或枕头；⑥硬件设施包括手铐、脚镣、锁链和约束椅；⑦家具都依照监狱采购目录购买；⑧食堂的桌椅都是固定于地板的，也没有椅垫；

⑨公共卫生间与浴室都可以被看守随时查看，毫无隐私可言；⑩服装与监狱的连体服无异，有时统一送至洗衣房清洗，洗完后衣服随机分发；⑪一般的个人卫生用品都（以高于一般的价格）从监狱采购目录购买，由于提供的产品不符合个人肤质和发质，个人有时必须自行单独购买除臭剂、香皂与香波外的其他个人用品，如身体乳、牙膏、牙刷、牙线，有时这些根本无法购买；⑫食物通常含碳量过高，油腻而高脂肪，新鲜蔬菜、水果供应量有限，有时少年犯的饮食需要无法被保障，饮食限制无法顾及文化与宗教信仰带来的需要与差异，所有的器皿、盘子和杯子都是塑料的；⑬玻璃将少年犯与他们的亲友隔开；⑭亲自探视被昂贵的电话、视频所取代；⑮电子监控安全状况将监狱员工与少年犯隔离。"[1]

（二）地理位置上有相似之处

环境对于少年犯的发展至关重要。少年犯所处的物理环境对其现在甚至未来都有深远的影响。实际上，少年犯所处的物理环境对少年犯个人发展的消极影响及于身心，会影响他们的一生。这里的环境不仅是指上文所述少年犯处遇机构的内部结构环境，还包括少年犯处遇机构的地理位置，即少年犯处遇机构的外在环境。根据"国家少年司法中心"（National Center for Juvenile Justice）提供的数据，有10座少年犯处遇机构都是本州成人矫治机构的一部分。少年犯处遇机构的位置十分重要。许多州的少年监狱与成人监狱一样，都坐落于与世隔绝的地方，远离犯人的家庭与社区。例如，威斯康星州大多数的少年犯都

---

[1]　瑞恩还认为，少年与成人矫治机构有时使用同样的建筑设计师与承包商，所以，少年监狱与成人监狱在外形与结构上几乎一致。See LizRyan，"The Imitation Game：Youth Prisons Mimic Adult Prisons"，https://medium.com/@ LizRyanYJ/the-imitation-game-youth-prisons-mimic-adult-prisons-e7a6065fdd5d#. l4iohy978.

被关押于距离密尔沃基市 3 小时车程的林肯山少年监狱。这种少年监狱与成人监狱在地理位置上的一致实际上提供了更多可能性，一些被关闭的少年犯处遇机构被改造成了成人监狱，而一些成人监狱则被用作少年犯处遇机构。有学者批评这种相似性对少年犯发展有不利影响，认为"少年监狱仿佛只是成人监狱的迷你版，就像少年犯只是在其中接受训练，在成年后进入成人监狱一样"。[1]

二、美国少年犯机构化处遇设施与成人监狱的差异

(一) 运作理念差异

成人监狱与少年犯处遇机构在理念上有很大差异，这种差异最明显地表现在管束安全层级比较高的少年训练学校等少年监狱与成年监狱之间。作为成人监狱的替代方式，相较于成人监狱，少年训练学校等少年监狱更注重对其中所关押之少年犯的感化和矫治，法律明确规定设立少年监狱的目的是矫治少年犯，而不是惩罚少年犯。例如，在康涅狄格州，"儿童与家庭部"（Department of Children & Families）声明该州的"少年监狱"（Connecticut's Youth Prison）与"少年训练学校"（Connecticut Juvenile Training School）的任务是为少年犯"提供一个安全的治疗环境，同时为其提供成长与成功的机会"。这与成人监狱在理念上就有着明显差异，美国成人监狱虽然也强调对其中关押之受刑人的矫治，但是这种矫治是在惩罚和隔离基础上的一种矫治，如果没有惩罚与隔离，这种矫治便无从谈起。特别是在 20 世纪下半叶，刑罚矫治理念逐渐被社会抛弃的时期，这种区分

---

〔1〕 See LizRyan, "The Imitation Game: Youth Prisons Mimic Adult Prisons", https://medium.com/@LizRyanYJ/the-imitation-game-youth-prisons-mimic-adult-prisons-e7a6065fdd5d#.l4iohy978.

更加明显，虽然少年犯矫治机构也受到刑罚矫治理念被抛弃的影响，但是相对于成人监狱而言，其仍然强调对少年犯的矫治和教育。

（二）适用对象差异

少年犯处遇机构与成人监狱二者在适用对象上有不言自明的差异，前者针对少年犯，后者针对成人。而成人和少年之间的差异就是少年犯处遇机构与成人监狱二者之间对象的差异。但是，在美国少年法与刑事司法体制中，这种对象差异有时候会被超越。一种情况是不少州的少年司法法律中都规定少年犯处遇机构可以安置超过少年年龄上限的非少年，使得少年犯处遇机构中并非完全是未成年人。另外一种情况是有一些州允许将犯下严重罪行的少年犯转移到刑事法庭起诉，而转移至成人法庭之后将适用与成人完全无异的法律与处遇方式，导致部分少年犯会在成年监狱服刑。虽然少年犯在成人监狱服刑的情况不多，并且目前受到很多少年司法研究者和刑事司法改革者的批评，但是实践中却依然有这一现象的存在。根据美国司法部2000 年《成人监狱中的未成年人报告》的研究，在 107 000 名少年犯中，有大约 14 500 名少年犯被安置在了成人监狱或拘役所，其中有 9100 名被安置在了地方拘役所，有 5400 名被安置在了成人监狱，有 44 个州的成年监狱或拘役所安置有少年犯。[1]

（三）管束措施差异

少年犯处遇机构与成人监狱在采取管束措施方面也存在着不同。通常而言，成人监狱的管束措施要比少年犯处遇机构的管束措施严厉得多。成人监狱都是严格与社会隔离的机构，在其中服刑的受刑人不能随便与外界接触，虽然也允许通过网络、

----

〔1〕 详见美国司法部报告：BJA, *Juveniles in Adult Prisons and Jails*, NCJ182503, 2000.

电视、通信、电话等途径与外界接触，但是会受到严格管制，并非随意使用。这是由成人教育所遵循的惩罚与隔离理念所决定的，只要遵循这种运作理念，就必然导致这种管束要求。而少年犯处遇机构则遵循矫治和教育优先的理念，并非把惩罚放在第一位，因而，大多数少年犯处遇机构自然不会采取像成人监狱一样的严格隔离和高度管制的管束措施。大多数少年犯处遇机构的安全管束级别并不高，也没有完全与社会隔离，允许少年犯与社会进行接触；有些少年犯处遇机构为了增强少年犯的处遇效果和改造效果，还寻求多种途径与社会机构合作，把社会机构引入少年犯处遇机构之中，以利于少年犯改造。虽然近些年有人倡导成人监狱开放化，但是这种理念在美国成人监狱体系实践中并没有引起太多共鸣。[1]

本章小结

美国少年犯的年龄上限在联邦层面是根据《联邦少年犯罪法》确立的，其规定少年犯罪就是低于 18 岁之人实施的犯罪行为。但少年犯年龄上限在美国各州的具体规定并不相同，虽然多数州的规定为 17 岁，但是也有部分州为 15 岁或 16 岁。在少年犯年龄下限方面，美国普通法在 "Allen v. United States" 案中确立了少年犯 7 岁的年龄下限规定。在各州（司法区）层面，有些州是通过少年法确立少年犯年龄下限的，有些州则是通过普通法、法庭规则或刑法典来辅助确定少年犯年龄下限的。少年犯与成人犯最大的特殊性在于身份犯的存在，因此，可以参考凯伦·M. 赫斯博士的分类方法，将其区分为"重大犯罪少

---

〔1〕 关于成人监狱开放化的论述可参见宋立军："监狱的困境及双向开放策略"，载《河南司法警官学院学报》2016 年第 1 期。

年""一般犯罪少年"以及"身份犯少年"等三类。美国少年犯机构化处遇措施中非身份犯远多于身份犯，暴力犯的比例低于非暴力犯，在种族方面，白人下降速度最快。

　　在美国司法体制下，所谓少年司法是指一种给少年提供对其错误行为的责任承担并接受正式保护的法律设置。少年犯机构化处遇是指将少年犯安置于一定机构提供住宿，但严格限制其与社会接触的矫治措施，这是美国少年法院对少年犯所能施加的最严厉的处遇类型。美国少年犯机构化处遇有着自身独有的特征：设施规模庞大、设施历史久远、处遇更注重矫治、关押对象是少年、将少年犯家庭排除。美国现在有大约 80 家成立超过 100 年或者床位超过 100 个的大型少年犯安全级机构化处遇设施。美国少年犯机构化处遇设施与成人监狱在物理机构和地理位置上相似，但在运作理念、适用对象、管束措施方面相差很大。

历史溯源：美国少年犯机构化处遇的起源与演变

第一节 从殖民地时代到独立战争

从 17 世纪开始，美洲新大陆便被欧洲各国当作殖民地，其中包括法国以及荷兰等国家，而对今日美国影响最深的是英国。英国殖民者是自"五月花"号到来之后，以马萨诸塞州为中心开始发展的。由于是殖民地的关系，所以殖民者的很多殖民事业必须得到国王的特许状，因此，美洲大陆的社会以及司法受到英国的影响非常大。总体上看，在殖民地时期至独立战争之前，根本无所谓少年司法的存在，也就没有专门的少年司法存在，但这个时期仍然存在少年犯罪行为。对于这个时期的少年犯机构化处遇特征，我们可以从如下几个方面分析：

一、成人犯与少年犯混同监禁

"独立战争"（War for Independence）爆发前，美国属于英国的殖民地，仍沿用英国的"普通法"（Common Law）。在殖民地时期，殖民地政府对于犯罪者采取严苛态度，人们普遍认为犯罪者不仅触犯律法，而且藐视上帝，因此，中古世纪的刑罚趋于严酷且偏向迅速执行。广为人知的执行方式为：将犯罪者丢入湖中，若生还则无罪；若溺死则为有罪，一切交由上帝定夺。另外，这样的刑罚观念，不仅适用于成年犯，亦适用于少年犯。简而言之，少年犯与成年犯并未以年龄作为区别，少年犯仅是缩小版的成年犯而已，并不需要特别针对少年设立特别的设施或处遇方式。例如，1671 年"新普利茅斯殖民地"（New Plymouth Colony）授权国家对诅咒或殴打亲生父母的 16 岁以上少年处以死刑。[1]少年与成年一样适用绞刑、死刑等极刑，并无特殊优待之处遇。依循英国普通法，并无男女罪犯分别处遇之规定，法官亦可将 7 岁~14 岁未成年人之罪刑以成年人之方式判决监禁或死刑。此外，殖民地时代之美国，除提供 16 岁以下之未成年犯公开执行鞭刑之场所外，并无其他特别处理未成年犯之设施存在。故而，当时监狱的屋檐下常常挤满成年男性犯、女性犯与未成年犯，其罪犯处遇设施非常不人道。

于此时期，各州对于少年还施加更多严厉的处罚。例如，1660 年"马萨诸塞州殖民地"（Massachusetts Bay Colony）的《不良儿童法》就授权法官处以少年死刑，明文规定犯重罪的 16 岁叛逆少年可以被判处死刑。[2]并鼓励法官严加惩罚，鞭打少年，甚至说谎或不遵守安息日也应受严惩，如 1671 年在新普利茅斯殖民地，一位诅咒、殴打其亲生父母的 16 岁少年被判处了死刑。历史学家劳埃德·德莫斯认为，儿童的历史是一场噩梦，我们只是刚刚开始从噩梦中醒来。越是追溯历史，越能发现儿童受到的关爱极少，儿童越有可能遭到虐杀、毒打、恐吓，还有受到性虐待。[3]

---

〔1〕　Laura L. Finley, *Introduction*：*Pre*-1800*s to Early Nine Teenth Century*，*Juvenile Justice*，SAGE Publications，2007，pp. 2~3.

〔2〕　这是美国第一部管教未成年人的法律。参见李慧翔："美国如何惩治未成年人犯罪"，载《南方周末》2014 年 1 月 14 日。

〔3〕　参见姚建龙：《超越刑事司法——美国少年史纲》，法律出版社 2009 年版，第 3 页。

从少年保护角度而言，早在公元 6 世纪《查士丁尼法典》以来便有所规定，7 岁以下无行为能力，欠缺责任能力，而不得受刑事上的处罚。然而英国的法律却认为 7 岁以下仍然有犯罪责任，但是有罪确定以后必然会得到特赦。而之后虽然有省略特赦的手续，但是 7 岁以下幼儿有刑事责任的情形还是不变的，一直到 1769 年才有重大发展，认为 7 岁以下的幼儿不可能犯下重罪，而 8 岁以上的少年就有可能犯下重罪，区分的标准是少年是否具备区分是非善恶的能力。美国根据其母国的法律亦认为 7 岁以下的幼儿没有责任能力，而这个见解一直到美国独立之后还持续了很长的一段时间。虽然针对少年的刑罚在运用上较为缓和，但是在这个时候北美地区并没有建立针对少年犯罪者的特别制度。简言之，此时的少年被视为缩小版的成年人，当然无需独立设立刑事处遇机构针对少年进行特别保护，也没有必要以少年作为保护客体。但是把少年以及成人处以相同的监禁刑，少年反而会学习到更多的不良习惯以及犯罪的知识、经验与技能，再犯率反而更高，而回归社会之后，也会缺乏相关的辅导措施以及援助。[1]

二、劳动场所取代少年监禁

少年司法不受正式刑事司法制度处理之另一理由系早年间这些未成年人必须外出工作。早期"清教徒"（Puritan）移民将这些年轻人视为主要劳动力，未成年人只要年满 12 岁即参加劳动，其父母亦认为离家外出工作，对未成年人身心健康有所助益。

1619 年，"弗吉尼亚公司"（Virginia Company）将伦敦街上、

---

〔1〕〔日〕德冈秀雄：《少年司法政策の社會學》，东京大学出版社 1993 年版，第 19~20 页。

监狱、贫民区之流浪汉、穷人、小偷、孤儿等输入美国劳动市场；1620 年，英国甚至通过法案，允许此一遣送措施，且可不经未成年人之同意，故而导致伦敦各地"诱拐事件"（Abduction）频发，而该公司从中获益极巨。被移入美国"新世界"（New World）之未成年人，必须当学徒见习至 21 岁为止，至此，他们才会获得自由，并获配发牲畜、玉米与"公田"（Public land）。由于当初未成年人之权益并未订立明确之契约保障，故而这些近似奴隶身份之未成年人经常遭受雇主之凌虐与剥削。

三、家庭角色取代少年刑罚处遇机构

在正式的司法体系之外，家庭处分一直以来都是控制违法、任性少年的主要手段。在中世纪的欧洲，父亲拥有家庭处分的最终决定权。不论是在欧洲还是在殖民地，少年都可能被父母以各种器具殴打，例如鞭子、铁棒以及特殊仪器。18 世纪之前，并没有真正的法令限制父母鞭打孩子，当鞭打手段不再流行时，取而代之的是将孩子关到不见天日的地方。[1]除此之外，学徒制与社区也被用来控制少年，通过将容易惹麻烦的少年送去做学徒，以及让社区邻居扮演类似父母亲的角色，达到看管孩子的重要功能。[2]

当时，父母完全负担其未成年子女的行动与行为责任，如果未成年人触犯刑法或其他法律，殖民地政府为减少工作负担，大都将惩罚未成年的责任交给未成年人的父母，以鞭笞为主要

---

〔1〕　Laura L. Finley, *Introduction*: *Pre - 1800s to Early Nineteenth Century*, *Juvenile Justice*, SAGE Publications, 2007, p. 22.

〔2〕　参见姚建龙：《超越刑事司法——美国少年史纲》，法律出版社 2009 年版，第 27~28 页。

惩罚方式。如果发现未成年人遭遇虐待或者被疏于管理，政府偶尔会扮演该未成年人的法定代理人，将他们带离父母家庭。当时，未成年人主要的犯罪行为有离家出走、不服管教、说谎、讲脏话、斗殴、偷窃、欺诈等，虽然成年人也可能涉及这些行为，但经常会被免除刑罚。

第二节　从独立战争到19世纪20年代

独立后的美国，地理以及社会变动相当大，从闭锁的环境转变成了开放式的环境，难民在区域间的流动造成了社会上经济状况的混乱，传统的社会统治系统开始失灵。在这个背景下，有两个重要的因素促成了法律的改革：其一是独立国的自负。由于是在英国统治下独立，所以其对英国刑法的反动力量便显露出来。其二是启蒙主义思想的影响。在洛克、孟德斯鸠的影响之下，传统宗教的影响衰退，走向了功利主义。[1]在这种情势下，美国刑事司法领域对待少年犯的处遇也发生了改变。

一、少年犯领域国家亲权理念的承继

现代美国少年司法可以被追溯至英国习惯法上的两个制度，即《济贫法案》（Poor Law）和"衡平司法"（Chancery）。英国于1535年通过《济贫法案》，其所规范的对象为"流浪者"（Vagrants）、"被遗弃者"（Abandoned）、"被忽略的孩童"（Neglected Children）。1601年，《伊丽莎白济贫法》创立了特殊教堂制度，以管教、监督流浪者、非行少年以及被忽略的少年，并令其工作。此制度创造了一个先例，其精神沿至今日。其允许

---

〔1〕 廖经晟："少年多样化处遇之研究——以美国法为中心"，东吴大学2011年硕士学位论文，第9页。

政府控制不涉及犯罪行为但需被长期掌控的"身份犯少年"。相反，衡平司法的建置则用来保护生在富裕家庭且无法照顾自己的儿童的财产及福利。

衡平司法的基础正是国家亲权理念。"国家亲权"（Parents patriae）又称"君父思想"，系指当儿童或少年的父母无法尽其责任时，赋予国家介入矫正少年的偏差行为以及提供给少年相当于父母的关爱以及协助（亦即代理双亲社会功能角色）的机能。国家亲权思想这一用语来自于英国的衡平法思考："有关于少年的抗辩，必须要站在孩子那一边为他着想才行。"〔1〕而国家亲权思想直至今日在美国少年司法制度层面影响依然甚广，其赋予国家为"少年利益"制定措施的权力，且课予国家照顾"无能力的少年"（Incompetent）、"被忽略的少年"（Neglected）以及"非行少年"（Delinquent）的义务。国家亲权的目的是将儿童置于国家的掌控之下，并通过公权力介入儿童的生活。英国著名的"Wellesley v. Wellesley 案"是一名公爵的儿子，因为"荒唐行径"（Scandalous behaviors）而遭国家以国家亲权名义强行带走的事例。〔2〕而后，大法官在诉讼之中认为此时可以以国王代替少年的原生父母，并以自身代表国王而进行诉讼中的解释。其权限一开始仅限于处理少年的财产问题。而后，英国于19世纪又将扩大解释至包括少年自身的福利的问题。

"通常认为，国家亲权理论有以下三个基本内涵：首先，认为国家居于未成年人最终监护人的地位，负有保护未成年人的职责，并应当积极行使这一职责；其次，强调国家亲权高于父

---

〔1〕［日］德冈秀雄：《少年司法政策の社會學》，东京大学出版社1993年版，第79页。

〔2〕Larry J. Siegel and John L. Worrall, *Introduction to Criminal Justice*, SAGE Publication, 2012, pp. 606~607.

母的亲权，即便未成年人的父母健在，但是如果缺乏保护子女的能力以及不履行或者不适当履行监护其子女的职责，国家可以超越父母的亲权而对未成年人进行强制性干预和保护；最后，主张国家在充任未成年人的'父母'时，应当'为了孩子的利益行事'（in the interests of the child），即应以孩子的福利为本位。"[1]国家亲权理论认为，少年犯罪不单单系出于其自身的原因，也是家庭、社会负面影响的结果，在未成年人的父母难以承担起照顾、关爱之责任时，国家可以代替其父母履行监护义务，重视对未成年人的教育、矫正。[2]

美国独立之后，针对少年犯的制度基于英国衡平司法的国家亲权理念也被承继了下来。国家亲权观念改变了当时美国"法不入家门"之观念，对于来自父母未善尽职责家庭，以致犯案之少年，国家应负起教养少年之责任，司法及犯罪处遇机构亦负有介入辅导少年之责。

二、少年保护院的建立

与成人不同的犯罪少年刑事政策，于 19 世纪逐渐得到发展，少年保护院开始建立。少年保护院的前身——救贫院——原本的建立目的是拯救贫穷的儿童，之后演变成了少年保护院。少年保护院建立的背景是于 1816 年成立的"穷困预防协会"（Society for the Prevention of Pauperism，即 SPPP）提出了少年犯罪是社会问题的概念。

鉴于传统的"救济院"（Almshouses）、"济贫之家"（Poor Houses）以及"囚犯之家"（Work Houses）过度拥挤、疾病快

---

[1] 姚建龙："论合适成年人在场权"，载《政治与法律》2010 年第 7 期。
[2] 参见赵恒："美国少年司法的民事属性及其启示"，载《山东警察学院学报》2015 年第 5 期。

速扩散，儿童救济者开始为少年谋福利，并创立了许多组织。1816 年成立的预防贫困协会，是最早关心失教、失养及违反儿童福利的团体，其原本成立的目的是减少持续增加的贫困状态，并借此来防止因为贫穷而产生的犯罪。该协会认为，很多贫困的成人之所以会犯罪，乃是因为无知以及怠惰，所以，他们认为预防贫穷犯罪的最有效方式是以非行少年的自力更生作为切入点开始施力。是故，其于 1825 年在纽约成立了少年保护院。该少年保护院庇护的对象有二：一是因为犯罪被判入监狱监禁的未成年人；另一则是虽未犯罪却极可能成为少年犯的孤苦无依者。当时的司法部长约瑟夫·柯蒂斯设计了一套赏罚制度：如果受庇护的少年违反附带条件的，即由少年的同龄人组成陪审团，并由柯蒂斯亲自主持开庭，违反一般规定的少年将获鞭刑、"单独监禁"（solitary confinement）、餐点减量供应、静置处分（silent treatment）等处罚。违反规定严重者，将被严酷地监禁在铁牢中。平日，男孩需制作一些器皿，并负责运到市场贩卖，女孩则从事家务琐事。

1828 年，费城的一份关于监狱改善的报告对于少年保护院的运作产生了很大的影响。首先，其调查发现，如果儿童及少年犯没有与成人犯分开，则监禁的环境对他们的社会复归并无助益，反而容易让儿童及少年犯学习到更多的犯罪手段，若不将成人犯以及少年犯加以隔离，除了不能达到原有的目的，反而容易成为犯罪再度滋生的温床。其次，刑法如果没有适合少年的刑罚手段及机制，法院将不得不把少年送到监狱。对于少年而言，刑法应该提供更人道以及更切实的刑罚手段。最后，该报告书提出了犯罪人的犯罪原因常常是其在少年的幼儿期没有受到足够的家庭关爱。该报告书对于少年保护院的运作有很大的影响，使少年保护院除了庇护贫困少年以外，还具有了以少年为主的监狱，以及能够给予少年更多关心以及教育的学校性质。[1]

少年保护院的建立标志着美国逐渐开始重视少年法领域。其重要意义有两个方面：一方面是少年保护院第一次使用了"少年非行"（delinquency）的用语，少年非行之人指犯法、怠学怠业在街头流浪，或是欠缺正常家庭的未满 21 岁之人。在此风潮之下，对少年的保护渐渐受到重视，以伊利诺伊州为例，其于 1827 年修改的法律中，以 7 岁作为刑事责任年龄的分界，而后更是规定禁止将未满 18 岁的少年监禁于成人监狱。在这个思潮之下，以"保护"为中心思想的儿童改善处遇逐渐成为改革趋势。另一方面是国家作为代理父母的思想成了国家介入儿童保护的主要思想，即上文所述之国家亲权思想。所谓由国家代理父母的想法就是以国家取代少年原本的家长而为相关的行动，一边取代原本不适任的少年双亲，一边站在亲人的立场给予少年更好的处遇。在以上的影响下，犯罪少年不只是刑事政策的对象，同时也是国家预备给予福利的对象。[2]

第三节　从 19 世纪 20 年代至 19 世纪 70 年代

这个时期最重要的特征是少年保护院的监狱化，其次是为了多样化的庇护设施的出现，美国设置这些设施的目的是以国家取代家长，从而给予未成年人相当的保护。

---

〔1〕　参见［日］德冈秀雄：《少年司法政策の社會學》，东京大学出版社 1993 年版，第 61 页。

〔2〕　参见陈孟萱："少年司法保护制度之契机——以美国少年法制为借镜"，台湾大学 2001 年硕士学位论文，第 25 页。

一、少年保护院监狱化

在于 1825 年设立首座庇护未成年人之少年保护院之后的几年，美国各地风起云涌般地设立了大量少年保护院。直至杰克逊时代仍持续推广，但其始终未实现其原本的宗旨与内涵，又因机构庇护过度而导致拥挤不堪、监护力度降低，且经常发生虐囚事件，进而使得这一制度开始朝惩罚之方向发展。这些少年教育保护院采取与成年犯隔离庇护、自给自足其生活所需、远离不良之家庭环境影响、减少法院处置程序等方式，并强调"不定期刑"（indeterminate sentence）直至未成年人被矫正为止。若其他方式无效，即采惩罚之方式补救。为矫正未成年人的怠惰习性，采取军事训练、体能训练与监控方式。规模较大的少年保护院则多利用乡野建屋方式对少年犯强制施予职业、宗教教育，使之具有稳重、节俭、勤劳、谨慎之态度。

少年保护院于成立之初并不接收黑人及有色人种，但是当时越轨、犯罪少年多来自低下阶层之黑人及有色人种，他们是美国社会所谓的"危险阶层"（dangerous classes），理应是真正需要少年保护院庇护、矫正之族群。纽约市直至 1834 年才开始推行所谓的"有色人种区块计划"（color section），费城更是延迟至 1849 年才设立容纳有色人种的少年保护院。[1]

诚然，少年保护院一开始成立的目的并不是惩罚，但是在获得州政府财政补助之后，1826 年，纽约州通过立法，对于有罪且确定未满 16 岁的少年，不再送到监狱，而是送到少年保护院。而少年保护院对少年的训练也因为政策上的变化而有所改变，从一开始想要给予少年类似于学校的处遇模式，慢慢地走

---

〔1〕 参见"美国少年司法制度发展简史（下）"，载《"中华民国犯罪学学会"会刊》2013 年第 3 期。

向了严格化的训练，也就是走向了监狱化。少年保护院的庇护教养目的慢慢丧失，转而向其他的方向发展，而少年保护院则逐渐沦为了少年教养庇护设施的一种型态。

实际上，美国穷困预防协会于 1822 年进一步提出报告，呼吁应在少年保护院的基础上成立专为少年所设置的"监狱"（prison）。其建议以少年为对象，成立有所区别的监禁设施，并将焦点置于教育、技能以及道德训练，以代替惩罚。因为改革者认为，少年的可塑性及改善可能性较大，除了处遇方式要与成人有所区隔，还须将少年从一般成人监狱移出，使之与成人隔离开。[1]

二、少年犯庇护设施多样化

在改革者对于少年保护院丧失信心之后，自 1840 年开始，民间团体以及政府同时进行了少年庇护设施改良：首先，针对未满 16 岁的轻度身份犯少年，成立了"矫正学校"（Reform School），以基础教育为教护的重点，同时赋予矫正学校相当的裁量权，用以评估处遇困难的少年是否应被移送至监狱。1885 年后，更将矫正学校房间的容量限制在 30 人以下，让少年彼此之间有手足之情，以管理人员扮演家长的角色，以亲情为教育基础。[2]

在矫正学校出现之后，美国对于更轻微的问题儿童成立了"少年教养院"（Juvenile Asylum），以尚未达到身份犯程度，但是又有矫正教育必要的少年为主要的处遇对象。例如，纽约州以 7 岁~14 岁，以行乞、逃学或者流浪街头的少年为主要的目

---

〔1〕 参见张依婷：《构建少年观护制度资源网络之刍议》，中原大学出版社 2012 年版，第 50 页。

〔2〕 ［日］德冈秀雄：《少年司法政策の社會學》，东京大学出版社 1993 年版，第 87 页。

标。在女性满18岁、男性满21岁之前，少年教养院对于其人身自由有处遇的权限，如果有处遇困难的话，一样可以将其送到少年保护院、法院或原生家庭中。[1]

19世纪50年代，波士顿的布兰斯教授（Charles Loring Brace）在到德国进行访问之后认为，德国小康集结的坚实家庭生活是最适合罪错少年的保护教养的。他认为，如果在庇护设施待的时间过长，之后少年在社会中将适应不良。所以，他提出少年不应该被庇护在设施之内，而应该被安置在家庭之中，而农村家庭便是最好的矫正学校。他认为，把这个想法适用在美国的话，劳动力不足的美国西部便是最好的处遇地点，可以让少年犯在宽广而且辽阔的农村环境中劳动，同时帮助西部地区的发展，通过稳定的劳动以及工作，将身份犯少年的形成原因消灭。由此，他推动将身份犯少年委托到美国西部予以处遇。[2]于是，布兰斯于1853年设立了"孩童协助协会"（Children's Aid Society）作为协助处理被忽略孩童以及非行少年的替代方案，从严苛的环境中救助任性的少年，并提供暂时的庇护所。[3]虽然该推动最后因为农家的反对而衰落，但是该种处遇模式也可以被视为是设施外处遇模式的先驱。

19世纪60年代之初，美国针对裁定前的少年犯有一项重大改革——"海事学校"（ship school）的设立。其立基于以往实务所见，将犯案少年置于军事训练的环境中，从而使少年较易获得大幅改善。海事学校除提供军事训练外，亦教授少年犯一

---

[1] ［日］德冈秀雄：《少年司法政策の社会學》，东京大学出版社1993年版，第88页。

[2] ［日］德冈秀雄：《少年司法政策の社会學》，东京大学出版社1993年版，第92页。

[3] 参见黄鼎轩："少年司法的管辖、搜索与转向——以美国法制为中心"，东吴大学2015年硕士学位论文，第11页。

些与商船相关的技术。16 岁以下的未成年人登船后分成两组，实务与理论相互替换，专事学习修理船帆、缆绳机具。装帆、扬帆、吊索以及航海之技术用语，以训练船员实务为主。但后来，因管教问题、经费支出庞大以及经济萧条，许多成年船员回到了老本行，导致少年犯在完成教育训练之后却无出路，海事学校也随即结束了短暂的生命。

1863 年，"纽约天主教育幼院"（New York Catholic Protectory）成立。其乃当时同性质机构中规模最大者，庇护非行少年及贫困未成年人达数百人之多其重点强调经由健全师资教育出满足机械、农业、商业需要的、可信赖的年轻人，以为社会所用。

此外，当时的寄养家庭制度与现在也大不相同，其也可以被看作是少年犯机构化处遇方式之一。寄养家庭制度大约是在 1836 年于美国开始施行的，而在 1843 年应用于身份犯少年之中。不过，其一开始与现今的寄养家庭制度有很大不同。少年犯被庇护在相关机构当中，并由当地的乡绅给予保证，向法官报告少年的生活状况。1869 年，马萨诸塞州才开始派遣政府职员担任少年犯案件的调查员，并慢慢加以法制化。在少年犯案件调查员法制化的同时，马萨诸塞州还开始推动关于少年的诉讼程序与成人的诉讼程序分离的立法。时至 1892 年，纽约州的立法也开始分离未满 16 岁的少年以及成人被告，对于少年以及成人的档案亦加以分离管理。[1]

在这一时期多种为保护未成年人而设立的庇护设施相继出现，设置这些设施的目的是取代亲人而给予未成年人一定的保护。这些设施把自己当成少年的亲人，而以自己的意思代替少

---

〔1〕 ［美］Barry Krisberg、James F. Austin：《アメリカ少年司法の再生》，渡辺则芳译，敬文堂 1996 年版，第 30~38 页。

年的亲人给予少年正确的教养态度。需要说明的是，这些庇护设施类似于不幸儿童的寄宿学校，所以，它的目的在于教育而不是惩罚。如果把这些设施当成监狱的替代品，那必须要符合宪法上人身自由的保障，但如果是对于身份犯以及流落街头的儿童的话，那便仅仅是一个司法福利的给予，此处是属于教育的场合，所以可以不去考量宪法上的权利保障。[1]

第四节　从 19 世纪 70 年代至 20 世纪 60 年代

这一时期是美国少年犯处遇制度的转折与成型时期，许多少年司法领域中争论不休的议题一直延续至今。此外，这一时期对于处理罪错少年的态度以及哲学理念是目前少年司法制度及其处遇制度的雏形。

一、感化院及类似机构的建立

随着庇护设施的细分，以及 1870 年的"全国会议"（National Congress of Penitentiary and Reformatory Discipline）的影响，美国期望将少年保护院内的处遇计划加以整合，并重新制定计划。该会议提出对于犯罪者的社会复归程序应该提前进行，以及处遇的个别化两项建议。在庇护的过程中，不应该用强硬及严格的处遇措施，而应该培养被庇护者的自尊心，给予其适当的教育，帮助他们工作以及教导他们如何控制自己。为了达成以上几点目标，该会议提出了不定期刑的概念：经过鉴定，对被庇护者进行分类，基于个别的处遇计划而给予相当的处遇，并订出某些目标条件供被庇护人达成，如果被庇护人能成功达成处

---

[1] 廖经晟："少年多样化处遇之研究——以美国法为中心"，东吴大学 2011 年硕士学位论文，第 9 页。

遇计划中的目标，便予以释放。该会议本来是以成年犯为目标的，但是因为当时犯罪学的影响，该会议便决定以未成年人为中心开始修正实行。针对这个整合的目标，纽约成立了"少年感化院"（Elmira Reformatory），承继前述会议的结论，将其修正为有刑期上限的相对不定期刑，被庇护人的年龄为 16 岁~30 岁，并且，凡是初犯的犯人皆为其对象。该少年感化院将予以被庇护人职业训练，同时尝试进行累进处遇制试验。

1890 年，伊利诺伊州的"芝加哥妇女俱乐部"（Chicago Woman's Club）发动了一场名为"拯救孩子"的少年法制改革运动，当地的法界人士及专家学者都认为对少年犯的处理应与一般成人犯有所分别，提出了矫治场所分离、"个别化处遇"（Individualized Treatment）等理念。芝加哥妇女俱乐部于 1895 年拟具了一项成立独立少年法庭之法案，虽未获通过，但却唤起了社会大众对少年司法及监禁制度之注意。之后，伊利诺伊州终于在 1899 年顺利确立了独立的少年司法制度，本着国家亲权理念，于成年刑事法庭之外，独立另行设立少年法庭以处理少年案件。此制度的意义不仅在于设立性质特殊之法庭，更在于以感化取代以往之惩罚，从而建立了一套秘密审理、避免产生污名烙印的少年司法与处遇制度，即使存有少年与成人关押于同一庇护机构的情况，也应予以严格界分。

在上述理念下，20 世纪 20 年代至 40 年代间，美国不少州或大城市都仿照纽约感化院的模式建造了许多监禁未成年犯的感化院或机构。这些少年犯感化机构虽包含保护与惩罚之意味，但仍有不少优良的机构会在少年监禁期间或出狱后的休息、教育、家庭追踪个案工作（follow-upfamily case work）等计划中，针对少年犯施以专业咨询、教育课程、心理测验、就业与寄养家庭安置等措施。

二、儿童保护局和青少年矫正局的出现

20 世纪初，美国联邦政府首次正式对少年司法作出具体行动。1909 年，美国时任总统罗斯福（Theodore Roosevelt）邀请社会服务专业人士至白宫召开会议，议题聚焦于照顾没有依靠、失去父母的未成年人，此为美国第一个由国家推动，致力于社会服务的服务议程。该会议确立了主要宗旨："联邦政府应为处理儿童问题，设置全国性的专门机构。"经由此理念的催化，"儿童局"（Children's Bureau）于 1912 年诞生，其主要业务是处理有关儿童福利的事项，包括婴儿出生率与死亡率、事故、疾病以及少年司法等。此外，于 1920 年设立的"美国儿童福利联合会"（Child Welfare League of America）也是基于上述宗旨创设的。

20 世纪 50 年代开始，美国研发出了许多协助行为困扰青少年之新措施。这些措施在杜威（John Dewey）、宣妮（Karen Horney）、罗杰士（Carl Rogers）、佛洛姆（Erich Fromm）等知名教育家的指导下得到了显著发展。利用心理学专业知识协助刑事司法专业工作成了当时社会的普遍现象。例如，运用"指导团体互动治疗模式"（Guided Group Interaction the Rapy Approach），经由规律性地与咨询者接触，讨论少年犯面临之各类问题，从而改善少年心理或行为之困扰。此法系由杜威博士于 1950 年所创，被应用于美国少年司法制度，尤其是在少年矫正机构之中，历时 20 年之久。

在这种理念的影响下，1950 年《联邦青少年矫正法案》（Federal Youth Correction Act）得以通过，"青少年矫正局"（Youth Correction Authority）成立，属于州级政府机构，职责在于促进提升犯罪少年之处遇措施与教化技能。同时，还扩充了儿童局

的职责范围，于 1953 年整合"美国医生部"（the U. S. Department of Health）、"教育部"（the U. S. Department of Education）、"福利部"（the U. S. Department of Welfare）等三部之相关业务于儿童局职掌业务内。1954 年，又于儿童局下增设"少年犯罪部门"（Division of Juvenile Delinquency）。

20 世纪 50 年代，全美社会对青少年犯罪问题之关切日深，美国政府亦出面组织对青少年犯罪问题进行研究。例如，1958 年，美国白宫主办青少年犯罪研讨会，将主题锁定在联邦暨州政府层级之权限范围内可兹处理青少年犯罪问题之"替代政策"（Alternative Policies），此为美国最高权力机构首次公开表明重视青少年犯罪问题之立场。

第五节　从 20 世纪 60 年代至 20 世纪 70 年代

在这段时期内，美国社会产生了巨大改变，受越南战争、反战运动、妇女解放运动以及学生运动的影响，社会变得动荡不安，经济情况也发生了变化，使得社会对于少年事件的观点也随之发生了转变，其中以反战运动为首，引发了各种对于体制的反思，造成了社会的不稳定以及经济的恶化，亦影响了少年问题的处理。[1]

一、少年犯矫治复归理想的失败

在少年问题方面，自 20 世纪 60 年代起，少年犯罪比率激增，其中累犯与凶恶犯的比例偏高。犯罪率的升高加深了社会大众对于生活的不安与疑虑。在感受到犯罪问题已深切地危害

---

〔1〕　廖经晟："少年多样化处遇之研究——以美国法为中心"，东吴大学 2011 年硕士学位论文，第 20 页。

到自身生活的安全后，社会大众对于少年犯罪的容忍空间也为之压缩，态度趋于保守，在为求己之生存利益的加强巩固驱使下，对于造成社会不安定的因素之态度，也转变为难以忍受并希望加以排除。[1]

于是，在这一时期，社会大众对传统少年司法系统提出了强烈的质疑，认为其根本不能达成复归少年的目标，而且太过于纵容少年。尤其是在付出了公共安全以及少年的有责性的成本之后，少年犯罪率仍在升高。此外，复归计划花费大量金钱及资源，少年再犯率继续高升，根本无法达到复归预期目标的情况下，传统少年司法与犯罪处遇系统被认为是全面失败的。

在相对应的刑事政策方面，防治计划亦难见其具体效果。因此，由当时詹森总统设立的总统委员会于 1976 年就犯罪与非行问题提出了名为《自由社会对犯罪的挑战》的报告书。该报告书质疑了法官、缓刑官、咨商者对少年个别处遇的效果，认为身份犯少年脱胎于复杂的社会因素，因此，对其加以矫治要活用社会资源，而且在处遇上，须强调法律功能，以达成社会防卫的原始目的。从该报告书的内容来看，国家对少年的刑事政策逐渐由强调复归理念，转而强调社会防卫功能。其在司法制度改革上的建言可以被理解成所谓的"4D"，也就是"除罪化"（Decriminailzation）、"非设施化"（Deinstitutionalization）、"转向处遇"（Diversion）、"正当措施"（Dueprocess）。[2]

非犯罪化乃是把某些行为从犯罪中消除，如果是法律条文明定的话，执法的空间其实是有限的。为此，让轻微犯罪离开

〔1〕　参见［日］德冈秀雄：《少年司法政策の社會學》，东京大学出版社 1993 年版，第 181~184 页。

〔2〕　参见［日］德冈秀雄：《少年司法政策の社會學》，东京大学出版社 1993 年版，第 202 页。

法律系统的制裁，确实地避免犯罪者被烙上印记，唯有减少法律规范一途。这个修法的建议不仅包括政治犯罪，还包括欠缺被害者的犯罪、轻微犯罪，乃至于身份犯少年。但是，少年法院原本是一个具备福利理念的措施，对于犯罪少年、身份犯少年或是失教失养的少年都会以保护的理念加以庇护。在这个修法建议的推动之下，身份犯少年以及失教失养的少年被非犯罪化，从而被排除在法律系统之外，致使进入少年司法系统的大多数都是比较恶质以及危险的少年犯。由于这些少年犯的救济价值比较低，导致少年司法的保护、福祉机制慢慢丧失了其意义。非设施化即不把身份犯少年送到少年法院的庇护设施之内，在可限制的地区内进行社会处遇的政策。在政府的推动下，身份犯以及行为不良的少年被送到其他社会福利机关或是精神卫生机关。转向措施主要是为了排除法律执行机关的烙印效果，让轻微的犯罪少年以及身份犯少年，离开司法机关，而以社会福利的手段或教育的方针予以施行。在这个意义之下，少年司法与处遇机制和成人刑事司法与处遇机制的差距越来越小。根据以上的修法观点，有人遂提出了要强化正当程序的主张，在正当程序的前提之下，法院的裁量空间缩小，可以减少相关的弊病。虽然少年司法与处遇机制的情况和成年人刑事司法与处遇机制有很大的不同，且在某些部分有轻视或无视宪法上的诸多权利等问题，但其仍然得到了很大的支持。

二、少年司法制度体系与机构化处遇的改革

少年犯矫治复归理念失败带来的观念怀疑，使得人们对当时的少年司法制度体系与机构化处遇的批评有很多。当时针对少年司法体系与机构化处遇的批评大概可以被分为以下三点：少年法院的制度设计无法配合复归理念；犯罪率升高的情形使

理念受到质疑；少年司法程序未获保障。[1]这些批评导致美国
各级法院开始着手对传统少年司法进行修正。例如，对于少年
司法是否违宪的争议，体现在 1905 年宾夕法尼亚州的 "Com-
momwealth v. Fisher 案"中。该案中，辩方提出的要点有二：一
是少年被告未被依照正当法律程序移送少年法院，二是少年被
告少年法院审理中被剥夺了律师陪审的权利。然而法院认为，
少年法并不将少年视为罪犯，原因在于避免少年在被判处监禁
后才觉醒，就少年以及各州的最佳利益而言，拯救少年乃是最
合理的途径，因此无违宪可言。社会最重要的责任，本在对孤
立无援的少年，以法定的明智及审慎的方法伸出援手。[2]通过
该法院的见解，可以看到传统少年法院的理念获得了延续。然
而，其后对于少年司法，却产生了不同的走向。1956 年以后，
联邦巡回法院在 "Kent v. U. S. 案"（1966 年）、"In re Gault 案"
（1967 年）中确认了在舍弃少年身份犯管辖程序中，应先经过
合法及公正的审理，由此便产生了划时代的转变，在少年诉讼
程序中，应援用刑事诉讼程序的保障以保护少年，其保障程序
与成人无异，因而赋予少年一系列的正当程序权，而这些基本
保障，为正当法律程序及公平处理案件所不可或缺者，包括控
诉获知权、聘任律师权、与证人对质和交叉询问证人权、自白
任意权等。[3]之后，联邦法院仍有连续的改革动作，如在
"Mckiever v. Pennsylvania 案"（1971 年）中，法院认为少年审判

---

〔1〕 Richard Lawrence and Mario Hesse, *Juvenile Justice: the Essentials*, *Thousand Oaks*, Calif.: SAGE Publications, 2010, pp. 21~23.

〔2〕 刘日安：《中美少年法》，汉苑出版社 1979 年版，第 16~17 页。

〔3〕 参见廖经晟："少年多样化处遇之研究——以美国法为中心"，东吴大学 2011 年硕士学位论文，第 20 页。

中并不一定要给予少年被告与成人刑事程序相同的保障。[1]但是"In re Winship 案"（1970 年）认为少年被告因犯罪被起诉又提出非经提出超越合理怀疑的证据时，不得被认定为有罪，而民事的采证标准，在保护少年诉讼程序中不宜采用。此外，"Breed v. Jones 案"（1975 年）还确立禁止双重起诉原则。[2]

虽然批判者主张对于少年应给予与成人刑事司法程序相同的程序性保护，但是在理论界以及实务界的批判意见之下，结合当时社会情况中少年犯罪率升高的情况，两者便融合在了一起，成了与以往少年司法系统理念完全不同的另一套系统。其赋予了少年完整的程序性保障，将刑事司法的程序保障原则导入了少年法院，着重于少年的程序权，而给予少年一般的处遇流程，法官只能在法规范围内裁量。但伴随着赋予少年完整程序权，在一切少年审理程序法定化、形式化之时，过去处理少年事件的理念，转变为了（与成人相同的）权利义务与责任的简单对应关系，少年司法逐步走向成人司法，从而无可避免地走向了处罚。[3]这一方面是成人刑事司法的程序保障原则带入少年事件后的必然结果，另一方面也是回应"少年犯罪率高"这一社会现象的司法选择。因此，在这波改革当中，重大犯罪少年与再犯少年便成了改革的主要对象，而这一连串以"强硬对策"（Get tough）为口号的系列改革，主要是让上述少年能够更容易地在成人刑事法院被起诉，并经审理予以拘禁，以达到预防犯罪、降低再犯率的目的，并满足大众保护社会的需求。

---

〔1〕 参见廖经晟："少年多样化处遇之研究——以美国法为中心"，东吴大学 2011 年硕士学位论文，第 23 页。

〔2〕 Richard Lawrence and Mario Hesse, *Juvenile Justice: the Essentials*, *Thousand Oaks*, Calif.: SAGE Publications, 2010, pp. 125~128.

〔3〕 Richard Lawrence and Mario Hesse, *Juvenile Justice: the Essentials*, *Thousand Oaks*, Calif.: SAGE Publications, 2010, p. 22.

　　此时期的改革背景是，社会上充斥着对于少年犯复归可能性的质疑，除了更加着眼于传统少年司法与处遇制度的"有效性"与"效率性"外，美国对于少年权利的保障趋向于强调形式上的程序性保障。再加上公众对传统少年法院法官所具有的广大福祉性、个别化裁量权存在质疑，因此自然忽略了少年司法与处遇制度所应扮演的福祉机能。于是，少年司法与处遇制度的保护理念自此被抛弃，从而转向于强调司法化。伴随着少年法院管辖权的限缩，处遇少年的技术开始成为监控少年的制式工具与手段，原来仍未实现的设计，终被制式技术与程序所取代。

　　不过，美国有些州此时却开始采取比较缓和的少年犯机构化处遇措施，其中以马萨诸塞州最为有名。1970年，该州对世界少年法领域投下了一颗"震撼弹"。该州裁撤了收容千余人的州立训练学校，而以其他的处遇计划取代之。其原因包括联邦政府的诸多机关都没有办法作出适当的处遇计划，而造成虐待频发。同时联邦议会的公听会，亦没有办法被有效地管理以及营运。基于此，马萨诸塞州决定改良少年处遇制度。马萨诸塞青少年局（DYS）所组织的各项计划，最初是想要把州立的矫正机关加以人道化，希望可以把所有的机关都改良成治疗的共同体，但是相关职员的抵抗以及妨碍导致DYS决定把现存的少年法院全部关闭，而以其他的方式取代之。DYS的实验计划是，将少年法院每年平均经手的810人，借由司法程序之后送到相关的地区事务所，并且以临床的教育评价或是家庭背景加上犯罪行为是否重大，对少年犯作出适切的处遇。然后，再将其送至少年原本住居地附近的相关设施予以托付。相关的设施包括训练营、寄养机构或是团体照顾机构。这810人中，大约有15%会回到原本具有警备并且闭锁的处遇计划之中，此乃由原有的少年法院的收容制度延续而来的。但是 DYS 的被收容人除了上述必须被托付的类型之外，大部分都是被送到社会的处遇机构之中执行处遇的。这些处遇包括团体保护、野营队、晨间处遇以及寄养机构等。DYS 也同时采取了阶段式的复归，也就是受处分人可能在经过一段时期的人身拘束后，被转换成社会内处遇或是被移送到拘束性较低的处遇机构。如果一开始是进行社会内处遇，或在社会内处遇中违反相关应该遵守的规则，受处分人则会被送到监狱之中。不过只要犯罪情节不甚重大，DYS 通常会以断断续续的短期收容设施来加以处遇。原本的少年处遇程序，通常是使少年犯经过长期的监禁之后，再进入假释或是更生程序。但是只要少年犯在假释或更生程序期间违反相关规则，其将再度被处遇设施内收容。比较起来，DYS 计划下的少年，只受到极短期的人身自由拘束（大约 4 个星期），接下来便可进行各式各样的设施外处遇，虽然 DYS 会对少年进行严密的监控，但是即使受处分人有重大违反规则的行为，DYS 也仅会将其送回设施内留滞一两周，一两周之后便会继续进行原本的处遇。[1]

第六节　从 20 世纪 80 年代至 21 世纪

在政治上，20 世纪 70 年代末至 20 世纪 80 年代初，保守主义复活，并于 20 世纪 80 年代进入里根政府时代，此时少年司法处遇政策整体上更趋于保守的严罚主义。

---

〔1〕　参见廖经晟：“少年多样化处遇之研究——以美国法为中心”，东吴大学 2011 年硕士学位论文，第 24~31 页。

一、少年犯罪率持续增长与少年犯严罚理念的贯彻

进入 20 世纪 80 年代以后，少年犯罪率的持续增长，除了少年非行行为的数量持续增加外，少年犯罪危害性也明显提高（例如暴力型犯罪），少年非行案件在整个刑事犯罪中的比重偏高。20 世纪 80 年代末期开始，少年触犯一级杀人罪的比例逐年上升，至 1994 年到达最高。当时，有许多知名学者都形容这些暴力少年犯为"超级掠食动物"（Super Predators），并呼吁社会大众注意暴力时代即将犹如"定时炸弹启动"（Ticking Timebomb）般降临。

这使得社会大众对于犯罪少年大多存有恐惧心理，而此种心态也间接影响了政治氛围。正如教育学者海曼及斯努克所言：如果一个政客想在美国当选，那么其必须将打击犯罪列为主要政见。不管实际上的犯罪率是否下降，保守的候选人始终相信以社会治安不佳吓唬群众，并以打击犯罪作为主要政见，将会获得多数群众的选票。因此，保守党以下列宣言作为选举政见："对犯罪的零容忍"（Zero Tolerance）、"拒绝犯罪"（Just Say No）以及"三振即出局"（Three Strikes You're Out）。[1]

另外，新形态的校园犯罪（例如校园枪击案），使"严罚主义"政策进一步发酵。虽然校园暴力案件并非此时才发生，然而，媒体的一再播送，导致社会大众对于校园暴力产生了极大恐慌。虽说如此，同一时间也有另一群研究者致力于研究少年司法程序的替代方案，如死刑以及转向处遇。总结而言，20 世纪 90 年代犯罪率下降的原因不明。然而，可以明确的是，在这一时期，保守人士持续维持严罚政策。

---

〔1〕 See Irwin A Hyman and Pamela A. Snook, *Dangerous Schools*, San Francisco：Jossey-bass, 1999, p.163.

在这个时期，主张少年处遇的"4D"的声音不再，除了强化少年非行责任的思想外，对于粗暴累犯少年的处罚成了焦点。以少年司法及非行防止为目的的联邦审议委员会于 1984 年召开。时任总统以及国会的报告书说明，"与过去的少年司法领域中的哲学以及活动决别的时刻已经来临。联邦应努力针对粗暴凶恶的累犯少年，此乃与 20 世纪 70 年代推行的'4D'政策的不同"。[1]少年司法制度在此背景下渐渐转向严罚，例如，警察及检察官逮捕送至法院的人数有所增加，而送往少年鉴别所的缓刑处分者则有减少的倾向，少年的庇护期间也有长期化趋势。尤其是法院的处分有事实上严罚的情况，保护管束的适用减少、设施庇护处分增加且庇护期间趋于长期化。

"严罚主义"的趋势也反映在少年犯罪立法层面。例如，1989 年加利福尼亚州通过一项立法，授权警察逮捕疏于管教孩子的父母，而且可以判处这些父母监禁以及课以 2500 美元的罚金。[2]就"零容忍政策"而言，1990 年，美国各地的学校一致性地开始注重对违反纪律的少年的惩罚。1994 年，美国国会颁布《暴力犯罪控制执法法案》（Violent Crime Control and Law Enforcement Act），并出资建造更多的监狱，扩大适用死刑的范围，并努力加强边境控制，此外还提高了买卖毒品的刑罚。《三振出局法》（Three strikes laws）快速扩散至全美国，虽大多针对成年犯而实行，但 20 岁以下的少年犯也通过此法案被判刑。又例如 1997 年，国会通过《暴力惯犯少年防治法》（Violentand Repeat Juvenile Offender Act），允许少年与成年犯被无限期地关在同一

---

〔1〕 See A. S. Regenery, "A Federal Perspective on Juvenile Justice Reform", 32, *Crime and Deliquency*, 1986（1），pp. 1~4.

〔2〕 See Stephanie Coontz, *The Way We Never Were: American Families and the Nostalgia Trap*, SAGE Publications, 2000.

监狱，将身份犯少年与成年犯监禁 24 小时甚至超过 1 周，允许学校取得少年犯罪纪录，要求学校开除长期抽烟的学生，少年法院舍弃管辖权并将大量的非行少年移送至刑事法庭。简言之，在当时的社会气氛下，公众把犯罪人（包括少年犯）当作是社会败类、人渣，并通过严罚政策加以打击。

在理念上，此阶段的少年司法受到了学术思潮的影响，主要是新古典主义者所提倡的正义模式，以及新实用主义者所提倡的应报模式。一边认为人权保障的要求是落实司法程序以及确保行刑过程的公平与公正，另一边则认为要以威吓抑止犯罪，主张大量使用监禁甚至是死刑，重新肯定应报主义的公平正义性。在这两种思潮下，少年司法处遇的基本理念发生了重大改变，逐渐告别了过去的保护主义及福祉性功能，走向了司法惩罚功能，在丧失了特性后，少年司法制度已渐与成人刑事司法别无二致。[1]

二、严罚主义下的少年犯人性化处遇机构

不过，虽然此时期的少年犯刑事处遇理论总体上主张严罚主义，但也存在其他针对非行少年的、较具人性化的机构。例如，"和平课程"（Peaceable Schools）被用以预防校园暴力。由于冲突是不可避免的，因此，和平课程教导学生以积极且非暴力的方式管理冲突，并用多种策略防止各种暴力手段。另外，转向和非庇护化处遇政策将非行少年由少年司法体系中移至社会福利机构，用以避免标签烙印的形式。[2]所谓标签理论，强

---

〔1〕　参见［日］德冈秀雄：《少年司法政策の社會學》，东京大学出版社 1993年版，第 212 页。

〔2〕　See Laura L. Finley, "1990s through 2000", *Juvenile Justice*, 2007, pp. 116~119.

调社会群体的反应对于个人人格、心态行为的影响，主要被应用于对少年越轨行为的解释。因此，社会给不良犯罪少年，或者在学校制造问题的学生贴上标签，重新定义其身份会对这些犯罪少年或学生造成影响。自我形象通过与他人的互动而形成，一个人之所以成为犯罪人，往往是由于社会上的强权（例如，家庭中父母、学校老师、警察机关、司法机关以及犯罪矫治机构）在处理个人偏差或违法行为时，给行为人贴上了坏的标签（如坏孩子、不良少年等），致使行为人不知不觉修正了自我形象，确认自己为坏人，加之社会亦对其予以不良评价（如歧视），致使偏差行为者实施更严重的偏差行为，最终越陷越深，无法自拔，进而导致该少年未来发展的可能性受到极度的限缩，致使再犯率提高。[1]

1984 年，意图将身份犯（即不良少年）非犯罪化的少年司法与非行防止局局长表示："我们应将重点置于凶恶犯罪少年，而非轻微犯罪或身份犯、不良少年，这点可自卡特政权至里根政权反映出来。传统少年司法制度，并非是基于社会以及被害者的利益，而是牺牲了社会及被害者的利益，转而热衷于少年犯罪者的处遇。法院深信非行少年反是被害者，且为了非行少年的最佳利益而行动。法院须判别犯罪少年的非行主因，而后追究少年的社会责任。不能宽恕犯罪少年，以避免少年借此作为免责的借口，亦要明白少年犯行的背景及理由为何，于不遵守法律、违反的场合须问其责任，如此方是教导少年，并应为少年司法制度之改革。"[2]

---

〔1〕 参见许福生：《批判犯罪学：犯罪与刑事政策学》，元照出版有限公司 2012 年版，第 233~236 页。

〔2〕 A. S. Regenery, " A Federal Perspective on Juvenile Justice Reform ", 32, *Crime and Deliquency*, 1986 (1): 1~4.

还有一些地方建立了少年犯机构化处遇风险评估制度，通过风险评估来判定机构化处遇的必要性，排除那些无须机构化处遇的少年犯。例如，1994 年，佛罗里达州法官委员会、检察官协会、警察局长协会、执行官协会和法律援助协会共同达成协议，建立少年犯评估中心，以评估少年犯拘留处遇的适用妥当性。当时的协议是由每个组织指派 2 名分别来自城区和农村的代表协商订立的，具有足够的代表性。各地也依此建立了综合性的评估中心。此后，少年嫌疑人被捕后，在治安法官作出拘留听证时，必须听取评估中心的危险性评估报告。拘留后，缓刑官应收集被拘留者的前科记录、家庭情况、学校记录等材料，在进行危险评估时对拘留期限进行审查，并为法官判决提供参考资料。评估的内容通常包括拘留必要性、拘留中心内部危险以及个人的健康状况、心理条件、学习能力等。[1] 这主要是程序上的硬性要求。实体上也要求法官主动运用一系列的"筛选程序"（screening instrument）将不适合或不必要拘留的少年排除出去。[2]

第七节 21 世纪至今

随着美国经济的发展，其对少年犯罪问题也有了更深层次的研究和认识。这使得这个时期美国少年犯机构化处遇理念在严罚与福利之间摇摆，在实践上也出现了非机构化处遇机制的复兴。

---

〔1〕 T. Michael et al.，"The State of Jails in America"，56 *Federal Probation*，1999（2）：56~67.

〔2〕 参见唐亮："美国少年拘留制度改革"，载《青少年犯罪问题》2002 年第4 期。

一、少年犯处遇理念中严罚与福利的交织

随着经济的发展，美国社会又有了更多的力量以及多层次的方式来解决和预防少年犯罪。从 21 世纪开始，美国对于少年犯的惩罚思想开始软化，转向了福利型理念。美国少年犯处遇制度虽于 20 世纪初逐渐走向严罚，但是严罚的主要对象是少年暴力犯罪、累犯与重罪少年，并不涉及身份犯少年。对身份犯少年而言，仍应坚持保护主义、非正式的机构式处遇，并以更加宽容的方式待之，同时持续通过除罪化、去机构化及转向处遇方式，处理逃学、逃家等身份犯少年。[1]

此外，美国联邦最高法院也对少年犯处遇持宽缓态度。在 2010 年的 "Graham v. Florida 案" 中，法院认为，在没有人遭受杀害的案件中，判处少年终身监禁且不得假释的规定，违反了《宪法修正案》第 8 条。2012 年，美国联邦最高法院在 "Miller v. Alabama 案" 中推翻了下级法院的判决，宣告 "不得对未成年犯适用终身监禁且不得假释"。此一判决结果意味着美国刑法中针对未成年人的严厉处罚条款违宪，也就是说，未成年犯不得被判决终身监禁且不得假释，表现出美国联邦最高法院在少年司法处遇问题上又回到了传统的福利型少年司法处遇制度。[2]但是，美国联邦最高法院没有说明这个判决是否具有追溯性，也就是在 2012 年之前被判处终身监禁的少年犯是否可以援引该判决，进而得到重新审理或者减刑的机会。不过，在 2016 年 1 月 25 日的 "Montgomery v. Louisiana 案" 中，美国联邦最高法院

---

[1] 参见黄鼎轩："少年司法的管辖、搜索与转向——以美国法制为中心"，东吴大学 2015 年硕士学位论文，第 22 页。

[2] 参见许华孚、刘育伟："主要国家少年矫正机构之介绍分析——以美国、日本、韩国及中国为例"，载《犯罪、刑罚与矫正研究》2016 年第 1 期。

认为"Miller 案"创设的是实质性规则，具有溯及力，[1]这也导致美国大量被判处终身监禁的少年犯得以援引该判决，进而得到重新审理或者减刑的机会。

但是与此同时，美国少年犯处遇中的严罚思想仍然持续发展，甚至有扩大的迹象。例如，美国"9·11 事件"后，暴力犯罪受到极大的关注。民意调查指出，美国民众一味地支持宣称保护人民权利的干预性措施，而这些措施通常都是口惠而实不至，甚至达不到安全的目标，而且会威胁到自由民主的权利。这就要求少年司法及处遇机构通过严格的惩罚、死板的规则与程序以及毫不留情的处罚来纠正犯罪少年的行为。如此一来，少年司法及处遇机构便成了游荡于福利与惩罚之间的"双头怪兽"。[2]

二、少年犯非机构化处遇的复兴

这个时期的美国少年监禁问题越来越受到社会的关注，少年监禁所存在的种族差异、性别差异、虐囚、精神疾病等负面问题也被深入讨论。例如，一项研究指出，加利福尼亚州 92% 的少女进入少年司法系统后，都成了心理、性以及身体虐待的受害者。更不幸的是，那些司法机构还标榜着针对男性或女性的特殊需求而设。之所以会有如此的现象，归纳而言，是由于女性犯罪少年仅占所有犯罪少年总人口的 13%，因此，往往被排除在许多计划的研究范围之外，而无特别针对女性犯罪少年所设立的

---

〔1〕 关于"Montgomery v. Louisiana 案"的判决全文，See https://www.supremecourt.gov/opinions/15pdf/14-280_ diff_ ifkn. pdf.

〔2〕 参见姚建龙：《超越刑事司法——美国少年史纲》，法律出版社 2009 年版，第 195 页。

规定。[1]与此同时，虽然少年犯机构化处遇机构越来越多，但是美国少年犯罪情况并没有随着严罚政策而好转，这使得越来越多的人认识到，机构化处遇机制并非是应对少年犯罪的最优路径。因此，少年犯非机构化处遇开始受到了更多的重视，美国希望借由非机构化处遇来降低机构化处遇带来的负面问题。

有学者认为，这一时期美国少年犯非机构化处遇的复兴与修复性司法在少年犯处遇领域的深入发展有关系。其认为："修复性司法系以社区为基础，提供适合执行修复性司法的非行少年、受害者及其家属特定的场域，共同讨论少年非行行为对社区所带来的冲击，提供受害者重返社区及以前生活的方法，讨论适于惩罚非行少年的方式以及提供非行少年重返社区的通道。"简而言之，修复性司法认为，少年司法的目的在于抚平被害人、少年及社会因少年非行行为所受的创伤，并确保因犯罪行为所造成的伤害被适当地修复，认为少年司法应兼顾加害人补偿被害人、发展少年的能力及社会防卫的功能。如果"修复性司法制度真能如同其所强调的，少年司法制度应同时兼顾被害人补偿、使少年复归社会及社会防卫的目的"，[2]那么，美国少年犯处遇机制将出现一条取代严罚模式与福利模式的折中道路——修复性处遇模式，并可能演变为未来美国少年司法与处遇的重要特色。

这一时期的立法加强了对少年犯非机构化处遇的关注。比较典型的表现是 2008 年美国联邦政府对《少年司法和犯罪预防

---

〔1〕 See Mary Magee Quinn, Jeffrey M. Poirier and Lili Garfinkel, *Girls with Mental Health Needs in the Juvenile Justice System*: *Challenges and Inequities Confronting a Vulnerable Population*, 2005, pp. 125~139.

〔2〕 参见黄鼎轩："少年司法的管辖、搜索与转向——以美国法制为中心"，东吴大学 2015 年硕士学位论文，第 22 页。

法案》（Juvenile Justice and Delinquency Prevention Reauthorization Act，简称 JJDPRA）的修正。该法案依据 1974 年的《少年司法犯罪预防法》（Juvenile Justice Delinquency Prevention Act）的精神作出修正。具体重点如下：①遵从法规规定，加强对被监禁的少年的保护；②对于初犯和身份犯少年给予替代拘留的其他选择；③提供更多社区式处遇服务；④制定、改善社区式处遇服务工作者的训练计划（如招募、选拔、训练等）；⑤改善在少年司法制度中的种族不平等。此次变更除了聚焦于种族不平等问题之外，还允许美国少年司法与犯罪预防办公室的行政官员运用联邦基金参与改善各州及地方之少年犯罪防治与处遇方案，包括实证基础方案、专业人员的招募、心理健康与实质虐待处遇，各州及地方政府据此也修正了相关预防与处遇措施。

在实践上，重刑化造成现今少年犯处遇机构呈现过度拥挤状态，替政府降低监禁受刑人所需的庞大花费也是这些替代方案出现的主要理由。[1]目前最常见的三种替代方案就是罚金、观护以及假释。当然，还有很多其他替代方案，诸如"赔偿被害人"（restitution）、"社区服务"（community service）、"释放前的庇护"（pre-release）、提供一个中途的适应环境和"早期假释"（early parole）等。此外，最受注目的替代方案大概是"集中缓刑监督"（Intensive Probation Supervision）、在家监禁以及电子监控。

本章小结

总体上看，美国在殖民地时代至独立战争之前，根本不存

---

〔1〕 参见许福生："科技设备监控在性侵害犯之运用"，载《月旦法学杂志》2009 年第 3 期。

在所谓的少年司法，也没有专门的少年司法机构，但这个时期仍然存在少年犯罪行为。这个时期的少年犯机构化处遇特征为成人犯与少年犯混同监禁、劳动场所取代少年监禁、家庭角色取代少年刑罚处遇机构。独立后，美国的地理以及社会发生了相当大的变化，从闭锁的环境转变成为开放式的环境，难民在地理上的流动造成了社会经济状况的混乱，传统的社会统治系统开始失灵。在这个背景下，有两个重要的因素造成了法律的改革：一是独立国的自负。由于在英国统治下独立，所以对于英国刑法的反动力量便显露出来。二是启蒙主义思想的影响。在洛克、卢梭的影响之下，传统宗教的影响衰退，走向了功利主义。在这种情势下，从独立战争到19世纪20年代，美国刑事司法对待少年犯处遇的态度也发生了改变，即少年犯领域国家亲权理念的承继、少年保护院的建立。19世纪20年代到19世纪70年代时期最重要的特征是少年保护院的监狱化；其次就是为了保护未成年人而设立了多样化庇护设施，设立这些设施的目的在于取代亲人而给予未成年人相当的保护。19世纪70年代至20世纪60年代是美国少年犯处遇制度的转折与成型时期，许多少年司法领域中争论不休的议题被延续至今。此外，这一时期对于处理罪错少年的态度以及哲学理念是目前少年司法制度及其处遇制度的雏形。20世纪60年代至20世纪70年代，美国社会发生了大改动，受越南战争、反战运动、妇女解放运动以及学生运动等的影响，社会变得动荡不安，经济情况也发生了变化，使得社会对于少年事件的论点也随之发生了转变，其中以反战运动为首，引发了各种对于体制的反思，造成了社会的不稳定以及经济的恶化，亦影响了少年问题的处理。在政治上，20世纪70年代末至20世纪80年代初，保守主义复活，并于20世纪80年代进入里根政府时代，此时少年司法处遇政策整体上

更趋于保守的严罚主义。21 世纪至今，随着美国经济的发展，
其对少年犯罪问题也有了更深层次的研究和认识。这使得这个
时期的美国少年犯机构化处遇理念在严罚与福利之间摇摆，在
实践中也出现了非机构化处遇机制的复兴。

第三章

根基架构：美国少年犯机构化处遇的理论基础

第一节　美国少年犯机构化处遇的目的

美国少年犯机构化处遇的"目的"（Goal）并非是唯一的，而是多样化的、体系化的，主要包括威慑、矫治、应报与隔离等四个方面。有学者将预防也作为美国少年犯机构化处遇的目的，认为美国少年犯机构化处遇的目的有五个，即威慑、矫治、应报、预防与隔离。[1]但本书认为，预防犯罪属于美国少年犯机构化处遇的任务，而非目的。这些目的在有些时候或者在有些司法区之间可能是冲突的，如一些州注重少年犯处遇的矫治目的，通过"转处或警告"（diversion and warning）的方式将少年犯排除在少年刑事司法系统之外。但是有一些州则倾向于对少年犯施加更确定和更严厉的刑罚。另外还有一些州则同时强调惩罚与矫治。在大多数情况下，美国少年犯机构化处遇的目的都是多重的。例如，威斯康星少年犯矫正局罗列了多项少年犯机构化处遇的目的：①通过对少年犯进行有效的、人道的监禁和监管而保障社会安全；②通过少年犯对矫治项目、教育与

---

〔1〕　See Dean John Champion, *The Juvenile Justice System*, Pearson Prentice Hall, 2007, p. 560.

工作技能开发项目的参与而促使其积极改变生活方式和培养守法行为；③为实现资源的有效利用而发展有益的评估与责任程序；④帮助被害人进行康复；⑤建立、维持和拓展多样化、有能力和专业化的工作团队；⑥研究、发展和利用技术创新以确保可以作出有效与高效的决策；⑦与执法部门、学校、公立或私立社区机构、法院和议员等建立良好的合作关系。[1]

一、威慑目的

"威慑"（Deterrence）目的这一概念可以被回溯至 18 世纪的古典犯罪学派。意大利学者贝卡利亚（Cesare Beccaria）在其 1764 年出版的《犯罪与刑罚》一书中提出"刑事司法制度即是解释犯罪之制度"，同时，他也确信刑罚是"为达到善行所必要之恶"。而所谓"达到善行所必要之恶"即是通过刑罚降低犯罪行为。正是如此，刑罚虽恶但仍有其存在之价值，此一观点也是功利主义者支持贝卡利亚之处。刑罚系用来维持社会秩序的观念自 18 世纪后大放异彩，迄今仍被一般社会大众广泛接受。

古典犯罪学派是根据"自由意志"（Free Will）、"理性计算"（Rational Calculus）、"享乐主义"（Hedonism）三个观点建立主张的。[2]他们认为，人是由自由意志决定为善为恶之行为的。但人也是理性的动物，在行为实施前即会评估行为后所获致之酬偿，而人的趋乐避苦之享乐特质又可进一步决定为善为恶行为。即使为恶，但只要所获致之酬偿大于犯罪成本，人仍会罔顾违法执意为之。基于上述假设，古典犯罪学派主张设置

---

〔1〕　See "Division of Juvenile Corrections Goals", http://doc. wi. gov/documents/ web/familiesvisitors/juvenileservices/missiongoalsguidingprinciples/djc%20mission%20goals %20guiding%20principles. pdf.

〔2〕　H. L. Packer, *The Limits of The Criminal Sanction*, *Standard*, CA: Standard U-niversity Press, 1968, p. 66.

一套有效率的社会控制系统以威慑犯罪人，从而进一步控制其再犯。因此，刑罚之功能在于让犯罪人认识到犯罪不是一种有价值的行为，刑罚发挥之极限在于政府如何设计一套大于犯罪所得之"严刑峻法"，以阻止犯罪人及社会大众不再从事犯罪行为。威慑可以被分为对抗犯罪人之"特别威慑"与对付一般人之"一般威慑"。所谓特别威慑，系指通过刑罚的制裁，促使犯罪人在感受到刑罚威严性后不再从事犯罪行为。而为使犯罪人感受到刑罚之威吓性，刑罚应该具有三个特性："确定性"（Certainty）、"严厉性"（Severity）与"迅速性"（Swiftness）。所谓确定性是指古典犯罪学派主张之定期刑原则，相同罪名应判处相同刑罚，不宜异同；所谓严厉性系指执行刑罚过程中带来的痛苦程度足以使犯罪人不再视犯罪为一件值得的行为；所谓迅速性是指犯罪人接受刑罚制裁的时间越快越好，短时间更能达到刑罚威慑之目的。但有学者认为，当今特别威慑已经难以达成目标，因为在矫治哲理的影响下，假释、缓刑等不定期刑，刑罚已无确定性；在监狱中对受刑人进行教化矫治、施行作业与技能训练，减少使用严格独居，致使刑罚已无严厉性；在人权主义高涨的今日，程序正义原则在保障犯罪人人权的同时也使所谓刑罚迅速性愈发不可能实现，致使刑罚特别威慑功能难以彰显。[1]所谓一般威慑系指经由国家对刑罚的明昭及对犯罪人之制裁，以警告、阻止社会潜在犯罪人从事犯罪行为。其可被进一步分为：借公开执行残酷之刑罚，吓阻社会大众，以收预防社会一般人犯罪之效果的威吓主义；以法律揭示刑罚，借以遏止社会一般人犯罪之心念，以预防犯罪之发生的心理强制主义；以法律揭示犯罪行为，促使民众不敢尝试犯罪，以收

---

〔1〕 参见黄征男："从刑罚本质探讨我国犯罪矫正发展趋势"，载《矫正月刊》2002年第1期。

预防犯罪之效果的警诫主义。[1]然而，一般吓阻理论最为人所诟病的地方在于以人当作惩罚之工具来警惕其他无辜之民众。学者纽曼认为，即使杰里米·边沁 Bentham 等人主张威慑理论，他们也不会同意以惩戒犯罪人之方式吓阻一般公众。[2]所以，"杀鸡儆猴"确实可以达到一般威慑之功效与目的，但是在潜在犯罪人尚未犯罪前即让其感受刑罚之严厉导致其心生畏惧，刑罚所扮演之角色似有矫枉过正，超乎其应有界限之嫌。[3]

在美国少年犯机构化处遇中，根据罗宾逊和达利的研究，威慑目的主要包括：清晰规定的规则和正式的惩罚；预防犯罪的模式化和强化；少年犯与机构员工之间高度的"共感与信任"（empathy and trust）。[4]一些人认为，那些明显属于社区化处遇措施特征的传统咨询、机制化和转处在威慑少年犯方面并没有什么效果。[5]要实现威慑目的，就要对机构化处遇措施中的少年犯矫正措施进行针对性设计，这样才能使其确实起到自然干预效果。随着少年年龄的增长，他们的犯罪趋势会达到一个峰值，然后就会下降。也就是说，许多少年犯将随着年龄的增长而放弃实施犯罪行为。从这个意义上说，对于少年犯而言，威慑可能要比矫治更有效果。[6]不过，有些学者却认为："正如成

〔1〕　参见林山田：《刑罚学》，台湾商务印书馆1998年版。

〔2〕　See G. Newman, *The Punishment Response*, Harrow and Heston Publishers, Albany, N. Y., 1985, p. 71.

〔3〕　参见黄征男："从刑罚本质探讨我国犯罪矫正发展趋势"，载《矫正月刊》2002年第1期。

〔4〕　See Paul H. Robinson and John M. Darley, *Justice*, *Liability and Blame*: *Community Views and the Criminal Law*, Westview Press, 1995, p. 307.

〔5〕　See Melissa Sickmund and Charles Puzzanchera, *Juvenile Offenders and Victims*: 2014 *National Report*, National Center for Juvenile Justice, 2014, p. 17.

〔6〕　See Dean John Champion, *The Juvenile Justice System*, Pearson Prentice Hall, 2007, p. 561.

人一样，这种惩罚起不到多少威慑。"[1]

二、矫治目的

"矫治"（Rehabilitation）一词系指"恢复、修复为一个好的、健康的或有用的生活，特别是指通过治疗、教育手段的恢复"。[2]当前，刑罚领域尤其讲求教育刑与矫治，这是符合矫治理念之精神与内涵的。然而，矫治理念一直与惩罚之观念相左。例如，美国学者卫浩凡[3]与刘易斯[4]即认为刑罚是对犯罪人的惩罚，剥夺其自由，无论是在监狱中还是在社区中，所谓的矫治与技能训练也被视为是对犯罪人部分权益的剥夺，不失刑罚惩罚之本质。其实，这样的观念迄今仍然存在，而且在今日刑事政策走向紧缩的趋势下，此种论调更是经常得到矫正界之探讨。

虽然存在上述对矫治理念之不同论调，但是，刑罚具有矫治功能自19世纪被犯罪学实证学派提倡以来，在犯罪学界及矫正学界一直备受重视并被广泛采纳。在犯罪学界，实证学派三大家——切萨雷·龙勃罗梭、恩里科·菲利及拉斐尔·加罗法洛——主张人的犯罪是由个人内外在因素导致的，即所谓的"原因决定论"（Determinism）。因此，犯罪人要化除恶性非通过教化矫治无以为功。这样的观念与主张深深影响了犯罪矫正界，例如，苏格兰的亚历山大·马克诺奇于1836年创设"点数制"

〔1〕 See Dean John Champion, *The Juvenile Justice System*, Pearson Prentice Hall, 2007, p. 561.

〔2〕 参见黄征男："从刑罚本质探讨我国犯罪矫正发展趋势"，载《矫正月刊》2002年第1期。

〔3〕 H. Weihofen, "Punishment and Treatment: Rehabilitation", S. E. Grupp (ed.), *Theories of Punishment*, Bloomington, Indiana University Press, 1971, pp. 301~308.

〔4〕 C. S. Lewis, "The Humanitarian Theory of Punishment", S. E. Grupp (ed.), *Theories of Punishment*, Bloomington, Indiana University Press, 1971, pp. 307.

（Mark System）及爱尔兰沃尔特·克罗夫顿于 1840 创设的爱尔兰制（The Irish System）。另外，1879 年在美国辛辛那提市所举办的第一届"美国监狱协会"（American Prison Association）研讨会上，与会狱政人员广泛讨论了点数制与爱尔兰制，并普遍接受了矫治理念。会后，矫治原则成了各州矫正工作的指导方针，首先采纳的即是在纽约州成立的"爱米拉感化院"（The Elmira Reformatory），随后，各州也相继成立了类似的感化机构，此种型态被视为是以新科学方法对犯罪人实施惩罚的实验所，在当时被称为"监狱科学实验所"（Prison Science Laboratories），此均为矫治理念之具体表现。

20 世纪 30 年代，由于医疗技术发达，美国监狱协会、"维克山姆委员会"（Wickersham Commission）以及"联邦监狱局"（Federal Bureau of Prisons）等机构极力提倡"医疗模式"（Medical Model），即运用医院治疗病患之观念将矫治理念导入矫正体系中。其流程系将犯罪人视为病犯，一入狱后即开始进行调查、诊断、分类，拟定个别化之处遇、治疗计划（例如药物治疗、咨询辅导、教化课程及活动以及技能训练），再结合不定期刑与假释制度，让表现良好之犯罪人可以提早出狱，而复归社会，这一流程可谓是矫治思想与医疗模式相结合的标准处遇程序。

矫治思想与医疗模式相结合之最高峰为 20 世纪 50 年代，尤以美国监狱协会改制为"美国矫正协会"（American Correctional Association）最具划时代与指标意义。而成立于 1954 年的"马里兰州帕吐斯仙特矫正机构"（Maryland Patuxent Institution）则是最负盛名的矫正机构。另外，在美国联邦监狱局的主导下，1950 年至 1960 年，有一些州开始成立"接收与诊断中心"（Reception and Diagnostic Center），专责受刑人之调查分类工作，此种监狱兼具医疗、教育、职业及心理分析等多重功能，待收集到受刑人之相关资料后，将受刑人分配至各专业监狱，以满足个别化处遇之需要。[1]

20 世纪 70 年代，许多学者对监禁机构的矫治功能产生了怀疑，甚至予以严厉批评。例如，1973 年，大卫·沃德经研究发现，监狱的矫治处遇对参与的受刑人有负面的影响，如对管教人员不友善、违规纪录较多、违反假释条件较高等。[2]1974 年，马丁森提出了矫治"无效论"（Nothing Works）。根据马丁森与其助理收集到的 1945 年到 1967 年的矫治计划评估报告，"除少数或独特的案例外，矫治的努力对于再犯的降低并无显著的成效"。[3]另外，马克·纳马拉也于 1977 年针对矫治功能提出了质疑，他认为，大多数犯罪人并非病人，甚至比普通人更正常，这些社会适应不良之人经历过二三十年的负面社会洗礼，任何矫治计划都难以改变他们根深蒂固的反社会行为。在上述理论中，马丁森的矫治无效论，通过各种媒体、期刊与论文被公诸大众，再加上当时美国社会犯罪率节节高升、反毒战争失败，人民望治心切，迫使政府不得不采取严厉之刑事政策以抗制犯罪。例如，有些州采行自愿性质的矫治计划，有些州废除了不定期刑并恢复了死刑，有超过 24 个州都订定了"三振出局条款"等终身监禁制度，严惩重大暴力与刑事案件犯罪人，造成矫治理念于 20 世纪 80 年代以后终告破败。[4]不过，近年来，

---

〔1〕 P. L. Reichel, *Corrections: Philosophy, Practices, and Procedures*, West Publishing Company, St. Paul, M. N., 1997, p. 241.

〔2〕 参见黄征男："从刑罚本质探讨我国犯罪矫正发展趋势"，载《矫正月刊》2002 年第 1 期。

〔3〕 参见黄征男："从刑罚本质探讨我国犯罪矫正发展趋势"，载《矫正月刊》2002 年第 1 期。

〔4〕 参见黄征男："从刑罚本质探讨我国犯罪矫正发展趋势"，载《矫正月刊》2002 年第 1 期。

矫治思想在美国刑罚领域开始有复兴的迹象。

在美国，矫治一直是少年司法的目的之一。当前，美国少年犯机构化处遇设施也强调对少年犯的矫治。很多少年犯机构化处遇设施都强调内化责任于少年之行为，例如少年野营队、少年训练营等。还有一些少年犯机构化处遇设施则尽力教授处遇中的少年犯一些社会技能，例如少年教养院等。更有一些处遇设施专注于诊断和治疗那些有严重精神问题的少年犯，例如少年住宿处遇中心、安定中心等都有专门针对具有严重精神问题少年犯的治疗措施。替代性药物治疗和社会化治疗也常被用到。由于少年教养院能够向少年犯提供更多的与社会接轨的服务，其也在逐步替代那种完全封闭式的少年处遇机构。[1]

各州直接确立以矫治为少年犯机构化处遇目的的实例也很多。例如，《威斯康星少年犯矫正局少年犯机构化处遇的目的》第 2 条 "通过少年犯对矫治项目、教育与工作技能开发项目的参与而提升其积极生活方式改变和守法行为"[2]的规定就是矫治目的的明确体现。俄勒冈少年局对少年庇护所矫治措施所实行的最低限度标准就很能说明美国少年犯处遇机构对矫治目的的认同。其认为，合适的处遇与矫治项目至少应当确保包括七项要求："①基于研究和成熟理论基础的清晰项目框架；②适合目标群体的转接程序（包括不适合目标少年犯的界定）和确保少年犯合适安置的筛选程序；③一份概括少年犯在其安置期间必须努力达到的处遇目标，针对每一个少年犯的书面化、个体化的服务计划，且该计划应当与其他少年犯的计划不同；④具

---

〔1〕 See Dean John Champion, *The Juvenile Justice System*, Pearson Prentice Hall, 2007, p. 561.

〔2〕 See "Division of Juvenile Corrections Goals", http://doc. wi. gov/documents/web/familiesvisitors/juvenileservices/missiongoalsguidingprinciples/djc%20mission%20goals%20guiding%20principles. pdf.

有将每一个少年犯的服务计划目标内化于其日常生活的处遇环境，且该处遇环境应当具有对象唯一性；⑤与少年拘留中心明显不同的物理环境；⑥可以让少年犯的监护官能够密切监测少年犯进步和参与矫治计划的机制；⑦基于少年犯矫治目标实现程度的明确安置期限，且不受少年拘留中心所需期限的影响。"[1]

三、应报目的

所谓"应报"（Retribution）[2]，是指犯罪人应为其犯罪行为所带来的损害付出相同代价。应报源自于古老社会的"杀人偿命""以牙还牙、以眼还眼"的观念。例如，四千年前古巴比伦国的《汉谟拉比法典》可谓是人类史上的第一部刑罚律典，整部法典充满应报思想，以惩戒当时人类的犯罪行为。但时至今日，当代应报观念与过去已有很大差异。现代应报观念包含三大部分：通过正式刑事追诉；"平衡"（Equity）；实现社会公平正义。所谓通过正式刑事追诉，系指应报的发动一定是在犯罪人违反刑事法令之时，而与私人间的报复、赔偿不同，应报必须通过政府为之，由政府代表人民和被害人正式向犯罪人追诉。而所谓的平衡，系指刑罚的平衡性，鉴于过去私人间的报复、补偿可能会打破犯罪事件的平衡，所以必须借由政府出面协调，以确保刑罚均衡。而社会公平正义则要求对犯罪人施予相当比例之惩罚，并去除其犯罪能力。[3]

---

〔1〕 See Farron Lennon, "Juvenile Justice in Oregon", https://law. uoregon. edu/images/uploads/entries/19. 5_ lennon_ conf. pdf.

〔2〕 因为"报应"一词中报复的意味更重一些，所以本书中翻译为"应报"，略微显得缓和。

〔3〕 参见黄征男："从刑罚本质探讨我国犯罪矫正发展趋势"，载《矫正月刊》2002年第1期。

美国犯罪学家纽曼认为，应报刑罚是一种遵循"诚信原则"的社会法则。并且进一步指出，社会或团体中必定存在诚信原则，否则许多经济活动或社会生活将无法运作或存在。[1]基于这种原理，罗切尔认为惩罚即是一种对于犯罪行为之自然反应，这种诚信原则与应报刑之关系在于：当一个犯罪行为发生且有具体的犯罪被害人之后，基于社会的诚信原则，应予惩罚，以均衡犯罪人为其犯罪行为所付出之代价（或所得到之酬偿）。[2]

另外，关于应报目的的焦点问题，主张应报刑罚之学者认为，每个人都有自由意志选择为善为恶，而犯罪人既然破坏了社会群体间的诚信原则而选择为恶之行为，社会应针对其犯罪行为加以惩罚，而不是改变其自由意志。因此，主张应报刑罚之学者并不主张通过刑罚达到威慑、矫治之目的。如同纽曼所言："虽然对于犯罪人施以刑罚，然其为恶之权利应予尊重（尊重其自由意志），而其他基本权利也应进一步获得支持。"因此，应报刑罚理论认为，刑罚是自然法则的一部分，而有刑罚存在，自然允许犯罪行为之存在，但是当犯罪行为发生时，社会或政府必须对其加以制裁。刑罚本质是单纯的，不能借由刑罚来改变犯罪人或影响一般社会公众之行为，这是应报刑罚与其他刑罚观念的差异之处。

应报目的的核心观念在于"罪刑均衡"。美国学者沃克主张罪与刑是"平行梯"。他认为，罪与刑是平行梯的两边，每一个阶梯彼此都是平行且等距的，而由下至上则代表越来越严重的犯罪行为与刑罚。因此，当某一个犯罪行为符合"平行梯"犯

---

〔1〕　See G. Newman, *The Punishment Response*, Harrow and Heston Publishers, Albany, N. Y., 1985, p. 71.

〔2〕　See P. L. Reichel, *Corrections: Philosophy, Practices, and Procedures*, West Publishing Company, St. Paul, M. N., 1997, p. 242.

罪行为的阶梯时，与其相等的刑罚即是犯罪人应该接受之制裁，此即目前为美国各州法院法官所采纳之"量刑指南"（Sentencing Guidelines）。虽然直至今日应报刑学者仍无法精确地提供犯罪与刑罚之衡量标准，但可以确信的是，学者提倡应报刑罚之主要目标在于"实现社会公平正义"。[1]

美国少年犯机构化处遇的目的中也包含有应报目的。一些人希望少年犯，特别是实施暴力犯罪的少年犯，受到严厉制裁而不是矫治。应报目的对美国少年犯处遇的影响很大。例如，美国不少州的少年司法都采取严厉惩罚犯罪的政策，从而使得罪行严重的少年犯可以被转处至成人刑事法庭处理，而其被转处至成人刑事法庭之后则可能受到更为严厉的刑罚。这些少年犯转处至成人刑事法庭的原因在于，在严厉惩罚犯罪和应报思想的广泛影响之下，公众会认为少年法庭对暴力犯罪的少年犯的量刑太过宽缓，或者认为在少年法庭之下，法官可以选择的惩罚措施不够严厉，无法与少年犯的犯罪行为相均衡。而依然处于少年司法体制程序中的少年犯被长期安全监禁或许就是少年法庭对公众期待的最主要的回应方式了。[2]

四、隔离目的

"隔离"（Isolatiaon）之哲理起源于"眼不见为净"（Out of Sight，Out of Mind）之观念，认为犯罪人既然已经违反社会大众合意之规范，便不得再允许他在社会中继续作奸犯科，因此应该将其驱逐出境，使其永远不得回归社会。因此，过去的刑罚

---

〔1〕 See N. Walker, *Why Punishment? Theories of Punishment Reassessed*, New York: Oxford University Press, 1991, p. 221.

〔2〕 See Dean John Champion, *The Juvenile Justice System*, Pearson Prentice Hall, 2007, p. 561.

措施多为"流放"（Transportation）、"监禁"（Imprisonment）与
"死刑"（Death Penalty）。其中，监禁的历史可谓非常久远。以
中国为例，唐虞时代所谓的"士官""理官""犴狱"以及夏朝
之"夏台"，均是监狱的雏形。[1]而在西方，根据记载，早在
公元前 6 世纪，希腊即以地窖充作监狱（例如"Mamertine Pris-
on"）监禁犯罪人。[2]足见监禁刑之发轫源远流长。但随着科
技的日新月异，隔离犯罪人的形态不再局限于监禁之方式。例
如，通过电子仪器，矫正当局一样能对犯罪人进行监视，剥夺
其行动自由。因此，当今之刑罚隔离思潮可被分为实质隔离
（通过监禁隔离）与拟制隔离（通过科技隔离）两大类。[3]

　　最早进行的是实质隔离。美国学者 Zimring 和 Hawkins 的研
究指出，隔离刑罚自 1980 年开始，一直是刑罚制度之主流，主
要形态是监禁。[4]监禁对象应该扩大或是限缩也一直是保守派
学者与自由派学者针锋相对之焦点。这主要是因为监禁成本过
高，监禁期间人犯容易感染恶性，出狱后重返社会的困难也会
增加。自由派的学者采取"宁缺毋滥"之观点，认为监禁隔离
应该限缩适用对象，特别是针对所谓的核心犯罪人或慢性犯罪
人应施以"选择性隔离"（Selective Incapacitation），以符合人道
权益之考量。而保守派学者则认为刑罚之功能在于保障社会、
预防犯罪，对于犯罪人，应促使尽快接受制裁，其中以适用隔

---

　　〔1〕　参见刘最跃：《论未成年犯的教育改造》，天津大学出版社 2013 年版，第
9 页。

　　〔2〕　See K. Farrington, *History of Punishment and Tourture*: *A Journal Through the
Dark Side of Justice*, London: Reed International, 1996, 转引自黄征男："从刑罚本质
探讨我国犯罪矫正发展趋势"，载《矫正月刊》2002 年第 1 期。

　　〔3〕　See P. L. Reichel, *Corrections*: *Philosophy*, *Practices*, *and Procedures*, West
Publishing Company, St. Paul, M. N., 1997, p. 142.

　　〔4〕　See F. E. Zimring and G. Hawkins, *Incapacitation*: *Penal Confinement and the
Restraint of Crime*, Oxford University Press, N. Y., 1995, p. 215.

离方式为佳，其一方面可使社会受到保障，使犯罪人获得矫治；另一方面可使潜在犯罪人受到吓阻。此种监禁观点被称为"一般性隔离"（General Incapacitation）。但是隔离的适用应与其犯罪行为相当，罪行严重的犯罪人，即使适用终身监禁、死刑也不为过。根据这样的假设，无论是选择性隔离还是一般性隔离，其目的均是要使部分、少数的犯罪人长期与社会隔绝，以保障大众生命财产之安全。但是，遴选出严重罪质犯罪人是一件困难的任务。一般而言，选择性隔离以犯罪人之特质作为区分标准，而一般性隔离则以犯罪行为特质作为区分标准。因此，实务上便有许多犯罪人因为累犯、再犯数次、再犯预测危险性高而被长期或终身监禁。此种做法引起了应报刑学者之强烈批判。例如，科恩认为，以犯罪人未来可能犯罪为前提而加重其此次犯罪之刑期或终身监禁有违人权。因为应报刑主张"罪刑均衡""罪刑法定"之原则。[1]

拟制隔离在 20 世纪 60 年代开始出现，当时有部分学者主张，运用科技剥夺犯罪人之部分能力或自由较监禁更能达到隔离之效果。1964 年，有科学家主张将犯罪人置于社区中并附加电子监视设备。1978 年，社会学家马琳·莱赫蒂宁质疑政府是否有权以医疗方式对具有攻击性之犯罪人注射镇静剂。但他也承认，通过科技，可以暂时剥夺犯罪人之行动，其效率并不比监禁差。此一时期最受人瞩目的拟制隔离即为器官手术、药物治疗以及电子监控。所谓器官手术，系指对于具有异常性格之犯罪人（如具有暴力性攻击者、异常性攻击者）施以外科或器官手术，剥夺其暴力性攻击或异常性能力。例如，对性犯罪者施以"去势"（Castration）手术，而对于具暴力攻击性犯罪人实

---

[1] J. Cohen, "Incapacitating Criminals: Recent Research Findings, National Institute of Justice, Research in Brief", Washington D. C.: *Department of Justice*, 1983.

施"脑部神经外科"（Neurosurgeon）手术，以降低其因情绪困扰所致之攻击行为。迪尼兹认为："精神外科学（Psychosurgery）总有一天会成为一种合法的程序，用以治疗一些特定的、无法控制自己情绪所引发之暴力攻击行为……但是，在达成其立法前，对犯罪人施用精神外科手术之合法性是值得探讨的。"但无论是去势还是精神外科手术，均可谓是透过科技的进步达到隔离犯罪人之目的。[1]然而，这些方法最为人诟病的是政府是否有权对犯罪人强制实施这些手术。由于外科手术饱受质疑，学者开始主张以其他生化科技加以取代，其中，药物治疗方式的被接受程度最高，尤其是针对酒瘾以及药物滥用者之戒治，最具成效。例如对于药物滥用行为，"Antabuse""Methadone"等均能减少犯罪人对于酒类以及毒品之依赖，缓和其戒断症状；另外，药物治疗也适用于攻击性犯罪人，如20世纪60年代末期的"Cyproterone"即被运用于具有性攻击力之犯罪人身上，以降低其性行为。由于此种治疗方式十分成功，并且争议性较低，故已被广泛运用于治疗毒品犯、性犯罪人（化学去势），并且成了合法的制裁手段。[2]另一种非传统式的隔离手段是"电子监控"（Electronic Monitoring）。其通过电子监控仪器约束犯罪人之行动范围，掌控受刑人行踪，无需传统监禁型态之方式，一样达到隔离效果。电子监控可以追溯至1964年，其首先被运用于假释附条件回归社区之犯罪人。到了1983年，电子监控仪器已经可以约束犯罪人之行动范围，掌控他的行踪。其主要型态是通过在犯罪人身上佩戴类似手环或手表之电子仪器，限制犯罪

---

〔1〕　See S. Dinitz, "Coping With Deviant Behavior Through Technology", 3 *Criminal Justice Research Bulletin*, 1987（2）.

〔2〕　See F. E. Zimring and G. Hawkins, *Incapacitation: Penal Confinement and the Restraint of Crime*, Oxford University Press, N. Y., 1995, p. 217.

人之活动范围为 200 米，此一电子仪器会发射出电磁波，与在警察局或是观护官办公室的监视器相联系，以监控犯罪人之行动。如果犯罪人离开住所超越 200 米，此仪器即会发出警告讯号，并通知当地警察迅速逮捕犯罪人。[1]

美国少年机构化处遇也具有隔离的目的。对少年犯的逮捕和监禁是隔离少年犯和限制他们再犯的重要措施，特别是对少年惯犯的逮捕和监禁更是如此。理论上，这种观点类似于一种筛选监禁。实际上，美国公立机构化处遇设施中少年犯的平均监禁期限不超过 10 个月，因此，通过机构化处遇设施的监禁来控制少年犯的数量似乎作用有限。[2]《威斯康星少年犯矫正局关于少年犯机构化处遇目的》第 1 条就是"通过对少年犯进行有效的、人道的监禁和监管而提升社会安全"，[3]强调隔离少年犯对社会安全的重要性。

第二节　美国少年犯机构化处遇的任务

美国少年犯机构化处遇的"任务"（Mission）是通过其本身的实现达到美国少年犯机构化处遇的目的。由于美国少年犯机构化处遇的任务并没有固定标准，有些学者甚至将其与目的相混同。[4]本书认为，美国少年犯机构化处遇的任务至少有减

---

[1] See F. E. Zimring and G. Hawkins, *Incapacitation: Penal Confinement and the Restraint of Crime*, Oxford University Press, N. Y., 1995, p. 218.

[2] See Dean John Champion, *The Juvenile Justice System*, Pearson Prentice Hall, 2007, p. 563.

[3] See "Division of Juvenile Corrections Goals", http://doc. wi. gov/documents/web/familiesvisitors/juvenileservices/missiongoalsguidingprinciples/djc%20mission%20goals%20guiding%20principles. pdf.

[4] See Dean John Champion, *The Juvenile Justice System*, Pearson Prentice Hall, 2007, pp. 560~561.

少少年犯罪、保障社会安全、促进责任承担和提升少年能力四个方面。其在不少美国少年犯机构化处遇实践部门的自我定位中得到了印证。例如，威斯康星少年犯矫正局在其网站上说明少年犯机构化处遇的任务就是"旨在促进少年司法系统在社会保护、少年犯责任承担、作为有责任感和有所用的社会公民之能力培养之间进行平衡"。[1]

一、减少少年犯罪

近年来，随着社会的急剧变迁、工商业的突飞猛进、都市化的高度发展，少年犯罪有日趋严重之态势，引起了社会各阶层之普遍关切。美国少年的数量在美国公民总数中占比很高。根据美国少年司法与犯罪预防办公室的统计：美国低于18岁的公民数量已经达到7418.15万人，这意味着每4个美国人中有1个少年。而在1984年的时候，美国低于18岁的公民人数才6250万人，至2010年，增长率超过19%，并且这一增长趋势将会继续保持。[2]根据美国联邦儿童与家庭统计机构的估计，至2050年，美国少年数量会增加到1.016亿人。[3]

由于部分少年犯罪并未进入少年司法程序，因此美国少年司法与犯罪预防办公室在统计中采用"官方统计数据"（official records）和"自报告"（self-report）的形式进行双重数据统计。以毒品犯罪为例，从统计结果来看，虽然官方统计数据显示少

〔1〕　See "Division of Juvenile Corrections Mission Statement", http://doc. wi. gov/documents/web/familiesvisitors/juvenileservices/missiongoalsguidingprinciples/djc%20mission%20goals%20guiding%20principles. pdf.

〔2〕　Melissa Sickmund and Charles Puzzanchera, *Juvenile Offenders and Victims*: 2014 *National Report*, National Center for Juvenile Justice, 2014, p. 1.

〔3〕　See Katherine K. Wallman, "America's Children in Brief: Key National Indicators of Well-Being", 2016.

年犯数量在 2006 年以来持续下降，但是报告数据却显示少年犯数量在持续增长。[1]这并不像一般媒体所宣传那样——美国少年犯数量一直在下降。所以，如果少年犯随着少年数量增长而增长，或者基本不发生太大的变化，少年犯只会持续增多。如果处理不当，少年犯未来可能变成成年犯，而少年犯罪帮派也可能演变成为黑社会组织的一部分。因此，鉴于今日之少年犯很可能成为明日之成年犯，而影响未来之整体治安，减少少年犯罪十分关键。[2]

　　而作为安置大量少年犯的美国少年犯机构化处遇机构，其任务首先就是减少少年犯罪。例如，威斯康星少年矫正局将降低犯罪行为和确保被害人及公众的安全感作为少年犯机构化处遇的任务。佛罗里达少年矫正局也指出，其任务在于通过有效预防和减少少年犯罪而提升社会公共安全。当然，减少少年犯罪并不是一项简单的任务，要通过许多途径才能达致，这需要各类少年犯机构化处遇机构在具体的少年犯处遇实践中采取各显特色的处遇措施，让少年犯发生真实转变。事实上，公众对少年犯机构化处遇减少少年犯罪的期待很高。例如，2014 年的一项调查显示，公众更关心少年犯机构化处遇是否可以预防少年犯于出狱之后再次实施其他犯罪行为，而对与此相关的少年犯羁押时间长短的关注则稍逊之。[3]

---

〔1〕 Melissa Sickmund and Charles Puzzanchera, *Juvenile Offenders and Victims*: 2014 *National Report*, National Center for Juvenile Justice, 2014, p. 60.

〔2〕 参见侯正杰："美国青少年犯罪问题与社区处遇"，台湾警察专科学校 2005 年报告，第 1 页。

〔3〕 PEW, "Public Opinion on Juvenile Justice in America", *The Pew Charitable Trusts*, 2014.

二、保障社会安全

美国少年犯机构化处遇还有保障社会安全的任务。公众长期以来一直认为少年司法及其处遇措施应该平等对待其强化和保障社会安全的任务。传统的犯罪控制实践认为，降低风险因素和提高社会控制行为的能力可以让社会成员生活在一个和平安宁和相互尊重的社会，并让社会成员感觉到社会能够预防和控制犯罪。[1] 而其降低少年犯罪行为的最直接的方法就是将少年犯与社会隔离开来，进而防止其再犯。特别是对于少年惯犯、少年重罪犯等更加强调采取隔离的方式。在 1980 年至 2000 年的严罚主义时代，大量的少年犯被隔离在少年训练学校、少年拘留中心，甚至是成人监狱等高安全级别的机构化处遇措施之中。

近些年来，随着恢复性司法理念在美国少年犯矫治领域被逐渐引入，这种通过隔离来保障社会安全的观念似有所改变。在恢复性司法理念之下，少年如果与其社区联系紧密，并且与邻里相互关心，则比较不会实施犯罪行为。因此，在可能的情况下，让少年犯继续保持在社区或者与社区保持紧密联系就显得非常重要了。同时，这种实践也会对少年犯与其同辈、家庭和邻里的关系产生积极作用。有学者还提出，少年犯可以继续待在社区并得到有效监管，例如监测入学情况、工作情况和社会工作服务情况，适用日报告中心，适用电子监控，适用家庭逮捕，针对毒品犯罪少年进行随机尿检等。

如果将少年犯安置在社区不能合理保障社会安全，则需要对其进行机构化处遇，将其安置在少年教养院、少年野营队等

---

〔1〕　See Office of Juvenile Justice and Delinquency Prevention, "Balanced and Restorative Juvenile Corrections", https://www.ncjrs.gov/html/ojjdp/juris_ tap_ report/ch3_ 02. html.

少年住宿式处遇机构。而这可能是针对少年犯安置的最后手段。但在现代美国少年犯机构化处遇的理念改革下，这种住宿式安置或监禁的适当适用旨在保障社会安全，而非惩罚少年犯本人。也正是因此，现在少年犯机构化处遇之中设置了很多配套的矫治项目，以防止少年犯在机构化处遇中"交叉感染"。[1]

三、促进责任承担

少年犯的责任承担，即是要求少年犯通过向被害人或社会弥补损失而承担其犯罪行为带来的危害后果。对于责任承担而言，其有两个重要的组成方面：对其行为负担责任；采取补救行为。责任承担是一个人对自己行为后果的危害性及其社会评价等的全方位认知。如何才能判断少年犯是否比较好地承担了责任？针对这一问题，美国学者普拉尼斯在1998年提出了少年犯对其行为负担完全责任的五个要求：理解其行为对他人的影响；认识到其行为存在着一个不同的选择；认识到其行为对他人造成的是危害；在可能的情况下采取行动弥补其行为；作出改变以避免其行为在未来再次发生。[2]通过这种责任性认识，少年犯会从中得到成长。但是非常重要的是，少年犯机构化处遇部门要有完善的机制来支持少年犯完成这种责任认识和承担，并且帮助他们在回归社会之后能够被社会再次接纳，否则，这种责任认识和承担就将失去其应有的意义。

---

[1] See Office of Juvenile Justice and Delinquency Prevention, "Balanced and Restorative Juvenile Corrections", https://www.ncjrs.gov/html/ojjdp/juris_tap_report/ch3_02.html.

[2] 对其这几点的详细论述可以参见美国少年司法与犯罪预防办公室编辑的《少年犯罪预防手册》。See Office of Juvenile Justice and Delinquency Prevention, "Balanced and Restorative Juvenile Corrections", https://www.ncjrs.gov/html/ojjdp/juris_tap_report/ch3_02.html.

责任承担不应该与刑罚和限制相混淆。责任承担注重对危害结果的弥补，相关被害人和社会的适当参与使得其更为具体和非抽象化，这对于身心发展尚未成熟的少年犯来说尤为重要，会使其世界观、人生观得到改变甚至重塑。少年犯往往不太能够理解复杂的抽象概念，所以让少年犯面对具体的危害结果和危害对象比对其宣教"国家责任""对国家犯罪""向社会承担"等抽象概念的效果要好得多。能够针对少年犯的身心与文化特点对其进行处遇也是少年犯处遇的重要价值之一。

美国少年犯机构化处遇实践部门也认识到了促进少年犯责任承担的任务，有些已在自己的任务说明中明确提出要通过机构化处遇来解决少年犯的责任承担问题。例如，《威斯康星少年犯矫正局关于少年犯机构化处遇任务实现路径》第 1 条明确指出"通过与少年司法系统和社会建立良好关系而共同承担追求正义的责任"，第 3 条进一步指出要"通过要求少年犯对被害恢复和对社会做出贡献而让其承担责任"。[1]

四、提升少年能力

简言之，能力就是能够做好他人认为有价值之事。提升少年能力意味着少年犯在少年机构化处遇设施中能够得到比较好的身心发展，使其在被少年机构化处遇设施释放之时能够比在其进入少年机构化处遇设施之时更有可能成为负责和对社会有用之人。[2]对于少年犯而言，无论其曾犯下多么严重的罪行，

---

〔1〕 See "Division of Juvenile Corrections Mission Statement", http://doc. wi. gov/documents/web/familiesvisitors/juvenileservices/missiongoalsguidingprinciples/djc%20 mission%20goals%20guiding%20principles. pdf.

〔2〕 See Office of Juvenile Justice and Delinquency Prevention, "Balanced and Restorative Juvenile Corrections", https://www. ncjrs. gov/html/ojjdp/juris_tap_report/ch3_02. html.

也无论他们现在的态度与行为有多恶劣，少年机构化处遇都应当给予其取得进步的机会。每个人都是可救赎的，也有权获得帮助和在复归社会之后成为对社会有所贡献之人。

由此一来，我们首先要确定少年能力提升的判断标准。也就是说，要成为什么样的负责任的、对社会有用的人？美国学者普拉尼斯在 1998 年的时候提出，少年犯要通过各种改造成为对社会有用之人，其判断标准包括六个方面：有归属感；能够贡献；可以形成密切关系；能够作出有价值选择；有工作技能；能够指导他人。[1]虽然也有学者认为"能够指导他人"的要求似乎有点高，但是总体上看，普拉尼斯的六条判断标准还是比较能够妥当地判断少年犯是否已被改造成对社会有用之人的。在此基础上，普拉尼斯还指出，少年犯可以通过如下方面获得能力发展：职业技能与价值；教育、知识、逻辑与创造性；个人与社交技能、冲突管理与社会化技能；决策、推理与问题解决；公民感；健康与娱乐。[2]

美国少年犯机构化处遇实践部门也认识到了该项任务的重要性。例如，《威斯康星少年犯矫正局关于少年犯机构化处遇任务实现路径》第 4 条明确指出："与社会进行合作，以帮助少年犯再进入社会之后成为有用之才。"[3]密苏里少年局深知其负有保护社会免受少年犯罪侵害之职责，但仍坚信保障社会安全并

---

〔1〕 See Office of Juvenile Justice and Delinquency Prevention, "Balanced and Restorative Juvenile Corrections", https://www. ncjrs. gov/html/ojjdp/juris_ tap_ report/ch3_ 02. html.

〔2〕 See Office of Juvenile Justice and Delinquency Prevention, "Balanced and Restorative Juvenile Corrections", https://www. ncjrs. gov/html/ojjdp/juris_ tap_ report/ch3_ 02. html.

〔3〕 See "Division of Juvenile Corrections Mission Statement", http://doc. wi. gov/ documents/web/familiesvisitors/juvenileservices/missiongoalsguidingprinciples/djc%20mission %20goals%20guiding%20principles. pdf.

非是通过羞辱少年犯或对其施加刑罚达成，而是通过为少年犯提供治疗干预以帮助他们持久性地改变其态度、信仰与行为，从而在释放之后成为真正有用之人达成的。通过对以往经验的总结，密苏里少年局发现，尽管一些少年犯会出于对刑罚的恐惧而不再犯罪，但并不应将态度、信仰与行为的改变直接施加于少年犯，因为其不会因威吓而变好。改变只能从青少年的内部发生，让其自行选择——选择采取积极的行为，寻求更正面的同伴，去实现更积极的目标。[1]

第三节　美国少年犯机构化处遇的原则

美国少年犯机构化处遇不仅有目的和任务，在具体的处遇实践中还有很多原则需要遵循。例如，威斯康星少年犯矫正局就规定了 11 条关于少年犯机构化处遇的原则。[2]但本书所研究的美国少年犯机构化处遇的原则，并非是处遇机构内部的管理组织原则。从总体上看，当前美国少年犯机构化处遇至少有以下原则需要遵循：

一、教育原则

教育原则是自少年机构化处遇源起时就被确立的原则。美国于 1825 年 1 月 1 日成立"纽约庇护所"（New York House of Refuge）的创设目的即是为少年提供机构内"教育"。在实际运作中，虽然其希望仿照学校教育之实施方式，但却仍依循一般

---

[1]　See Richard A. Mendel, *The Missouri Model*, Baltimore: The Annie E. Casey Foundation, 2010, pp. 37~38.

[2]　See "Division of Juvenile Corrections Guiding Principles", http://doc. wi. gov/ documents/web/familiesvisitors/juvenileservices/missiongoalsguidingprinciples/djc%20 mission%20goals%20guiding%20principles. pdf.

成人监狱之运作方式，通过劳动教育、技艺训练甚至是体罚等较为军事化的管理方式，与"学校教育"之目的仍有相当大之偏差，似乎仅是名义上的改变。之后，各州政府开始介入少年机构化处遇机构的运作，出现称为少年教养院、少年工业学校、少年训练学校的机构，尽管名称有异，但这些机构都是希望从原先之庇护所模式转向学校模式，进而矫正少年不良行为。这些机构虽然大多强调摆脱原先庇护所之弊端，但管理人员却仍无法抛弃庇护所管理少年之手段，或是将少年视为廉价劳力，或是通过鞭打体罚等相类似方式管教少年。时至今日，虽然少年机构化处遇的教育项目越来越多，甚至有不少处遇机构还带有"学校"之名，但其仍然与一般学校所采行之教育方式相差甚远，容易让"爱心"变质成"控制"与"惩罚"。

不过，也存在一些发展较好的少年机构化处遇方式。例如，美国密苏里州少年机构化处遇就对教育原则贯彻得比较彻底。根据美国犯罪委员会的估计，全国处于少年犯机构化处遇中的少年犯在处遇期间一年的学习量只能相当于正常学校的学生的25%。[1]但是在密苏里州，每一个少年犯在进入机构化处遇机构时和被释放时都要进行标准化学术测试，其学习进展程度至少相当于公立学校的75%。此外，还有90%的少年犯在处遇期间拿到了高中学分。[2]密苏里州在帮助少年犯取得GED资格或高中文凭方面也表现不错。例如，2008年，密苏里州有278名少年犯通过GED考试，36名获得了高中文凭。而俄亥俄州、南卡罗来纳州等虽然处遇人数比较多，但是通过GED考试和取得

---

〔1〕 See Kelly Dedel, *Assessing the Education of Incarcerated Youth*, San Francisco, CA: National Council on Crime and Delinquency, 1997.

〔2〕 See Richard A. Mendel, *The Missouri Model*, Baltimore: The Annie E. Casey Foundation, 2010, p. 10.

高中文凭的比例和总人数都并不高。[1]

二、鼓励原则

鼓励原则就是鼓励少年犯作出改变，提高少年犯作出改变的自信，帮助其构建正确的人生目标。所有的少年犯都渴望被认可、被接受并有所成就，每个少年犯都想要成功并可以成功。[2]但是，多数被关押的少年犯都缺乏成为一个优秀学生或最终在主流社会中成功工作的自信。在原有思维理念和行为模式的禁锢下，少年犯主动作出改变非常艰难，旧有的禁锢很难被挣脱。这种改变的困难不仅仅针对少年犯，毕竟，所有人在面临改变时都会感到恐惧。但是，少年犯处遇机构在实践中发现，少年犯一旦确定工作人员是真诚地关心他们，并期望他们取得成功，其对于改变的回应就会变得极佳，会迅速克服困难。[3]

少年犯机构化处遇实施得比较好的密苏里少年局发现，鼓励对于少年犯的自我改变非常重要。密苏里少年局发现关押的许多少年犯中多数是被家庭遗弃的，或是来自贫困、有毒瘾的家庭以及被贫困与犯罪侵蚀的社区，从未遇到过可以作为人生榜样的导师。因而，让少年犯在教室里完成学习并与少年局员工建立积极的人际关系对少年犯形成健康的心态及守法的人生方向至关重要。密苏里少年局员工通过帮助少年犯积极回应自己的想法与感受，并以自尊和感恩相待，教会了他们认清现实、明确未来生活的目标。密苏里少年局还发现，少年犯愿意参与

〔1〕 See Richard A. Mendel, *The Missouri Model*, Baltimore: The Annie E. Casey Foundation, 2010, p. 10.

〔2〕 See Richard A. Mendel, *The Missouri Model*, Baltimore: The Annie E. Casey Foundation, 2010, p. 37.

〔3〕 See Richard A. Mendel, *The Missouri Model*, Baltimore: The Annie E. Casey Foundation, 2010, p. 37.

处遇，并在安全、养育且没有责备的环境下接受新的指导，听从他们信赖的成年人的指导，被鼓励尝试新的行为模式，并得到耐心、接受与尊重。[1]

三、表达原则

所有行为，无论具备多大有害性或不适应性，都存在某种潜在的情感目的。因此，在处遇过程中，青少年的情感表达不应被评判，以免少年犯抑制其情感进而失去个人成长的宝贵机会。总体上，少年犯实施犯罪往往会基于各种各样的原因。例如，一些是贫困、父母支持缺位、成长环境混乱以及学校差等因素共同导致了其有行为问题与学习障碍；一些失足少年犯是因为早年受到虐待、忽视或有心理创伤才长期实施犯罪；还有一些少年犯只是为在青少年时期寻求刺激而吸毒或交友不慎，加入帮派或渴望迅速发财。但是，少年犯在总体上都存在情感上不够成熟的问题——不能正确审视自己内在的行为模式，缺乏辨明是非的能力，不能分辨事实与想象，也缺乏与人沟通交流的能力。因此，表达原则在少年犯机构化处遇中就显得非常必要了。

表达原则在密苏里州少年机构处遇模式中被贯彻得很好。密苏里少年局对那些因为早年受到虐待、忽视或有心理创伤才长期实施犯罪的少年犯进行了积极引导，引导其表达出其内心的真实想法，从而找出自身行为或心理问题上的潜在困难，并在情况更严重前想办法克服。而当矫治中的少年犯违反规定时，密苏里少年局认为最佳的应对措施并非是以单独隔离或其他方法进行惩罚，而是追根究底地让少年犯回答问题，以使其明白

---

[1] See Richard A. Mendel, *The Missouri Model*, Baltimore: The Annie E. Casey Foundation, 2010, p. 37.

问题行为的根源，理解其自身的真正需求，以帮助少年犯对自身行为作出积极的回应。[1]

四、均衡原则

均衡原则是限制对少年犯采取惩罚性处分的一种手段，要求对少年违法犯罪的严重性进行公平的评估，不仅应当根据少年犯违法犯罪行为的严重程度，还应当与少年犯本身的个体情况（如社会地位、家庭情况、再犯风险等）[2]、社会环境（如社区风气、同侪影响等）等相适应。《联合国少年司法最低限度标准规则》中就有关于少年犯处遇均衡原则的规定，即"少年司法制度应当强调少年的福利，并应确保对少年犯作出的任何反应均与其犯罪和违法行为相均衡"。在《联合国少年司法最低限度标准规则》确立的诸多原则中，均衡原则被认为在全世界范围内产生了较大影响，在全世界各国政治、经济、文化和立法条件千差万别的情况下得到了世界各国的一致认同。[3]《联合国儿童权利公约》第 40 条第 4 款也规定了对少年犯的处遇应当符合比例要求，即"应采用多种处理办法，诸如照管、指导和监督令、辅导、察看、寄养、教育和职业培训方案及不交由机构照管的其他办法，确保处遇儿童的方式符合其福祉并与其情况和违法行为相称"。[4]

美国少年犯机构化处遇中也非常注重均衡原则，在确定少

〔1〕　See Richard A. Mendel, *The Missouri Model*, Baltimore: The Annie E. Casey Foundation, 2010, p. 37.

〔2〕　参见胡春莉：《未成年人刑罚制度研究》，武汉大学出版社 2012 年版，第48 页。

〔3〕　参见沈玉忠：《未成年人犯罪特别处遇研究》，中国长安出版社 2010 年版，第 58 页。

〔4〕　参见《联合国儿童权利公约》第 40 条第 4 款。

年犯处遇机构类型以及处遇期限的时候，要与少年犯犯罪行为的严重程度、再犯可能性、对被害人的补偿等情形相均衡。有些州甚至制作了详细的量表，根据量表确定少年犯处遇机构类型及其处遇期限。例如，密苏里州就采用"风险-需求"程序来测试少年犯的再犯风险、过去与当前犯罪行为的严重程度以及处遇需求。根据测量结果，管理人员会确定与少年犯再犯风险及行为严重性相均衡的处遇安置，其选择可以用一个表格表示。其中，再犯风险分为高、中、低三等，对应的分值分别为2~10、11~17、18~22；犯罪行为严重程度也分为高、中、低三等，对应的分值分别为2~5、6~9、10+。最后根据量表确定处遇期限（参见表10）。

表10　密苏里州少年犯处遇期限确定量表

处遇期限		再犯风险及其分值		
		低严重性 2~5	中严重性 6~9	高严重性 10+
犯罪行为严重程度及其分值	低严重性 2~5	一般安全住宿式处遇 6个月到9个月	安全住宿式处遇 9个月到12个月	安全住宿式处遇 9个月到12月以上
	中严重性 6~9	社区基础住宿式处遇 4个月到6个月	一般安全住宿式处遇 6个月到9个月	安全住宿式处遇 9个月到12月以上
	高严重性 10+	非住宿式处遇 1个月到6个月	社区基础住宿式处遇 4个月到6个月	一般安全住宿式处遇 6个月到9个月
		低等风险 2~10	中等风险 11~17	高等风险 18~22

五、社会化原则

基于群居本能，人的一切都被打上了社会生活的烙印，故而人的本质属性在于社会性。有学者认为："在现实的人类生活中，由于每一个社会个体都不可能是孤立的实体，自诞生之日起，他就生活在社会之中而接受人类普遍经验的影响。"[1]所以，美国学者默顿认为，个体成长都不可避免地会经历一个由生物人向社会人转变的过程，即"人们从他们当前所处的群体或他们试图加入的群体中，有选择地获取价值和态度、兴趣、技能和知识——简言之，文化的过程指的是社会学习的角色。"[2]因此，人们为满足社会秩序和群体利益的需要，而不得不压抑桀骜不驯的原始冲动，接受和认同社会规范的约束，以适应和融入社会生活。在社会化的过程中，人类的趋利、性欲、功绩等天性固然存在，但是社会个体在秩序意识和价值理念的指引下，不至于沉溺于原始欲望而不择手段。至今，社会生活各个领域普遍存在的社会化形态已经将占据主导地位的观念形态、文化操守、善恶标准等认知和评判机制内化为道德情操的一个部分，从而使得社会成员形成了稳固的自控和抑制能力。[3]

少年犯实施犯罪行为其实是一种社会化缺陷的表现，为社会主流文化意识所不容。与成人犯相比较，少年犯还不能清醒地意识到自己犯罪行为的意义与结果。[4]因此，要让少年犯接触社会、了解社会，了解社会与他的关系，了解社会共同体的主流规则，使他们感知到自身行为的责任，并在此过程中提高

---

〔1〕　参见高申春：《人性辉煌之路：班杜拉的社会学习理论》，湖北教育出版社 2000 年版，第 91 页。

〔2〕　参见［美］罗伯特·K. 默顿：《社会研究与社会政策》，林聚任等译，生活·读书·新知三联书店 2001 年版，第 21 页。

〔3〕　参见刘最跃：《论未成年犯的教育改造》，天津大学出版社 2013 年版，第 15~16 页。

〔4〕　参见刘最跃：《论未成年犯的教育改造》，天津大学出版社 2013 年版，第 16 页。

责任能力。美国少年犯机构化处遇近来逐渐重视少年犯的社会化问题，也有越来越多的机构将社会化作为处遇少年犯的原则。例如，《威斯康星少年犯矫正局少年犯机构化处遇指导原则》有多条规定均指明对少年犯进行处遇要结合社会。其第 1 条提出"要在社会层面促进犯罪预防和及早干预的努力"，第 3 条提出"要在少年犯机构化处遇中实践恢复性司法的理念"，第 9 条提出"要为促进成功的社会再融入提供相关资源"，第 10 条提出"要与家庭、县和其他社会机构合作以培养少年犯的正面能力"。[1]

六、个别化原则

1870 年，美国的"监狱与感化院纪律全国会议"（National Congress of Penitentiary and Reformatory Discipline）以犯罪者社会复归为目标所揭示的处遇个别化原则首度将处遇焦点由"犯罪"移至"犯罪者"。此次会议主要针对过去监所处遇的缺失提出批判：受刑人过着单一、隔离、非人性化的生活，改革的重点在于广泛的裁量权、建立起分类鉴别的处遇计划、实施个别化处遇、不定期刑、强调社会复归等，要着重收容者的个别差异性，依其差异而作相应的处遇。此思潮影响了美国的少年犯处遇模式。要想使此种个别化司法发挥实效，就必须要有受过专业训练的相关执行人员去实施非惩罚及个别化的服务，并且需要充实相关设施，以配合调查程序、精神鉴别、保护处分等处遇工作的进行，亦即在个别化处遇的理念下，须有"人"与"技

---

〔1〕 See "Division of Juvenile Corrections Guiding Principles", http://doc. wi. gov/documents/web/familiesvisitors/juvenileservices/missiongoalsguidingprinciples/djc%20mission%20goals%20guiding%20principles. pdf.

术"的适当配合，进而发挥个别化司法的效用。[1]

此外，个别化处遇理念在科学上亦找到了"医疗模式"（Medical Model）作为理论依据。早期，由于犯罪学与心理学还不十分发达，因而对于犯罪少年的处遇，国家仅以人道主义的善意来调整少年环境。直至19世纪后半期至20世纪初，在心理学及社会学、精神病学研究兴起的影响下，将刑事司法及其处遇系统类比于医疗系统的新模式得以兴起。此种医疗模式就是将医疗系统的"诊断"及"分类"分析方法导入少年犯处遇，让刑事司法借用其分析方式以达到科学化。因此，处遇机构力求探索犯罪者的犯罪原因，分析是否存在家庭背景因素抑或是社会环境因素，并针对此犯罪原因给予有效的环境调整及矫治处遇，并且强调"需对影响各个少年之性格形成及犯罪行为的全部要素加以科学研究"，针对少年犯罪因素的科学性说明，相应给予个别化处遇。同时，医疗模式的兴盛使得处遇型态呈现多样化，新设了各种设施，开发了许多设施内处遇的计划。

随着当今心理学、精神医学、脑神经科学等对少年犯与成人的区别及其个性化有了更深层次的认识，少年犯机构化处遇与科学结合得更为紧密，在实践上也得到了更多认同。例如，《威斯康星少年犯矫正局少年犯机构化处遇指导原则》中至少有两条专门规定了少年犯处遇的个别化问题，即第2条"提供个别化与（符合少年文化感知特点的）文化回应性的处遇项目"和第11条"在识别每个少年犯特殊性的基础上发展与实施个别化的案例管理计划"。[2]密苏里少年局熟知并牢记每一位少年犯

---

〔1〕　刘日安：《中美少年法》，汉苑出版社1979年版，第52页。

〔2〕　See "Division of Juvenile Corrections Guiding Principles", http://doc. wi. gov/documents/web/familiesvisitors/juvenileservices/missiongoalsguidingprinciples/djc%20mission%20goals%20guiding%20principles. pdf.

的情况。少年犯的犯罪行为都是基于不同的个人情况所作出的选择，每个人最终也都会基于个人原因，选择是否要改变与成长。[1]

本章小结

美国少年犯机构化处遇的目的并非是唯一的，而是多样化的、体系化的，主要包括威慑、矫治、应报与隔离等四个方面。但是强调的重点有所不同，这些目的在有些时候或者在有些司法区之间可能是冲突的。美国少年犯机构化处遇的任务是通过其自身的实现达到美国少年犯机构化处遇的目的。美国少年犯机构化处遇的任务至少有减少少年犯罪、保障社会安全、促进责任承担和提升少年能力四个方面，这也在不少美国少年犯机构化处遇实践部门的自我定位中得到了印证。美国少年犯机构化处遇不仅仅有目的和任务，其在具体的处遇实践中还有很多原则需要遵循。总体上来看，当前美国少年犯机构化处遇至少需要遵循以下原则：教育原则、鼓励原则、表达原则、均衡原则、社会化原则、个别化原则。

---

〔1〕 The Annie E. Casey Foundation, *The Missouri Model-Reinventing the Practice of Rehabilitating Youthful Offenders*, Baltimore, Maryland, 2010, p. 37.

实体支撑：美国少年犯机构化处遇的组织类型

美国少年犯机构化处遇有赖于多样化的组织类型才能从理念走向实体。由于美国各州少年犯机构化处遇的组织类型和处遇程序并不完全相同，同一类型处遇机构的安全级别在不同的州可能存在差异，且不同的州安全级别分级档次也有差异，这使得我们很难按照某单一顺序来排列美国少年犯机构化处遇的组织类型。因此，为了便于把握美国少年犯机构化处遇组织类型的体系，本书将结合少年犯处遇时间先后和少年犯处遇组织类型的常见程度来排列其先后顺序，并没有采取单一标准。

第一节　少年拘留中心

一、少年拘留中心的概念

"少年拘留中心"（Juvenile detention center）旨在暂时关押少年犯，以便于等待针对少年犯的听证、审判或者进一步的安置决定。少年拘留中心亦被称为"少管所"（Juvenile halls），其通过将少年犯安全管束在拘留中心内，确保少年犯能够按时顺利出庭，同时也能够暂时性地保证被害人与社会的安全。在现代意义上，少年拘留中心的设立目的并不在于惩罚少年犯，少年犯在拘留期间会受到国家基于国家亲权理念的辅助与帮助。

作为一般监禁机构的替代措施，少年拘留中心于 19 世纪末诞生，其最初的目的是将可能在审判前逃逸或再犯罪的少年嫌疑人临时性地羁押在独立的机构里，实现审判前成年人与未成年人的分开羁押。起初，这类机构并没有统一的名称，一直到 1989 年才被统一称为少年拘留中心。但是由于少年拘留中心一直具有不透明性，很多人呼吁对少年拘留机构进行改革。其中以 1988 年佛罗里达州保罗伍德县少年拘留中心的被拘留者对该中心和该州健康与矫正局提起的集团诉讼最为著名。这个案件持续了 5 年，直到 1992 年才以调解结案。该案具有开创性意义，成了后来美国少年犯机构化处遇改革和诉讼的典范。因为该案从一开始就以减少双方的对抗，最终将问题解决为目的，为此，原告方放弃了经济赔偿请求，被告方则开始以"生活质量"为主体进行监禁改革，积极降低少年拘留率，改善拘留条件，大量适用居家监禁。1990 年，佛罗里达州还通过了《少年司法制度改革法》，对此次改革的一些精神和措施予以确认。2000 年，佛罗里达州通过立法针对拘留的决定设置了严格的客观标准，在全州范围内建立了少年犯罪和监禁的信息体系，并要求州司法局长每年都要向立法和司法机关通报相关进展。[1]

目前，一年大约有 60 万的少年进入了拘留中心。[2] 1991 年针对少年拘留中心的一项调查显示，全美共有公立少年拘留中心 335 所、私立少年拘留中心 28 所。1990 年，共有 569 902 名青少年被关押于少年拘留中心，多为被指控为重罪的 16 岁男性青少年。但是，实际上，大约有 170 万的青少年进入了少年司

---

〔1〕 参见唐亮："美国少年拘留制度改革"，载《青少年犯罪问题》2002 年第 4 期。

〔2〕 Dale G. Parent, "Conditions of Confinement", in Rolando V. del Carmen and Chad R. Trulson, *Juvenile Justice - the System, Process, and Law*, Thomson Wadsworth, 2006, p. 346.

法程序，其中大概只有 20% 被留置以待之后的司法程序，其余大多数会在"接收"（intake）程序中被释放。[1]

二、少年拘留中心的运作

多数少年拘留中心隶属于县管理，其他则由州机构、市政府或县政府、福利部门以及少年法庭管理。康涅狄格州、佛蒙特州、特拉华州以及波多黎各州直接负责少年拘留中心的管理；佐治亚州、马萨诸塞州、新罕布什尔州、罗德岛与马里兰州则由地方负责管理拘留机构。

少年拘留中心拘禁的通常是犯罪行为较为严重的少年犯，因为这些少年犯被认为对社会安全和审判程序的有序进行具有威胁。但也有不少少年犯仅仅是因为违反法庭命令便被拘留的。在大部分地区，拘留的决定都没有客观可行的标准，即便有规则也非常模糊，警察、缓刑官、法官都享有绝对的裁量权，而且缺乏有效的监督审查，而少年拘留中心通常也会与决定机关达成默契。被少年拘留中心拘留的少年可以被分为四类：拘留在此等候听审的少年；拘留经过听审并且等待移转的少年；被当成处遇的对象而被处遇的少年；被当成试验观察的对象而被试验观察的少年。[2] 少年拘留中心的少年犯多为被控犯有重罪的 16 岁男性青少年。在这方面，佛罗里达州制定了相对客观化和定量化的标准，在制定法上列举了决定拘留必须要考量的因素：违法行为严重程度、公共安全的长远需要、前科记录、孩子的矫正需要、一定程度上对被害人的补偿。同时，禁止以下

---

〔1〕　See Dale G. Parent, *Condition of Confinement*, Washington D. C. ： Office of Juvenile Justice and Delinquency Prevention, 1994, pp. 26~27.

〔2〕　Dale G. Parent, "Conditions of Confinement", in Rolando V. del Carmen and Chad R. Trulson, *Juvenile Justice - the System*, *Process*, *and Law*, Thomson Wadsworth, 2006, p. 346.

列原因拘留：为了使父母逃避监护责任；为方便侦查和审讯；作为强化管理的手段；没有其他合理的替代方式；谋求将危险的评判标准量化，如规定"极可能成为严重罪犯的少年"等数条判断标准。以某条为例："曾被捕十次或十次以上，其中至少两次因重罪被捕，并且至少有三次被捕发生在最近的 12 个月内。"其他数条也是对数量和罪名的不同组合。[1]

从拘留期限上看，平均的拘留时间是 15 天。[2]离家出走、饮酒犯罪等身份犯少年的拘留时间通常较短，一般不超过 24 小时，随后便将会被转移至其他安置机构。但是也有些重罪少年犯可能需要拘留长达数月或数年，在等待最终的判决结果后再转移至其他处遇机构。例如，根据"功能性家庭治疗"（Functional Family Therapy）项目 2017 年的报告，纽约州少年迈克就曾在赫莱森少年拘留中心被关押了 18 个月。迈克在 16 岁的时候就加入了少年团伙，其他成员在实施犯罪之后会将枪支给迈克，但实际上，他并没有参与其他成员的犯罪行为。迈克虽然没有犯罪记录，但之后仍被控二级持枪犯罪，面临高达 3.5 年至 15 年的有期徒刑（除非有替代性处遇可资利用），但由于迈克没有钱保释，导致其只能一直被少年拘留中心羁押。在最终判决结果出来之前，他在少年拘留中心已经被羁押了 18 个月。[3]

---

〔1〕 不可否认，这是一种有益的探索，但是我们不难发现其中的尴尬之处：标准量化自然便于操作，然而却失之武断，法官的主观裁量是不可替代的。可是如果没有量化标准，所有的主观描述将永远是模糊的，不足以限制裁量权的滥用。参见唐亮："美国少年拘留制度改革"，载《青少年犯罪问题》2007 年第 4 期。

〔2〕 See Dale G. Parent, *Condition of Confinement*, Washington D. C. : Office of Juvenile Justice and Delinquency Prevention, 1994, pp. 29~30.

〔3〕 See Judge Michael Corriero, Maris Schwartz and Catherine Boatwright, "FFT Alternatives for Adolescent Offenders Should Be Institutionalized Within System", http:// jjie. org/2017/01/02/fft-alternatives-for-adolescent-offenders-provide-better-outcomes-should-be-institutionalized-within-system.

在短期拘留期间，为确保少年犯在拘留期间能够保持身心健康，少年拘留中心会给少年犯提供教育、休闲、健康、评估、心理咨询以及其他矫治干预服务。不同的少年拘留中心提供的服务并不相同，但是通常而言，少年拘留中心提供的项目和服务是根据少年犯的需求进行调整的。其中，教育是最为重要的，也是少年拘留中心必须提供的矫治项目。美国联邦最高法院在1981年的"Green v. Johnson 案"指出，少年犯在被羁押期间享有受教育的权利。美国各个州的少年拘留中心提供的教育项目是各种各样的，关于教育设施、教育内容、教育课程等并没有统一标准，有些州会统一监管少年拘留中心的教育项目，有些州则允许少年拘留中心依据自己情况设定教育项目。

三、少年拘留中心的评价

关于传统的少年拘留中心有很多恐怖故事流传，一些曾在里面关押的人员描述过里面不人道且危险的环境。幸运的是，在过去的20年里，美国已显著提升了拘留中心的居住环境。全国性的提升拘留中心标准与拘留项目创新运动为改善少年拘留中心提供了动力。例如，位于科罗拉多州卵石镇的"护理院"（Attention homes）便是成功范例。其设立目的是给予少年犯关护而非传统的拘留，其模式已被复制到其他司法管辖区。这些机构没有围栏、门亦不上锁，也没有其他的身体约束措施。他们还提供更具扩展性的项目内容，且青少年与工作人员之间的互动更多。"家庭拘留"（home detention）是一种非居住式的拘留，最早实践于圣路易斯、纽波特纽斯、诺福克以及华盛顿特区，现已普及至全国范围。[1]

---

〔1〕 See Clements Bartollas and Stuart J. Miller, *Juvenile Justice in America*, New Jersey: Prentice Hall, Inc., 2009, pp. 317~318.

虽然在一些方面取得了较大改进，但美国的少年拘留中心仍然存在一些问题。根据 1991 年一项针对少年拘留中心的调查，尽管青少年正处于亟须干预与支持的特殊时期，但 62% 的少年拘留中心仍不提供任何的矫治项目。[1]目前，部分少年拘留中心会通过与当地教育局或学区联合，派出部分老师到中心任教，但是这种权宜性的手段根本无法达到教育的目的，被拘留者的不配合使老师的积极性大受挫折，其效果可想而知。而一些地方甚至连临时性的教育都没有，更不用谈其他的安全辅导、心理疏导等专业帮助项目了。由于缺乏正常教育，加之少年的可塑性和传习性都要强于成年人，所以被拘留者之间的"交叉感染"，甚至于犯罪方法的互相传授成了孩子们唯一可以有效进行的"学习"。[2]

少年拘留中心在物理和体制上的隔离性，以及采用措施的强制性，也会打击孩子的自我认同和自信心，同时还会造成少年犯对社会产生逆反和报复心态。因此，少年拘留中心的少年犯大部分都有严重的由精神挫折导致的障碍，这导致了少年拘留中心人员的自杀率很高。例如，每个月，每 100 名青少年里就有 4.59 名自杀或试图自杀，而在"接待中心"（reception centers）、训练学校与"劳改牧场"（ranches），这个数字分别仅为 2.02 名、1.48 名和 1.1 名。[3]

少年拘留中心面临的另一问题是越来越多的中心开始采用器械约束并使被关押者与外界隔离。1991 年，97% 的受访机构

〔1〕 See Dale G. Parent, *Condition of Confinement*, Washington D. C. : Office of Juvenile Justice and Delinquency Prevention, 1994, p. 120.

〔2〕 参见唐亮："美国少年拘留制度改革"，载《青少年犯罪问题》2007 年第 4 期。

〔3〕 See Dale G. Parent, "Condition of Confinement", Washington D. C. : *Office of Juvenile Justice and Delinquency Prevention*, 1994, p. 120.

表示其使用手铐，55%的机构使用脚镣，18%的机构使用"安全绑带"（security belts），13%的机构使用"全身束缚器具"（four-point ties），2%的机构则承认对少年犯使用"约束衣"（strait-jackets）。调查同时发现，相比于训练学校，拘留中心有更高的短期或长期单独监禁比率。[1]并进一步显示，40%以上的少年拘留中心管理人员并不清楚自身的职能，认为有必要对被拘留者采用强硬的纪律手段，使之明白"谁在管他/她"。[2]

第二节　少年庇护所

一、少年庇护所的概念

"少年庇护所"（Juvenile Care Shelter）会为少年犯提供非安全级别的、居住式的暂时安置服务，是一个短期并且没有安全设施的机构，也可以说是半完全机构，又被称为"庇护之家"（shelter homes），主要是对少年犯给予短期的照护，其主要是针对身份犯少年的措施。其他犯罪少年有时也会被送至此处，但是只发生在未能有其他适合的场所时，或是少年刚从保护管束或机构化设施内被送至此处。由于少年庇护所针对的是那些不可以被拘禁的少年，所以少年在尚未被分类之前，也有可能会被送至此处。少年庇护所在少年司法中发挥了重要的功能。通常来说，少年庇护所管护中的少年犯都面临着某种自身危机或处在艰难的过渡期中。根据1999年对短期庇护所中处于家庭危机的

---

〔1〕　See Dale G. Parent, "Condition of Confinement", Washington D. C. : *Office of Juvenile Justice and Delinquency Prevention*, 1994, pp. 180~181.

〔2〕　Gordon Bazemore and Todd J. Dicker, "Juvenile Justice Reform and the Difference it Makes: An Exploratory Study of the Impact of Policy Change on Detention Workers'a Attitudes", 40 *Crime & Delinquency*, 1994 (1): 37~67.

青少年的一项评估，62%的青少年最终都得以回归家庭，还有35%的青少年随后居住在"非机构化的处所"（noninstitutional set-tings）。[1]

早在 20 世纪 70 年代，少年庇护所这种设施便已存在。例如，1974 的《少年司法犯罪预防法》（Juvenile Justice Delinquency Prevention Act）打算把所有的身份犯少年以及未达到一般犯罪的少年从正式监禁的设施中释放，这导致少年庇护所逐渐增加。虽然没有精确的计算，但是全美少年庇护所的总数大约为 700 间~1300 间。[2]由于还有私人成立的相关机构，所以这个数字应该更大。

二、少年庇护所的运作

少年庇护所通常被认为像一个"公车停靠站"，[3]未实施一般犯罪或重大犯罪的少年，可以停留于此等待下一步的安置或释放。少年在庇护所停留的时间，可能从一个晚上到数个星期，平均为 15 天至 1 个月。[4]对于身份犯而言，他们必须在少年庇护所里面停留到找到他们的家长，并且可以安置他们为止。例如，少年因为违反宵禁而被拘捕，但是警方找不到他们的父母，这时候警方就会把他们送至少年庇护所中留置。对于无法

---

[1] Teare et al. "Placement Stability Following Short-Term Residential Care", 8, *Journal of Child and Family Studies*, 1999（8）：59~69.

[2] See "Inventory of Mental Health Services in Juvenile Justice Fasilities", http://www. mentalheath. org. publications/allpubs/SMA01-3537/TableC1. asp, 2016-07-25.

[3] See Rolando V. del Carmen and Chad R. Trulson, *Juvenile Justice-the System*, *Process*, *and Law*, Thomson Wadsworth, 2006, p. 348.

[4] 早期也存在部分"长期庇护所"（long-term shelter），可将少年犯庇护一年以上。See Koehn et al., "Palm Beach County Child Abuse and Neglect System Rede-sign：Initial Process Evaluation", 10, *Journal of Child and Family Studies*, 2001（2）：245~254.

独立或是没有良好教养的少年，少年庇护所可以提供短期的留置，一直到找到为少年提供更好照护的地方。失去教养的儿童停留的时间通常比少年犯还要长，因为找到一个更适合的场所并非易事。但是无论如何，这为州政府提供了一个选择。

少年庇护所可以为少年犯提供广泛的服务。根据希克斯·库里克等人的统计，少年庇护所根据不同情况，向少年犯提供服务计划与评估、医学筛查、个人与集体咨询、"庇护教育"（in-house education）以及餐饮娱乐等服务。[1]一些少年犯还会接受后续安置或职业培训服务。少年庇护所通常提供结构化的日常时间安排和紧密的互动，并允许有限的访客探访。2006年的"少年犯设施居住调查"（Residential Census of Juvenile Facilities）显示，多数受访的庇护所都为私立，且接近半数都只庇护10名以下少年犯。

有些地方利用少年庇护所管护待决少年犯，以作为更高安全级别封闭设施的替代举措。[2]这尤其适用于身份犯，因为根据《少年司法犯罪预防之身份犯去机构化法》（Juvenile Justice Delinquency Prevention Act's Deinstitutionalization of Status Offenders），将身份犯关押在封闭式的机构中违反联邦法规（但也有例外情况）。

被安置于少年庇护所的少年犯通常都是遭受虐待、忽视，患有心理疾病或曾有前科的。[3]因此，少年庇护所中的许多少

---

〔1〕　Hicks-Coolick et al.，"Homeless Children：Needs and Services"，32，*Child and Youth Care Forum*，2003（1）：197~210.

〔2〕　Sara Mogulescu and Gaspar Caro，*Making Court the Last Resort：A New Focus on Supporting Families in Crisis*，Washington D. C.：Vera Institute of Justice.

〔3〕　Litrownik et al.，"Youth Entering an Emergency Shelter Care Facility：Prior Involvement in Juvenile Justice and Mental Health Systems"，25，*Journal of Social Service Research*，1999（1）：5~19.

年犯都因其特殊需求而面临情感或行为问题。少年庇护所可以为少年犯提供某种形式的稳定和协助，但其仍需解决霸凌、盗窃私产以及过度拥挤等问题。[1]

在少年庇护所之中，设施通常是不上锁的，因为在少年庇护所中的少年是属于不得监禁的类型，但是基于《少年司法犯罪预防法》（Juvenile Justice Delinquency Prevention Act）的规定，他们实际上是被作为身份犯少年对待的。在未得允许的情况下，其是不得外出的，不过，在通常的情形中，少年得以在家人或保护官的陪同之下出外过周末或是去学校。可预见的是，虽然设施并不上锁，但是少年的行动仍然受到限制。例如，有些少年觉得他们仍然被拘束，只因为他们犯了轻微罪行或是父母未能提供良好的教养。[2]

三、少年庇护所的评价

2006 年一项对"短期管护少年犯管理项目"（Managing Youth in Short-Term Care program）情况的评估表明，少年庇护所员工对少年犯的管理情况较为理想，不存在针对少年犯的暴力行为或其他不良行为。[3]该项目由国家资源与培训中心下属的"男孩与女孩镇"（Girls and Boys Town National Resource and Training Center）负责，采用"少年社会技能培训课程"（Teaching

---

[1] Melanie M. Dalton and I. Pakenham Kenneth, "Adjustment of Homeless Adolescents to a Crisis Shelter: Application of a Stress and Coping Model", 31, *Journal of Youth and Adolescence*, 2002 (1): 79~89.

[2] Rolando V. del Carmen and Chad R. Trulson, *Juvenile Justice - the System, Process, and Law*, Thomson Wadsworth, 2006, p. 348.

[3] Barth et al., "Outcomes for Youth Receiving Intensive In-Home Therapy or Residential Care: A Comparison Using Propensity Scores", *American Journal of Orthopsychiatry*, 2007 (77): 497~505.

Social Skills to Youth curriculum）。[1]该项目凭借"治疗教育法"（therapeutic teaching method），致力于通过日常社会技能教育，提升少年犯与员工间的互动。根据评估结果，参加该课程后，少年犯遭遇的意外事件（如暴力、伤害）从 1.81 起/月下降至 1.25 起/日，而物理约束或关禁闭措施的使用率则下降了 40%，成果令人瞩目。但是离家出走比率仍然持续显著上升，并能未得到改善。

2006 年一项关于无家可归和离家出走青少年的调查显示，少年庇护所在释放青少年后，仍可有效预防青少年在未来产生酒精依赖和吸食毒品问题。密苏里、爱荷华、内布拉斯加、堪萨斯等州通过紧急庇护所、危机服务，以及出走少年服务网络，有效减少了青少年在释放后 6 周、3 个月到 6 个月内的酒精依赖和吸食毒品比率。

上述两项评估结果都显示，少年庇护所对预防少年再犯罪具有潜在的积极意义，但仍需探寻能够有效满足少年庇护所管护人群具体需求的最佳项目。

第三节　少年教养院

一、少年教养院的概念

教养院是少年矫正机构的一种。总的来说，教养院可以被定义为允许少年犯与社区深入接触的长期服刑少年机构。少年犯可以上学或工作，但教养院要求少年犯必须居住在内，不得在家居住。早在 1917 年，少年教养院就开始作为一种少年犯的

---

〔1〕　Thomas P. Dowd and Jeff Tierney, *Teaching Social Skills to Youth*: *A Curriculum for Child-Care Providers*, Boys Town, Neb.: Boys Town Press, 1992.

干预机构了。[1]"少年教养院"（Juvenile Group Home）被广泛运用于儿童福利、心理健康、少年司法和社会服务等领域。在儿童福利制度中，约有11%的"替代性看护机构"（care placements）是与教养院合作的。很多州都有少年教养院，例如肯塔基州有10个由州直接管理的少年教养院。比于其他更高安全级别的机构这些少年教养院对少年犯造成伤害的风险要小，针对各年龄段的少年犯及其不同需要提供服务。根据美国少年司法与犯罪预防办公室于2011年的调查，有超过660所的报告机构称自己为少年教养院，占所有机构化处遇机构数量的27%左右，处于其中的少年犯数量占到少年犯总数的10%。[2]在此次调查中，少年教养院和少年住宿处遇中心占到了所有少年处遇机构的一半以上，足可见这类机构之多。虽然在调查中，各处遇机构的所属类型是自己上报的，不一定完全准确，但是这至少反映了社会对这类机构的热衷程度。

在社会服务持续关怀的制度框架下，少年教养院的管束程度低于少年拘留中心，但又高于在家监禁，其安保级别与封闭式机构相反。其对少年犯的监管往往由员工进行，而不是通过物理隔绝的封闭方式，对少年与社会的接触限制相对比较少。[3]少年教养院会尽力使机构处遇的负面效应降到最低，当青少年进入居住式设施时，其不会感觉到这是一所矫正机构或监狱，因

---

〔1〕 Ryan et al., "Juvenile Delinquency in Child Welfare: Investigating Group Home Effects", *Children and Youth Services Review*, 2008.

〔2〕 Hockenberry et al., *Juvenile Residential Facility Census*, 2008: *Selected Findings*, Washington D. C.: U. S. Department of Justice, Office of Justice Programs, Office of Juvenile Justice and Delinquency Prevention, 2011.

〔3〕 See Joseph P. Ryan et al., "Juvenile Delinquency in Child Welfare: Investigating Group Home Effects", http://www.acy.org/upimages/Group_ Home_ Study.pdf. Accessed January 9, 2010.

为这里没有围墙或者刀片刺网。例如，密苏里少年局下设的少年教养院在入口处只有金属探测器，而没有专供来访者使用的暗门（sally port-type entries），主要生活区更像是一个大型起居室。

不过，少年教养院并没有一个标准的界定标准。从分类上来说，少年教养院通常被包括在少年犯机构化处遇体系之内。在少年教养院和其他少年犯机构化处遇措施之间的确存在着安全措施、接受人员等方面的差异，但是现有的研究文献并没有就少年教养院与其他机构划出清晰的界限。2008 年的少年犯处遇机构调查表明，有超过 100 所机构同时认为自己是少年教养院和住宿处遇中心，而这两种也是最常被人同时并称的类型。[1]

二、少年教养院的运作

在接收对象方面，与其他少年犯机构化处遇机构一样，少年教养院对于少年犯的安置也并非是随机的。一些少年福利机构中的儿童与青少年更可能被安置于少年教养院。少年教养院里的安置对象通常为男性、少数族裔和一些具有"社会性情绪"（socioemotional）与行为问题的少年，且与传统在家监禁或特殊在家监禁的少年相比，他们在此之前通常都有过犯罪前科。[2]相较于少年拘留中心，少年教养院面向年龄更小或较轻罪行的少年犯。部分少年教养院会被作为刚离开其他高安全级别住宿

〔1〕　See Curtis et al. , "A Literature Review Comparing the Outcomes of Residential Group Care and Therapeutic Foster Care", 18, *Child and Adolescent Social Work Journal*, 2001（5）：377~392.

〔2〕　See Joseph P. Ryan et al. , "Juvenile Delinquency in Child Welfare：Investigating Group Home Effects", http://www. acy. org/upimages/Group＿ Home＿ Study. pdf, Accessed January 9, 2010.

式安置中心的少年的落脚处，以在重返家庭前进一步接受更低级别的管束措施并从中受益。根据美国少年司法与犯罪预防办公室的统计，约有 28% 的被判轻罪的少年被在"家庭之外安置"（out-of-home placement）。少年法庭大量应用这些安置措施：居住式处遇中心、少年矫正机构、在家监禁与少年教养院。在剩下的案件中，54% 的少年被判处缓刑，4% 被"释放安置"（a release at disposition），剩下的 13% 则被判赔偿、罚金、社区服务或进入其他处遇机构等。[1]少年犯通常都会进入离家最近的教养院。

少年教养院的规模小于其他的居住式处遇机构，但并不统一。虽然多数少年教养院规模均为几个床位，但也有孤儿院式的具有数百人规模的少年教养院。根据美国少年司法与犯罪预防办公室于 2011 年的调查，在那些申报类型为少年教养院的处遇机构中，64% 的机构在收少年犯的数量低于 10 名，31% 的机构在收少年犯的数量在 11 名~50 名之间。1/3 的少年教养院按照其设置床位标准接收少年犯，但有 1% 的少年教养院存在超收现象。[2]

少年教养院的安全措施也并不完全相同，有 13% 的少年教养院采取了超过一种以上的监禁措施来限制少年犯的自由，例如设置大门或房间上锁。其中，通过上锁方式限制少年犯自由是其中最常用的，使用频率超过 1/5。[3]

---

〔1〕 See Lynn MacKenzie, *Residential Placement of Adjudicated Youth*, *OJJDP Fact Sheet*, Washington D. C. : Office of Juvenile Justice and Delinquency Prevention, 1999.

〔2〕 Hockenberry et al., *Juvenile Residential Facility Census*, 2008: *Selected Findings*, Washington D. C. : U. S. Department of Justice, Office of Justice Programs, Office of Juvenile Justice and Delinquency Prevention, 2011.

〔3〕 Hockenberry et al., *Juvenile Residential Facility Census*, 2008: *Selected Findings*, Washington D. C. : U. S. Department of Justice, Office of Justice Programs, Office of Juvenile Justice and Delinquency Prevention, 2011.

少年教养院处遇项目包括个人或集体心理干预、行为干预、毒品戒断处遇和社区服务等多种形式。目前，少年教养院最常采取的模式是于 20 世纪 60 年代堪萨斯大学创立并在 20 世纪 70 年代早期由"男童镇"（Boys Town）实施的"教育家庭模式"（Teaching Family Model），这种模式严重依赖于结构性行为干预矫治，对参与人员的要求很高。[1]其他一些少年教养院则主要依赖个体心理干预和团体干预等。[2]除此之外，少年教养院虽然一般不提供学术指导，但其可以通过运用"日处遇"（day treatment）或与本地公立学校合作，将教育纳入处遇项目，让所有少年犯都能通过日处遇设施回到主流公共服务领域（如公立学校）之内。

少年教养院一般由家长或轮值员工进行日常照料，并对其中的少年犯进行 24 小时监管，但是员工一般并不在少年教养院中住。一些少年教养院还会通过专门员工帮助那些有情感或行为困难的少年犯。例如，密苏里少年局下设的少年教养院机构的员工都有大学文凭并按比例拿工资，基本的人力资源足以让这些机构维持运行，这与普通的少年处遇机构有所区别。

为了更有效地利用经费，少年教养院处遇项目还为不听管教的少年犯设计了其他替代性处遇措施。例如，密苏里少年局就对所管辖的所有少年教养院进行了单独资金安排，每个少年教养院对资金运用均享有自由决定权，这使得机构可以更为自主地为不同情况和需求的少年犯购买服务，使普通服务所不能覆盖的有特殊情况的青少年从中受益。在有特殊情况的少年需

---

〔1〕　Phillips et al., *The Teaching Family Handbook*, Lawrence, Kans.：University of Kansas Printing Service，1974.

〔2〕　David Satcher, *Mental Health*：*A Report of the Surgeon General*，Washington D. C.：U. S. Public Health Service，1999.

要特殊干预或治疗时，少年教养院可以用这部分灵活资金为其购买特定的服务。过去，由于地方政府财政吃紧、预算有限，少年教养院被寄予了厚望。许多司法专家都将少年教养院视为解决少年司法预算问题的途径之一。此外，由于少年教养院处遇项目十分高效与成功，法官也会倾向于适用教养院处遇项目。

三、少年教养院的评价

少年教养院在少年犯处遇方面可以发挥不少作用。布鲁斯·萨尔兹教授认为：“少年教养院在少年司法制度中扮演很重要的角色，其提供持续性的管护，并提供广泛的服务。”[1]“得克萨斯少年任务执行机构”（Texas Juvenile Task Force）认为，少年教养院相比于传统的矫正项目能更有效地减少再犯，并提升少年对社区的适应性，即使对暴力青少年犯罪人也同样如此。[2]兰德公司的研究表明：“1/5 的参与者表示他们的生活有所改善，没有再进监狱或进行犯罪，58%的受访者已经高中毕业并拿到普通教育水平证书（GED），63%的人表示他们在过去的一年里已经在工作。”[3]凯瑟琳·A. 基里钦等人研究发现，当少年犯处于少年教养院之中时，其行为有明显改善，只是很少有证据能证明这种改变具有可持续性。[4]美国少年与家庭法院法官委

〔1〕 Bruce Saltzer, "Study: Group Homes' Mixed Results", *Los Angeles Times*, A-6 March 23, 2009.

〔2〕 Texas Task Force on Juvenile Justice, *Transforming Juvenile Justice in Texas: A Framework for Action*, Austin: State of Texas, 2007.

〔3〕 Rajeev Ramchand, Andrew R. Morral and Kirsten Becker, *Seven-Year Life Outcomes of Adolescent Offenders in Los Angeles: A Rand Report*, Santa Monica, CA: Rand Corp, March 2009.

〔4〕 See Kathryn A. Kirigin et al., "Evaluation of Teaching-Family (Achievement Place) Group Homes for Juvenile Offenders", *15 Journal of Applied Behavior Analysis*, 1982 (1): 1~16.

员会的利普西和豪厄尔在 2004 年的一项研究中指出，要提升少年教养院的长期影响，唯一的路径就是把少年教养院作为少年犯矫治连续体中的一环，而这一连续体重在关注少年犯走出少年教养院之后的矫治可持续性。[1]例如，密苏里少年局就对已经期满出院的少年设立"个案安置监督"（aftercare supervision）。个案安置监督由少年社工负责，少年社工与少年是一对一负责的关系，与少年犯的家人共同参与项目。此外，还有"追踪记录员"（tracker）对释放后的少年犯进行基础级别的个案监控。这种个案管理能够将非技术性工作交给非专业人员，分担上述人员的工作负担，进而满足矫治的目的与需要。

但少年教养院处遇仍不免因其效率问题而受到批评。很多人认为，少年犯罪人犯下重罪的比率稳步攀升意味着少年教养院处遇措施的失败。也有人认为，教养院处遇措施与其他替代性少年司法制度一样，与更高安全级别的监狱制度并没有多少不同。这导致许多州都开始改变原来的自由立场，将少年教养院处遇项目变得更严厉，甚至以传统的监禁方式取代之。对于少年教养院处遇项目的不满其实源自主流的矫治哲学思想与刑罚观的结合。华盛顿、科罗拉多、特拉华等州已先后"在少年犯罪领域引入新的法律加重其惩罚性"。[2]休厄尔·尚与斯科特·海厄姆在其文章中描绘了一幅悲剧图景："每年华盛顿特区的纳税人花费 690 万美元在教养院处遇上。一些青少年表现良好，但更多的只是被潦草地安置于一个混乱的系统中，导致青少年

---

〔1〕 James C. Howell and Mark W. Lipsey, "Promising Sanctions Programs in a Graduated System", *Juvenile Sanctions Center Training and Technical Assistance Bulletin*, 2004 (4): 1~7.

〔2〕 See A. R. Roberts, *Juvenile Justice Sourcebook: Past, Present, and Future*, New York: Oxford University Press, 2004.

与公众都被置于危险之中。"〔1〕

　　针对其效力，还有机构进行了大范围的研究。兰德公司〔2〕针对 1999 年 2 月至 2000 年 5 月间 449 名 13 岁～17 岁的被洛杉矶县法院判处安置于教养院的青少年，进行了长达 7 年的定期访问，记录其生活的改善过程。在兰德公司的跟踪访问结束时，66% 的受访者在过去的一年中又有了违法行为或染上酒瘾、毒瘾，37% 的受访者在过去的一年里被逮捕过，25% 的人在过去的 90 天里被关押在监狱。〔3〕兰德公司的长期研究是迄今为止针对教养院少年犯的最大规模研究之一。伊利诺伊大学香槟分校与加州大学洛杉矶分校的约瑟夫 P. 瑞恩等人利用"儿童与家庭服务部"（Department of Children and Family Services）与洛杉矶县提供的数据，将 4000 名在教养院处遇的少年与同等数量的家庭寄养少年进行了对比。其中所有的参与者均来自洛杉矶县的 3 个少年监禁机构。研究人员从与洛杉矶县缓刑部门合作的 7 个最大型的教养院收集被判处 9 个月～12 个月居住式处遇的受访者。每一个小项目都包含了一系列服务，如上学、毒瘾处遇与教育、家庭治疗、职业训练以及其他各种形式的咨询等。最后，研究人员在《儿童福利制度下的少年犯罪：教养院效果调查》（Juvenile Delinquency in Child Welfare：Investigating Group Home Effects）中得出了以下结论：不同于"家庭寄养"（foster care），教养院处遇显著提升了少年犯再次被逮捕的概率。前者只有

---

　　〔1〕　Sewell Chan and Scott Higham，"Costly Juvenile Group Homes Not Always Effective"，*The Washington Post*，A-1 July 14，2003.

　　〔2〕　兰德公司（Rand Corperation）是美国一家知名非营利性研究组织，详见其网站：http://www.rand.org.

　　〔3〕　该项研究由国家滥用毒品研究所资助。Rajeev Ramchand，Andrew R. Morral and Kirsten Becker，*Seven-Year Life Outcomes of Adolescent Offenders in Los Angeles：A Rand Report*，Santa Monica，CA：Rand Corp，March 2009.

8%，后者为20%。相比于白人青少年，被安置于教养院的非裔青少年遭到的逮捕概率要高出64%。多数逮捕都发生在教养院监督之下而非发生在少年犯释放之后。居住在教养院中的青少年显然有更高的因暴力与胁迫相关犯罪（threat-related offenses）而遭到逮捕的可能性。[1]

第四节　少年训练营

一、少年训练营的概念

"少年训练营"（Juvenile Boot Camp）处遇是美国现今众多处遇中最受到瞩目的一个。调查指出，现在美国大约有超过一万个训练营正在运作。[2]简单来说，少年训练营处遇是针对比较没有进一步犯罪可能性的少年设计的，也就是对于再犯可能性较低的少年，在3个月左右的时间里，施以严格的纪律并使其每天都参加训练。在早期，少年训练营可以对被施以社会内处遇的犯罪者，施加军队式的纪律以及训练，并且可以在营队中引入最新的教育处遇技法，这是其最大的特征。训练营这种处遇方式本来是针对没有军队经验的新兵的，目的是在短期间（8周）内，将新兵训练成一个合格军人。新兵训练营通常有以下五个特征：有明确阶段性目标的教育训练；培养制服、部队、长官的一体感；养成自制心；培养在团体中对于自己所要扮演

---

〔1〕　Joseph P. Ryan et al. , "Juvenile Delinquency in Child Welfare: Investigating Group Home Effects", 30, *Children and Youth Services Review*, No. 9, 1088~1099, September 2008.

〔2〕　See Doris Mackenize and Andy Rosay, *Correctional Boots Camp for Juveniles*, *in Juvenile and Adult Boot Camp*, Laurel, MD: American Correctional Association, 1996, pp. 93~119.

的角色的责任感；有克服弱点的自信。军队希望通过新兵训练营将普通的男孩训练成一个男人，并使其得以在军队中担任基本的战斗员。而后，这种训练方式被引进到了司法系统当中。[1]

正如其他"中间刑罚"（intermediate sanctions），这些项目都希望在减轻监狱拥挤的同时减少再犯。此外，由于训练营这种处遇保持了对犯罪的严厉惩罚态度，同时又对青少年实行切实可行的矫正措施，其节约成本而又兼具惩罚性的特点受到了政客与社会的欢迎。使用训练营这种处遇的优点在于，以严格的纪律为主轴，并对受处遇人加以严格的身体训练，借由纪律以及训练，使身体跟心灵都可以合乎规矩。简言之，就是希望通过这样的处遇让受处遇人拥有健全的精神。在一般民众的想法之中，尤其是针对现代社会中过着邋遢生活的年轻人，理论上即使没有相关的处遇也应该这样锻炼。

少年训练营可以针对个人化需求而有所不同。下文将介绍作为少年训练营处遇前身的成人训练营的生成背景、发展经历，具体内容，以及其是如何被改造成现今的少年训练营的。

二、作为少年训练营前身的成人训练营

（一）成人训练营的发展

第一个成人训练营是由乔治亚州矫正局于 1983 年成立的，当时的训练营采用的是军队式教育方式，即对犯罪者实行严格的训练。训练营具有有很强的身体及精神锻炼色彩，与现在的

---

　　〔1〕　参见［日］浜井浩一："アメリカにおけるフートキャンフ処遇の試み—少年フートキャンフ処遇と日本の少年院処遇との比較を中心として"，载《刑政》108 卷 8 号，1997 年，第 6 页。

训练营有些许不同。[1]为了实行严格训练的目的，常常会有职员对犯罪者施以虐待，当然，不合理的对待受到了很多的批评，但是并未影响到训练营处遇的发展。1987年，全美只有4个这样的设施，但是从1988年GAO（Government Accountability Office）[2]实施调查开始，训练营再次受到瞩目。1989年，随着针对训练营内容的研究报告被提出，[3]训练营在20世纪90年代开始有了重大的改变。20世纪80年代的训练营只以设施内的处遇作为内容，其目的在于对受刑者施以严格的锻炼，借此使受刑人有所改善。然而，20世纪90年代的训练营则是以犯罪者的更生以及社会复归为目标的。具体而言，其开始将社会内处遇包括进来，并且逐渐把教育或者是治疗的方式导入了处遇过程。[4]直至1992年，25个州以及联邦监狱局（Federal Bureau of Prisons）都加入到了实施训练营项目的队伍中。1994年，又有5个州开放或计划开放训练营项目。至此，美国全境训练营已有3000个床位。并且，这些数据还仅仅是州层面的训练营，尚未包括县一级的训练营。[5]

除了容易让人联想到军队的秩序以外，训练营在美国急速

---

〔1〕 See Jamie E. Muscar, "Advocating the end of Juvenile Boot Camp: Why the Military Model Does Not Belong in the Juvenile System", 12, *U. C. Davis Journal of Juvenlie Law* & Policy 1, 11 (2008).

〔2〕 GAO是美国议会的行政调查机关。

〔3〕 See Doris Mackenize and Andy Rosay, *Correctional Boots Camp for Juveniles*, In *Juvenile and Adult Boot Camp*, Laurel, MD: American Correctional Association, 1996, pp. 93~119.

〔4〕 参见 [日] 浜井浩一: "アメリカにおけるフートキャンフ処遇の試み―少年フートキャンフ処遇と日本の少年院処遇との比較を中心として", 载《刑政》108卷8号, 1997年, 第67页。

〔5〕 See Cliff Roberson, *Juvenile Justice: Theory and Practice*, Taylor & Francis Group, 2010, p. 265.

发展的另一个原因是在 1990 年初期，美国的矫正设施开始呈现出严重的过剩庇护问题。而训练营处遇刚好可以缓和这个问题，训练营本身可以说是介于设施内处遇（自由刑）与社会内处遇（缓刑制度）之间，也就是说，它是一种代替完全监禁刑的处遇手段，受刑人如果自愿选择了训练营处遇，可以缩短他们的刑期。20 世纪 90 年代以后，训练营进行了改良，这个时期的训练营处遇的特征在于，在军队的纪律之中，辅以短期、密集的处遇，同时又与温厚的社会内处遇相结合。自 1991 年开始的 5 年里，美国实施训练营处遇的设施增加了 3 倍，这一时期成了少年矫正的分界点。[1]训练营处遇的目的在于，借由持续对犯罪者课以严格的纪律以及身体的训练或工作，同时集中实施药物教育、集团咨询、社会适应训练等处遇，使犯罪者尊重权威，提高其忍耐力与自尊心，养成自律心。依据前述，训练营处遇有一个重要的特征，即是在短时间的设施内处遇的同时实施一个复合的社会内处遇，从设施内处遇阶段开始，由担任社会内处遇的保护观察官制作一个以社会复归为目的的流程，在设施内处遇流程结束之后，接续实施监控密度较高的社会内处遇。

另外，训练营处遇得以作为犯罪处遇的一个新选择，受到支持的理由还包括：这个处遇是应报主义者和改善更生主义者双方都支持的处遇方式。就应报主义者而言，对犯罪者施以军队式的严格处遇，便是给予了其相当严厉的惩罚；而改善更生主义者的支持理由在于，训练营程序借由导入积极的处遇流程，可以对犯罪者实施集中的社会复归援助，让犯罪者早日回归社会。此外，就财政当局而言，训练营处遇课以缩短受刑人的刑期，缓

---

〔1〕　See Jamie E. Muscar, "Advocating the End of Juvenile Boot Camp: Why the Military Model Does Not Belong in the Juvenile System", 12 *U. C. Davis Journal of Juvenlie Law & Policy* 1, 11 (2008).

和庇护过剩的问题。总而言之，在美国选举之时，关于犯罪处遇的问题往往是一个重大议题，而之前的矫正处遇，只为犯罪者庇护，而并不施以任何的处遇，明显存在问题。训练营处遇乃是对犯罪者施以类似军队式的纪律与训练，一般市民可以预见犯罪者的处遇模式，所以受到了市民以及政治家的支持。[1]

训练营处遇在现在美国的矫正处遇之中是最为热门的，但是其也一直在变化。对于研究者而言，训练营处遇最大的魅力在于，研究者实行训练营处遇评价的研究，能够得到联邦政府的补助金。每年都有新的训练营设施被设立，而这些新的处遇内容往往是根据之前的研究成果确立的。例如，麦肯齐的训练营，从1983 年开始已历四代，训练营的处遇内容已经有了很大的变化。

（二）成人训练营的运作

训练营处遇的内容以及设施在不同的地区具有不同的特点。由于美国各州的独立性较强，导致训练营在各州的称谓并不相同，有很多并不被称为训练营，例如佛罗里达州就将其称为"震慑监禁"（Shock Incarceartion）。但它们都符合以下的定义：处遇的流程中含有军队式的集体行动训练，实行与一般受刑者分离的处遇，并且交付于与一般监狱不同的处遇以及地点，犯罪者有每天参加严格的训练并完成作业的义务。训练营的规模一般在 100 名左右，期限一般为 3 个月~6 个月，主要的对象是未满 30 岁、没有前科的人。训练营一般不接受实施重大暴力犯罪或者性犯罪等危险性比较高的罪犯。[2]各州训练营的决定机

---

〔1〕 参见［日］浜井浩一："アメリカにおけるフートキャンフ処遇の試み—少年フートキャンフ処遇と日本の少年院処遇との比較を中心として"，载《刑政》108 卷 8 号，1997 年，第 68 页。

〔2〕 参见［日］浜井浩一："アメリカにおけるフートキャンフ処遇の試み—少年フートキャンフ処遇と日本の少年院処遇との比較を中心として"，载《刑政》108 卷 8 号，1997 年，第 69 页。

关也有所差异，既可由法院决定，亦可以在判决之后由州矫正局决定。这两种立法模式都会给予犯罪者其他的受刑选择，最终的决定由本人作出。犯罪者选择严格的训练营的好处在于可以将原有的刑期缩短，但是如果没有办法忍耐严格的训练营而中途退出，则要回到一般的刑务所去受刑。

训练营处遇的内容包括集体行动训练、严格的体育训练等。训练营处遇存在的前提是其从表面上看没有任何缺陷存在，即便最近的训练营保留了军队式的规律，可是其也积极地引入了最新的处遇方法。这些新的处遇方式会因实施的设施不同而存在一些差异。可见，训练营恰好是犯罪处遇技法之集大成者，同时也是最新处遇技法的试验场。

训练营所实行军队式的行动训练，可以给予犯罪者改善自己的帮助，虽然针对这个部分，学界还没有非常彻底的研究，但是在严格的规则下规律地生活，确实可以让受刑人的身心变得健康，在提升犯罪者的集中力的同时，紧张生活会削弱犯罪者的心理抵抗，可以让教育更容易施行。

三、少年训练营处遇的展开

训练营处遇原本是以成年人为对象展开的，以少年矫正为目的的训练营在 1990 年以前只有 1 个，但是训练营处遇在 20 世纪 90 年代快速地进入了少年犯罪行为矫正的领域。[1]少年训练营与成人训练营并没有很大的差别，训练并非任意进行，而是要以相关机关的判断为准，而且，处遇的内容也是以教育与治疗为中心。训练营每天会进行 3.5 个小时的集体行动训练或体

---

〔1〕 See Jamie E. Muscar, "Advocating the End of Juvenile Boot Camp: Why the Military Model Does not Belong in the Juvenile System", 12, *U. C. Davis Journal of Juvenlie Law & Policy* 1, 11（2008）.

育训练，接近 7 个小时的教育和治疗活动，并且不同的设施还会开展不同的职业训练。[1]如同成人刑事司法系统一样，将训练营处遇应用在少年矫正的背景主要是庇护过剩。庇护过剩带来了一个问题，即没有办法根据犯罪行为的严重程度而作出适合个人的分类处遇。罪行严重的少年与罪行不严重的少年被放在一起庇护的情形很常见。而训练营则可借由联邦政府的补助金，将罪行严重的少年与罪行不严重的少年分离开来，根据少年不同的需求而实行不同的处遇。这也是各州积极建设少年训练营的理由之一。

　　初期的少年训练营大约于 1991 年开始运作，当时共有 3 个少年训练营，资金来源于联邦政府少年及非行防止对策局的补助金，这是联邦政府将以成人为对象的训练营扩展为少年设施的尝试的开端。这 3 个设施都是以县法院委托民间研究机构运营的形式经营的，规模在 50 名以下。设施内的庇护期间基本上是 90 天，可能是在少年施行听审的考查期间或中期的训练期间，与释放准备期间分隔开来，在设施内处遇结束后的 6 个月~9 个月之间少年训练营还会进行保护观察。这个设施所庇护的对象排除了实施杀人、强盗、性犯罪等重大犯罪的少年，以精神与身体上可以承受训练营的处遇的少年为考量。年龄从 13 岁~18 岁，平均年龄是 15 岁~16 岁。[2]

　　总体而言，少年训练营处遇的内容基本上是 90 天的设施内训练，以军队式的纪律为本，施以集体行动训练、体育训练、

---

　　〔1〕　参见〔日〕浜井浩一："アメリカにおけるフートキャンフ処遇の試み—少年フートキャンフ処遇と日本の少年院処遇との比較を中心として"，载《刑政》108 巻 8 号，1997 年，第 70 页。

　　〔2〕　参见〔日〕浜井浩一："アメリカにおけるフートキャンフ処遇の試み—少年フートキャンフ処遇と日本の少年院処遇との比較を中心として"，载《刑政》108 巻 8 号，1997 年，第 71 页。

教育、咨询以及社会适应训练。训练营有统一的制服，重视团体行动，以班为单位实行赏罚，违反纪律的少年犯要到禁闭室进行反省。少年犯要参加军事训练与相关仪式、体能训练与重体力劳动，且都是强制的。少年犯每天黎明前就要起床并开始"结构性活动"（structured activities）直至天黑，长达 16 小时。作为补充，军事化训练还会辅以毒品处遇教育、文化教育等矫治项目。后者在不同地方内容不一，如在纽约，矫治项目内容包括"社区治疗"（therapeutic community）；在其他州，矫治项目都仅为训练营项目的外围补充。但随着训练营项目的发展，矫治项目所发挥的作用越来越大。最早的训练营模式仅在矫治项目上花费很少的时间，但现在的矫治项目被不断扩展。

在 90 天的训练营设施内处遇结束之后，受刑少年将进入集中的更生程序，利用"日间处遇中心"（day center）等设施，以上下学的形式进行普通教育或咨询。少年在此期间的交通、饮食花销都由更生保护机关提供。

训练营项目是为实施非暴力犯罪的男性少年犯设计的，但其适用对象也不限于此。比如，1992 年 3 月的一项少年训练营项目调查表明，多数项目都仅适用于非暴力犯罪人且有明确的年龄限制范围，一般为 16 岁~23 岁。一半数量的项目仅限于女性犯罪人或首次被判重罪的犯罪人。一些州法院甚至作出了"训练营必须能收治女性犯罪人，否则涉嫌性别歧视"的裁决。[1]

虽然对于训练营处遇模式，学界提出了不少批评意见，但是就其实践情况而言，其仍然被相当频繁地使用。除了之前所提到过的理由之外，其还具有以下几点优势：一是训练营所花

---

〔1〕 "Juvenile Boot Camps: Lessons Learned Of ce of Juvenile Justice and Delinquency Prevention: U. S. Department of Justice", Fact Sheet, No. 36, June 1996.

费的金钱是最少的；二是训练营耗时较短。此外，其具有的军事色彩很容易让人们联想到第二次世界大战以及好莱坞的电影，从而使公众认为少年犯于数周之内便可以变成一个成熟的男人，其快速而切实的处遇过程更为大众所接受。[1]

四、对少年训练营的评价

虽然训练营的对抗环境以及训练可以产生正面的人际关系，成为一种有效的治疗或处遇方式。但由于没有详细的研究可以指出训练营能够对犯罪实现有效控制，所以对控制少年犯的结果而言，少年训练营的效果尚待评估。有论者对训练营的效果存疑，更有甚者认为少年犯在训练营中可能会受到同侪的影响，进而使训练营制造出更多的非行少年。[2]有批评者认为，训练营可能让少年害怕设施内的职员，从而减损原本教育的成效，少年可能因为惧怕而对职员产生不信任感，进而导致教育成效不佳。[3]亦有论者认为，团体活动会忽略掉个别少年的问题，以团体为活动单位的训练营中，其中有一个人犯错，将会使整个团体受到惩罚，这种连坐的惩罚处理方式也会被认为是不公正的，且没有良好的处遇成效。

对训练营最主要的批评针对的是训练营中的安全问题。训练营无法为少年提供一个适当而且安全的训练场合，相反，其

〔1〕　Jonathan Simon, "The Boot Camp and the Limits of Modern Penalty", in *Youth Justice-Critical Readinds*, edited by John Muncie, Gordon Hughes, Eugene McLaughlin, (Thousand Oaks 2002).

〔2〕　Doris L. Mackenzie and Robert Brame, "Shock Incarceration and Positive Adjustment During Community Supervision", 11, *Journal of Quantitative Criminology* 111, 42 (1995).

〔3〕　Doris Mackenzie et al., *A National Study Comparing the Environment of Boot Camps with Traditional Facilities for Juvenile Offenders*, Washinton D. C.：National Institute of Justice, 2001.

反而会制造出一个合法的对少年使用暴力的场合，某些管理方式甚至可能会导致少年死亡。很多少年训练营都存在少年犯被滥用药品及遭受过度惩罚的情况。例如，1997 年，乔治亚训练营的一名操练军官曾被指控打断了一位青少年的手臂，仅是因为该青少年无法做伏地挺身。2001 年 3 月，一个名叫康萝的 12 岁的得克萨斯州女孩宣称，其在抱怨教官后被踢脸甩到墙壁上。虽然有这样可怕的事件发生，但是训练营至今仍然存在。[1]

不过，已经有些州废除了这种模式，2006 年 6 月 1 日，佛罗里达州开始全面废除训练营项目。起因是一名 14 岁的少年犯马丁·李·安德森在佛罗里达巴拿马城海湾县训练营（Bay County Boot Camp）死亡，该少年死因不明，坊间盛传其因在摔倒后被"训练指导员"（drill instructors）强制继续体育训练而猝死。时任州长杰布·布什（Jeb Bush）随即废除了相关法律。其实，类似这样少年犯死亡的情况并不少见，自从 1980 年起，至少有 31 个孩子死在了青少年训练营，例如著名的"尼克尔斯·康特拉兹死亡案"："Nicholaus Contreraz 于 1998 年 3 月在告知训练营护士自己呕吐及腹泻感不久后，死于 Arizaona Boys Ranch Boot Ranch 训练营的私人竞赛中。尼克尔斯死的时候正被强迫覆载一桶自己的脏衣服做伏地挺身。验尸后发现，他身上有 71 个割伤与瘀青，且有接近 3 夸脱的浓汁在他左肺，右肺亦有感染肺炎情形。"[2]

---

〔1〕　See Jamie E. Muscar, "Advocating the End of Juvenile Boot Camp: Why the Military Model Does Not Belong in the Juvenile System", 12, *U. C. Davis Journal of Juvenlie Law & Policy* 1, 20（2008）.

〔2〕　参见廖经晟："少年多样化处遇之研究——以美国法为中心"，东吴大学 2011 年硕士学位论文，第 68 页。

第五节 少年野营队

一、少年野营队的概念

美国还有一个类似于训练营的处遇模式，称为"少年野营队"（Juvenile ranches / Forestry camps / Wilderness camp / Adventure camp）。这个处遇模式的特征在于没有实体上的设施，因为这个设施所处的环境本身就等同于旧有的设施，被庇护的少年没有办法从该处脱逃。简言之，即是将少年带到野外，在人烟稀少之处进行处遇，例如沙漠、森林或是未经开发的地区。野营队在美国不是一个新兴的处遇方法，其历史非常悠久，在 20 世纪 50 年代较为盛行。直到现在，依然还有超过 150 个野营队在美国境内运行着。[1]从规模来看，野营队算是小规模庇护，平均起来每一个野营队大概可以庇护 50 个少年。另外，野营队的庇护期间非常不固定，有文献认为庇护的时间大约是 194 天，比较起来为一个较长期的拘留。所以，就野营队的平均庇护时间来说，其在青少年处遇中是拘留期间第二长的场所，仅次于矫正学校。另外，野营队既可以在未经审判时使用，在经过审判之后也可以使用。不过少年野营队的名称在审判前后会稍有不同。

野外营的想法主要来自于大自然。有学者提出假设，野外的环境可以为少年犯提供最好的处遇过程，[2]可以借由美国初

---

〔1〕 Dale G. Parent et al., *Conditions of Confinement*, Washington D. C. : U. S. Department of Justice, Office of Juvenile Justice and Delinquency Prevention, 1994.

〔2〕 Golins, *Utilizing Adventure Education to Rehabilitate Juvenile Delinquents*, Las Cruces, NM: Educational Resources Information Center, Clearinghouse on Rural Education and Small Schools, 1980; Predton Elrod and R. Scott Ryder, *Juvenile Justice-A Social*, *Historical and Legal Perspective*, Jones and Bartlett Publishers, 2005, p. 315.

期的拓荒精神，以艰困的环境磨砺少年犯的身体与心理，进而培养他们的自信心、学习责任感，并且使他们可以信任处遇中的相关工作人员。[1]这些少年犯所参加的处遇，包括露营、攀岩、操作独木舟、航海以及其他的野外活动，并且持续至少一个晚上。

少年野营队在美国少年司法系统中的使用比例相当高，大约有 10%～15%，[2]而且在部分州废除训练营之后，使用的比例似乎又有所提高。

二、少年野营队的运作

少年野营队通常坐落在农村或是森林。这个专为少年犯而设置的设施，假定少年犯可以从挑战这些自然环境中获得一定好处，同时可以学习生存技巧、团队合作以及如何去完成目标。另外，这些受刑少年每天都要从事保护环境或者美化环境的工作，而这些工作正好类似于团体咨询或是问题解决的活动，可以成为处遇的一部分。同时，野营队也可以像训练营那样引进各种不同的治疗以及处遇方式，但一般而言，野营队主要针对的是依赖性比较强的少年。

有时候，少年野营队会依照一些特定的问题，而调整自身的设计，例如"麦克法登野营队"（McFadden Ranch）就是针对虐待的问题而设计出来的。在那里，课程重点培养少年犯在结

---

[1] Golins, "Utilizing Adventure Education to Rehabilitate Juvenile Delinquents"; K. I. Minor and P. Elrod, "the Effects of a Probation Intervention on Juvenile Offenders' Self-Concepts, Lost of Control, and Pereptions of Juvenile Justice", *Youth and Society*, 25 (1994): 490~511. Predton Elrod and Scott Ryder, *Juvenile Justice-A Social*, *Historical*, *R. Legal Perspective*, Jones and Bartlett Publishers, 2005, p. 315.

[2] Rolando V. del Carmen and Chad R. Trulson, *Juvenile Justice – the System*, *Process and Law*, Thomson Wadsworth, 2006, pp. 355~356.

束处遇之后抵抗虐待的能力。但是也有比较特别的野营队，例如"佛罗里达环境研究会"（Florida Enviroment Institute）所营运的"最后的机会野营队"（the last Chance Ranch），所针对的处遇对象甚至包括了严重的暴力犯罪少年，且大约有 2/3 的少年属于重罪少年。少年犯在该野外营所滞留的期间更久，并且处遇内容也与一般的处遇机构不太一样，是故，野营也可以针对那些重罪但不适用成人刑事司法系统的少年。

三、少年野营队的评价

对少年野营队的评估指出，其对少年犯确实有正面的帮助，例如可以增加少年犯自信或是降低犯罪，不论是在处遇进行中还是在处遇之后。但是，有研究指出，虽然野外营对于少年的处遇可以有正面的帮助，但是要确定野外营有好的处遇效果，时间必须在 6 个月以内，否则受处遇少年与保护官之间的信赖感将会减低，进而影响处遇的成效。[1]

少年野营队除了具有与训练营差不多的优缺点之外，还有特有的两个缺点：一是虽然是以大自然为屏障，但是这种设计会使少年犯有逃亡的可能性；二是由于野外营亦有可能庇护较

---

〔1〕　关于这方面讨论的文献很多。See R. Callahan and Wilderness Probation, "A Decade Later", 36, *Juvenile and Family Court Journal*, 1985, pp. 31 ~ 35; F. J. Kelly and D. J. Bear, "Physical Challenge as a Treatment for Delinquency", 12, *Crimeand Delinquency*, 1971, pp. 437~445; J. Winterdyk and R. O. Roesch, "A Wilderness Experiential Program as an Alternative for Probationers: An Evaluation", 24, *Canada Journal of Criminology*, 1982, pp. 39~49; J. Winterdyk and C. Griffiths, "Wilderness Experience Programs: Reforming Delinquents or Beating Around the buth?", 35, *Juvenile and Family Court Journal*, 1984, pp. 35~44; K. I. Minor and P. Elrod, "Second Wave Evaluation of a Multi-Faceted Intervention for Juvenile Court Probationers", *International Journal of Offender Therapy and Comparative Criminology*, 1992, pp. 247~262; Predton Elrod and R. Scott Ryder, *Juvenile Justice-A Social, Historical and Legal Perspective*, Jones and Bartlett Publishers, 2005, p. 315.

为重大犯罪的少年，所以可能会发生职员被青少年攻击的事件，虽然发生的比例不高，但是这种问题仍然应当受到重视。

第六节　少年训练学校

一、少年训练学校的概念

"少年训练学校"（Juvenile training school）实际上就是一般所谓的少年监狱。[1]少年犯是否进入少年训练学校由法院根据少年犯危险程度决定，或者由各州的少年犯接收与诊断中心根据少年犯身心特点与危险程度决定。少年训练学校被认为是最具拘束性的长期拘束场所。公立与私立训练学校正逐渐得到推广。少年司法与犯罪预防办公室的一项调查表明，20 世纪 70 年代末以来，全美少年犯数量已下降了 10%，但 1991 年被安置于训练学校的少年犯却比 1979 年多了 26%。[2]少年训练学校被最广泛运用于少年司法系统，根据 1999 年 10 月 27 日所做出的统计，大约有 134 000 名少年被安置在超过 3700 个公立或私立的类似机构当中。

加利福尼亚、伊利诺伊、密歇根、俄亥俄及纽约等州境内都有数所少年训练学校。尽管男女混合学校早在 20 世纪 70 年代就已被接受，北卡莱罗那州甚至将所有少年训练学校都转变为男女混校，但这股潮流已一去不复返。

---

〔1〕　美国并没有真的名称叫"youth prison"的监狱，"youth prison"其实是各种少年监禁机构学术上的统称。

〔2〕　See Dale G. Parent，"Condition of Confinement"，Washington D. C.：*Office of Juvenile Justice and Delinquency Prevention*，1994，p. 36.

二、少年训练学校的运作

少年训练学校有着自身的目的。大卫·斯特里特、罗伯特·D. 文特与查尔斯·配罗通过对几所公办与私立训练学校的经典研究归纳了少年训练学校的三大基本目标："服从一致"（obedience and conformity）、"再教育和发展"（reeducation and development）、"处遇"（treatment）。研究认为，机构员工的一致服从能强调规则，保证少年犯处在监督之下。如遇少年犯有不遵守情况，亦有相应处罚。再教育与发展机构对员工提出了一致性、努力工作、增长知识等要求，希望员工更多地积极建立并加深与少年犯的互动关系。以处遇为导向的少年训练学校与少年犯建立的关系更密切，因为其员工与少年犯共同劳动并为其提供帮助，员工与少年犯可以建立更紧密的情感纽带。[1]

少年训练学校内的设施，因设备之不同被分为很多种，有公开的通铺，亦有小房间，也存在监禁个人的牢笼。不变的是，少年训练学校的安全设施是从内到外的，包括高耸的围墙、上锁的铁门以及窗户上的铁条。少年犯在少年训练学校中的一举一动都受到监控。虽然有些少年学校的安全设施较为宽松，但是被庇护的少年仍然欠缺自我的隐私权。并且，大多数的少年学校都有严格的安全设备，以避免少年脱逃。例如，俄勒冈少年局在关于少年训练学校的说明中认为，少年训练学校应当"提供一个安全、全封闭的住宿式校园"。[2]

少年训练学校也可以说是少年司法体系中最严格的手段之

---

〔1〕　David Street, Robert D. Vinter and Charles Perrow, *Organization for Treatment*, New York: Free Press, 1966.

〔2〕　Farron Lennon, "Juvenile Justice in Oregon", https://law. uoregon. edu/images/uploads/entries/19. 5_ lennon_ conf. pdf.

一。将少年与家人、社会、原本的学校隔离开来，其实是对少年最严重的一种惩罚。少年犯几乎 24 小时都在密切的监控之下。如果存在严重的违规行为，"例如打架或是攻击"，少年犯将会被送到禁闭室内进行短期的隔离。另外，如果少年犯有违规的情况，少年学校的员工有权免除少年犯的特权，或是延长少年犯在少年学校中的时间。

少年训练学校所提供的处遇模式以及服务是多样化的，包括医疗服务、咨询、基础的精神治疗、教育以及职业的训练。同时，少年犯可以享有健康的活动以及宗教服务。有些少年训练学校也会提供特殊的咨询，例如性犯罪者的心理咨询、退出帮派的帮助、重大犯罪少年的咨询。以基础教育为例，教育在少年训练学校中占用了少年犯大多数的时间，而其课程通常要达到政府的标准，所以在从少年训练学校被释放出去以后可以立即衔接高中的教育课程。可见，少年训练学校所提供的所有处遇都是为了少年犯将来可以重新回到社会以及家庭之中。少年训练学校同时也会提供职业教育，例如木工、建筑工程、引擎维修、电脑技术等训练以及农业或林业的管理。但是，这并不代表少年在离开少年训练学校以后就可以找到一份职业，在资讯公开的今天，少年的过去将持续影响少年未来的就业。但是，大多数人都认为这些教育课程是少年社会复归的基石，每个少年都必须要参加，并且以最有效率以及最具影响力的方式持续进行着。例如，俄勒冈少年局在关于少年训练学校的说明中认为，少年训练学校应当"……（b）提供全年教育，工作与生活技能训练，职业培训与学徒项目；（c）包括毒品与酒精成瘾矫治项目"。[1]

---

[1] Farron Lennon, "Juvenile Justice in Oregon", https://law. uoregon. edu/images/uploads/entries/19. 5_ lennon_ conf. pdf.

三、少年训练学校的安全级别、行为规则与惩罚

（一）少年训练学校的安全级别

国家亲权的哲学思想鼓励少年训练学校的管理层将矫治作为其工作任务，在整体上为少年训练学校构建安全、管理有效和更人道的环境。而少年训练学校的实际任务或目标则取决于其安全级别。对只有一所男性或女性少年训练学校的州来说，少年训练学校须具备所有安全级别，而对于有数所少年训练学校的州来说，其可按安全级别将少年训练学校分为低等、中等、最高三类。

安全级别较低的少年训练学校大多类似，但中等和最高安全级别的少年训练学校的结构设计并不统一。有些训练学校像堡垒，每人都有单独的牢房；有些则是开放式的宿舍，并不保护少年犯的隐私；有些则是小型的村舍式机构，有家的氛围。最高安全级别的训练学校通常都有 1 米到 2 米高的围栏，有时甚至是高墙环绕。其内部有阴冷昏暗的走廊、上锁的门、装有厚厚的玻璃窗或栏杆的单间牢房，少年犯的日常生活都必须严格依照少年犯行为守则的规定。中等安全级别的训练学校一般都为宿舍式或村舍式。与最高安全级别训练学校相似的是，中等安全级别的训练学校通常也有 6 英尺至 7 英尺高的围栏，但其氛围更为宽松，相较于最高安全级别的训练学校，中等安全级别的训练学校的少年犯可以更自由地活动。

机构安全是少年训练学校的基本特征，机构管理者的任务取决于该机构对防止少年犯脱逃上的可控程度。少年犯若能从最高安全级别的训练学校中逃走，一定会成为全国性的新闻。如果逃脱的少年犯在外面犯下暴力罪行，机构管理者与工作人员更会倍感压力。幸运的是，美国联邦最高法院通过对少年机

构的改革已基本消灭了过往在机构中时有发生的虐待行为，因此被抓回的少年犯不会在重回监狱时受到惩罚。[1]

（二）少年训练学校行为守则

少年训练学校出于对少年犯进行统一管理的考虑，制定了严格的管束纪律。这样的纪律在不同的少年训练学校有所差异，但都包括了少年犯日常行为的方方面面，甚至包括是否可以吐痰等。例如，1990 年俄亥俄中心少年训练学校的行为守则就十分详细，小到系好鞋带，大到打架斗殴。（参见表 11）

表 11　俄亥俄州中心少年训练学校少年犯行为守则

1	禁止与同伴或工作人员打架。
2	必须服从工作人员的命令。
3	举止得体，以礼待人，禁止粗俗的语言与肢体动作。
4	禁止对工作人员和其他少年犯有性骚扰语言或肢体动作。
5	禁止追逐打闹、大声喧哗、拳击练习、言语侮辱、奔跑或摔跤等可能导致危险升级的行为。
6	禁止损毁、损坏或改变州财产或他人财产。
7	禁止以任何形式接触烟草、酒精和毒品。
8	禁止使用或持有违禁品。
9	禁止将垃圾留在餐桌、椅子或地板上，垃圾应放入适当的容器内。
10	应注意洗澡，保持卫生，在机构内全天都应穿着衣服。合适的穿着应包括：衬衣下摆扎进裤子，裤子拉好拉链，裤脚不能挽起亦不能用夹子夹起，皮带扣紧，鞋带系好并穿着两只袜子。

---

〔1〕　See Clemens Bartollas and Stuart J. Miller, *Juvenile Justice in America*, Pearson Prentice Hall, 2014, p. 324.

续表

11	禁止向同伴、工作人员和房客借东西或出借、购买、交易、打赌、贩卖或赌博。
12	只能在可接受的时间与地点听收音机。
13	未经许可，禁止进入任何办公室或限制区域。
14	禁止干扰工作人员履行职责。
15	如遇受伤或其他任何的医疗情况变化，必须立即向工作人员报告。
16	禁止偷窃。
17	必须服从所有活动指示。
18	禁止随地吐痰。
19	没有工作人员监督，不得使用电话。
20	未经许可，禁止使用洗手间。

（＊来源：1990 年俄亥俄中心少年训练学校）

（三）对不服管教少年犯的惩处措施

对于不服管教的少年犯，少年训练学校也有着自己的惩处措施。根据严重程度，惩处措施可以被分为如下三类：

第一，隔离。多数少年训练学校允许对不服管教或失控的少年犯进行隔离。1991 年，一项对少年犯机构的调查显示，20%的训练学校禁止使用隔离措施，34%的受访机构将隔离措施限制在 24 小时以下，15%的训练学校则允许 2 天~3 天的隔离，14%的训练学校使用 4 天~5 天的隔离，6%的受访机构允许对少年犯采取 6 天~10 天的隔离，仅有 7%的训练学校将隔离期限的上限设为 1 个月，还有 4%的训练学校并未对隔离期限作出限制。[1]

---

[1] See Clemens Bartollas and Stuart J. Miller, *Juvenile Justice in America*, Pearson Prentice Hall, 2014, p. 325.

第二，器械约束。少年犯机构正越来越频繁地使用器械约束措施。根据于 1991 年进行的一项调查，98% 的训练学校使用手铐，66% 的训练学校使用脚镣，31% 的训练学校使用安全约束带，18% 的训练学校使用四点全身束缚带，还有 5% 的训练学校使用约束衣。[1]但采取上述器械约束措施的问题在于其可能导致少年犯身体和心理受到伤害。

第三，剥夺特权。此外，不服管教的少年犯将失去在机构内所被赋予的一些特权，如家庭探访和出游，甚至被延长关押时间。在一些极端情况下，如果少年犯与同伴或工作人员斗殴，其将被转移至"成人管教所"（reformatory）或成人监狱。

四、少年训练学校的评价

少年训练学校还是以少年的社会复归为主要的目的，少年犯如果表现良好，可以获得外出工作或是回归家庭几个星期的优待。相关的研究指出，少年训练学校可以有效地促进少年回归社会。例如，"Phoenix House"少年训练学校的处遇模式就比一般的替代性缓刑安置措施更有效果。在研究中，研究人员通过对少年培训学校中的 125 名少年犯和受到替代性缓刑安置措施的 274 名少年犯（对照组）进行为期 1 年的对比发现，与受到缓刑处置的少年犯相比，"Phoenix House"少年训练学校中的少年犯在药物滥用矫治和心理功能调整方面具有明显的优势。[2]但是最近的一项研究却发现，经过 7 年~8 年的追踪，受过少年训练学校处遇的少年犯在药物滥用问题、犯罪行为问题、精神健康

〔1〕 See Clemens Bartollas and Stuart J. Miller, *Juvenile Justice in America*, Pearson Prentice Hall, 2014, p. 327.

〔2〕 Barry L. McCurdy and E. K. McIntyre, "'And What About Residential...?' Reconceptualizing Residential Treatment as a Stop-Gap Service for Youth with Emotional and Behavioral Disorders", 19, *Behavioral Interventions*, 2004（3）: 137~158.

问题等方面并没有明显的积极影响。这也就是说"Phoenix House"少年训练学校的处遇措施有明显的短期影响，但是长期效果并没有证据支持。

大体而言，少年训练学校的实验是失败的，有论者试图分析其原因，认为有可能是因为少年训练学校所给予的处遇模式并不能防止少年犯再次犯罪。有学者研究了所有在少年训练学校中所使用的处遇模式，包括咨询或是生活技能的授予，不但未能发现到底何种方式能够有效避免少年犯罪，甚至连改进的方向都无法寻获。[1]并且，在现实中，少年训练学校所提供的处遇会面临一些根本上的困难，例如，少年通常没有受到过良好的基础教育，导致少年训练学校通常只能给予最为基础的教育。此外，由于少年犯在年龄、学习障碍以及教育水准等方面存在差异，导致少年训练学校在分班问题上会遇到困难，而且在教师方面，也会面临难以寻找到合适的教师，以及教师普遍准备不足的问题。

抛开矫治处遇的成效问题，少年训练学校之于被庇护的少年而言，往往是难以忍受的。造成这种现象的原因，乃是少年法院通常都将危险的重罪少年犯罪者与其他的少年犯罪者庇护在一起。其他的少年犯罪者可能因为年龄较轻、体型较小或是仅犯下轻罪而在少年训练学校中成为较弱势的一方。少年训练学校的员工通常难以保证弱势少年不被欺负。在这个前提之下，处遇模式的成效很难发挥出来。有研究报告指出，在秩序管理最严格的少年训练学校，有90%的被庇护人都存在被欺负的情

---

〔1〕　Richard Lawrence and Mario Hesse, *Juvenile Justice*, Sage Publication, 2009, p. 206.

况。[1]少年犯在少年训练学校中只能感觉到难过以及压力。同时，少年训练学校的员工，即使再怎么经过训练，其在少年训练学校中的第一个考量也始终是监控少年以及维持秩序。如果情况更糟一点，少年训练学校的员工可能也会成为少年压力的源头。所以，少年训练学校的主要目的实际上还是在高压统治下监禁，而原本所欲达成的社会复归目的则几乎被遗忘了。

第七节　少年接收与诊断中心

一、少年接收与诊断中心的概念

"少年接收与诊断中心"（Juvenile Reception And Diagnostic Center）往往是经过审判的少年的第一个落脚点，设立的目的是接收并且区分少年的类型，并将之分配到适合的地方。为了达到这个目的，少年接收与诊断中心雇用了许多员工，其中包括心理学家、精神病学者、社会工作人员，还有医生。他们会对少年做一定数量的分类测试，包括心理测验、智能测验、生理机能测验等。社会工作者也会依照少年的背景，家庭状况以及对于酒精或药物的使用程度等因素，制定矫治计划。[2]

少年接收与诊断中心最主要的功能是对所有应当负担责任的少年犯进行接收和审查，属于少年犯处遇程序中的入口、定向与评估阶段。少年接收与诊断中心的评估直接决定了少年犯的处遇场所以及矫治计划、矫治时长等。

----

〔1〕　Richard Lawrence and Mario Hesse, *Juvenile Justice*, Sage Publication, 2009, p. 206.

〔2〕　Rolando V. del Carmen and Chad R. Trulson, *Juvenile Justice - the System, Process, and Law*, Thomson Wadsworth, 2006, pp. 347~348.

二、少年接收与诊断中心的运作

接收与诊断中心由公立与私人机构共同管理，并决定已决少年犯的最佳处遇计划以及最适合的训练学校。1990 年，共有 21 591 名少年犯入住接收与诊断中心，其中 86% 都有犯罪记录。[1]

一些较大的州拥有单独的接收与诊断中心，但在大多数州，诊断中心则是位于某一少年训练学校中。比起长期处遇，这里的员工更关注短期诊断，在此阶段的少年犯会接受最密集的诊断。精神病医生通常会对少年犯进行精神病评估，并对有暴力犯罪史的少年犯进行会见。临床精神病医生或有资质进行精神病测试的人员会对少年犯进行集中测试，以检查其是否存在智力、心态、成熟度以及情感方面的问题。同时，社会工作者会对每一名少年犯进行个案建档，结合法庭提供的背景资料，调查少年犯的家庭成长背景。研究人员则负责锁定问题并找到合适的学校安置少年犯。此外，少年犯还会接受多项身体检查。最终，寝室管理人员会评估少年犯对于机构化设施的适应能力以及人际交往能力。在所有报告搜集完成后，少年接收与诊断中心将针对每一名少年犯的案例展开研讨，聆听少年犯的心理状况与需求，最后将少年犯推荐给最合适的安置机构。

暴力行为、药品成瘾、性犯罪的少年犯是必须要进行矫治处遇的。尽管处遇可以在少年犯接受司法机构管理的任何一个阶段开始，但是其均源于少年犯在少年接收与诊断中心所接受的评估。有些州可能会采用比较标准的筛选工具，例如弗吉尼亚州中央少年接收与安置中心就采用了少年评估扫描工具

---

〔1〕 See Dale G. Parent, *Condition of Confinement*, Washington D. C. ：Office of Juvenile Justice and Delinquency Prevention, 1994, p. 22.

（YASI）来评估少年犯的处遇需求。评估完毕后，其所认定的处遇要一直被实施至矫治完成，如果矫治没有完成，则矫治处遇措施要一直实施到其法定释放时间到期为止，即达到 36 个月。

在过去，评估通常耗时 4 周~6 周，但现今时间已被压缩为平均 34 天。[1]评估结束后，少年犯将被转移至相应机构安置，诊断报告将继续跟随他们。尽管如此，很多少年犯安置机构仍不根据报告所体现的少年犯需求安排处遇措施。一些州的少年接收与诊断中心还会根据少年犯离家距离的远近而安排处遇机构，以使少年犯可以被安置在离家更近一点的处遇机构之中。

三、少年接收与诊断中心的评价

由于少年接收与诊断中心往往依附于其他机构而存在，或者设置在其他机构内部（例如设置于少年训练学校内部），而且少年犯在少年接收与诊断中心所待时间相对较短，因此，对少年接收与诊断中心的效果评价往往与少年训练学校等其他少年犯处遇机构的效果评价协同进行。但是，由于其所采用的矫治手段在实质上与少年训练学校并无大的差异，而且其处遇机构亦是完全封闭的，由此也可以推断其矫治效果与少年训练学校之矫治效果应该并无大的差异。少年接收与诊断中心所雇的员工包括心理学家、精神病学者、社会工作人员以及医生，比少年训练学校更加丰富。这对少年犯的矫治工作更为有利。

不过，少年接收与诊断中心要对所有应当机构化处遇的少年犯进行首先收押、定向和评估，工作量非常大，因此花费也非常大。例如，根据弗吉尼亚州于 2017 年的一份《少年司法再投资报告》显示，弗吉尼亚州通过关闭少年接收与诊断中心每

---

〔1〕 See Dale G. Parent, *Condition of Confinement*, Washington D. C.：Office of Juvenile Justice and Delinquency Prevention, 1994, p. 21.

年可以节省大约 430 万美元的开支，[1]由此可见运营少年接收与诊断中心的开支之大。正因为如此，有些州现在已经开始改革少年接收与诊断中心或者直接关闭少年接收与诊断中心。

第八节　少年住宿处遇中心

一、少年住宿处遇中心的概念

"少年住宿处遇中心"（Juvenile residential treatment center）一般用于安置有明显的精神问题、心理问题、行为问题或药物滥用问题的少年，这些少年无法成功进行门诊处遇，也无法被妥善安置在寄养家庭、日处遇项目或其他非安全性机构，但同时也没有被安置在精神病医院或者高级别安全监禁机构（例如少年训练学校等）的必要。少年住宿处遇中心一般同时提供药物滥用和精神健康处遇项目，例如精神分析治疗、心理教育咨询、特殊教育、行为管理、团体咨询、家庭治疗、药物治疗等。少年住宿处遇中心对少年犯实施 24 小时的结构化监控，但一般是人力安全监管，而不是完全的物理隔绝。这些机构的安全强度要低于少年精神病治疗机构，同时也不被列入医院类别。[2]

"美国少年住宿处遇中心协会"（The American Association of Children's Residential Centers）把少年住宿处遇中心定义为"旨在向有严重精神困扰的 17 岁及以下少年提供住宿式管护，同时提供个体化精神健康矫治项目的机构，而非强制住院管护的机

---

〔1〕　Jeree Thomas, "Juvenile Justice Re‑investment in Virginia", *Campaign for Youth Justice*, 2017.

〔2〕　Joanna E. Bettmann and Rachael A. Jasperson, "Adolescents in Residential and InpatientTreatment：A Review of the Outcome Literature", 38, *Child & Youth Care Forum*, 2009（4）：161~83.

构。"[1]少年住宿处遇中心与少年教养院虽然都提供住宿式安置，并因此而经常被混用，但是二者之间是有差异的，其关注的方向不同。贝茨、英格利什、吉尔斯等人于1997年在研究住宿式处遇及其替代措施的时候指出了少年教养院与住宿式处遇中心的不同："少年教养院主要通过日常管护向少年犯提供包括食物、庇护、日常帮助，但没有向少年犯提供精神健康问题矫治；而少年住宿处遇中心在满足少年犯的基本日常需求之外，还重点关注向少年犯提供健康治疗处遇服务。"[2]

然而，与其他少年犯机构化处遇措施一样，少年住宿处遇中心也缺乏一个标准的概念范围。2007年美国政府问责办公室的报告指出，我们很难概览少年住宿处遇中心和其他住宿式安置措施的总体图景，因为学界目前对于各种住宿式安置措施并没有确定一个标准的定义，这就导致他们之间的界限并不明晰。尽管美国政府问责办公室的报告调查了少年犯在处遇机构之中遭受的各种虐待，但是其总结中主要针对的是那些非常规的、私人运营的住宿式少年犯安置处遇机构，而且没有能够指出他们之间的明确区分。[3]

二、少年住宿处遇中心的运作

在一般情况下，少年住宿处遇中心只接收那些在当前表现出强烈与严重行为或情绪问题、学习问题和药物滥用问题的少

---

[1] American Association of Residential Treatment Centers, "Outcomes in Children's Residential Treatment Centers: A National Survey", Washington D. C., 1999.

[2] Bates et al., "Residential Treatment and Its Alternatives: A Review of the Literature", 26, *Child & Youth Care Forum*, 1997 (1): 7~51.

[3] Government Accountability Office, *Residential Treatment Programs: Concerns Regarding Abuse and Death in Certain Programs for Troubled Youth*, *Testimony Before the Committee of Education and Labor*, Washington D. C.: U. S. House of Representatives, 2007.

年犯。在 2004 年，联邦政府资助了 20 万名少年进入公立或私立少年住宿处遇中心，其中也包括那些不涉及少年司法处遇的少年。据统计，大概有 15%~30% 的少年犯都在少年住宿处遇中心接受过管护。[1]根据美国少年司法与犯罪预防办公室的调查，在 2003 年的时候，大约有 14 070 名少年犯在包括少年住宿处遇中心在内的机构化处遇措施中接受过管护，其中安置在少年住宿处遇中心的少年犯占少年犯总量的 14% 左右。[2]美国少年住宿处遇中心协会在 2000 年的调查中发现，进入少年住宿处遇中心的少年犯主要有四种类型：[3]

表 12　少年住宿处遇中心的少年犯类型

A	具有严重情绪问题
B	具有侵犯性或暴力行为
C	具有家庭、学校或社会问题
D	具有药物滥用行为

　　根据美国少年司法与犯罪预防办公室的调查，有超过 900 家处遇机构认为自己属于少年住宿处遇中心。在参与调查的处遇机构中，少年住宿处遇中心的比例为 35%，共安置了 32% 的处于机构化处遇之中的少年犯。少年教养院和少年住宿处遇中心安置的少年犯数量最多，超过其他所有机构化处遇措施安置

〔1〕　Government Accountability Office, *Residential Facilities: State and Federal Oversight Gaps May Increase Risk to Youth Well-Being*, *Testimony Before the Committee of Education and Labor*, Washington D. C.: U. S. House of Representatives, 2008.

〔2〕　Andrea J. Sedlak and Karla S. McPherson, *Conditions of Confinement: Findings From the Survey of Youth in Residential Placement*, Washington D. C.: U. S. Department of Justice, Office of Justice Programs, Bureau of Justice Statistics, 2010.

〔3〕　Robert Foltz, "The Efficacy of Residential Treatment: An Overview of the Evidence", 22, *Residential Treatment for Children & Youth*, 2004 (2): 1~19.

少年犯数量的总和。[1]

　　不同的少年住宿处遇中心安置少年犯的数量各不相同。只有18%的少年住宿处遇中心安置的少年犯数量在10名及以下，57%的少年住宿处遇中心安置的少年犯数量在11名~50名之间，属于比较大型的住宿处遇中心。大约有1/3的少年住宿处遇中心是按照这一标准设计接收少年犯的，有3%的少年住宿处遇中心存在超员安置现象。少年住宿处遇中心的安全措施也是多种多样的，其中有43%的机构使用一种及以上的监禁措施以限制少年犯人身自由，例如给屋门或大门上锁。[2]

　　少年住宿处遇中心提供给少年犯的咨询与治疗处遇项目也是多种多样的。根据美国少年司法与犯罪预防办公室的调查，在919家自定位为少年住宿处遇中心的机构中，有532家向安置的少年犯提供咨询服务。在提供咨询服务的那些少年住宿处遇中心里，91%提供团体咨询，89%提供个体咨询，只有一半左右提供家庭咨询服务。此外，919家少年住宿处遇中心中有658家提供治疗服务，其中93%提供个体治疗，92%提供团体治疗，58%提供家庭治疗。[3]

　　少年住宿处遇中心大多常设精神健康专家。根据美国少年司法与犯罪预防办公室的调查，少年住宿处遇中心和少年教养院比其他机构更倾向于提供常驻精神健康专家，以评估少年犯

〔1〕 Hockenberry et al., *Juvenile Residential Facility Census*, 2006: *Selected Findings*, Washington D.C.: U.S. Department of Justice, Office of Justice Programs, Bureau of Justice Statistics, 2009.

〔2〕 Hockenberry et al., *Juvenile Residential Facility Census*, 2006: *Selected Findings*, Washington D.C.: U.S. Department of Justice, Office of Justice Programs, Bureau of Justice Statistics, 2009.

〔3〕 Hockenberry et al., *Juvenile Residential Facility Census*, 2006: *Selected Findings*, Washington D.C.: U.S. Department of Justice, Office of Justice Programs, Bureau of Justice Statistics, 2009.

是否需要精神健康服务。其中，73%的少年住宿处遇中心设有常驻精神健康专家，以评估少年犯的精神健康需求。[1]

　　少年住宿处遇中心的类型也并不完全一样，在理念、类型、内部设置等方面存在差异，如针对员工教育背景和资格要求、处遇组织、理念方向、客户病理认识等方面的规定就大不相同。此外，在个体或家长参与、家庭治疗干涉、职业培训组成、释放后服务等方面也是多种多样。例如，某些少年住宿处遇中心基于生态学的理念，专注于通过加强少年犯与其周围环境的联系来解决少年犯的问题。还有一些少年住宿处遇中心基于治疗社会化的方式，通过少年与其同侪的关系矫治少年犯行为。但是，目前并没有相关的研究来判断到底哪些方式对于少年犯的矫治成功更有影响力，因此，目前学界对于哪些项目因素在少年犯的矫治程序中更加重要还没有形成一致意见。[2]

三、少年住宿处遇中心的评价

　　在对象方面，虽然少年住宿处遇中心的接收对象有一个大概的范围，但是对于这种处遇机构类型更适合哪些少年犯还没有一个定论，相关的研究都很少。正如惠特克在2004年指出的那样，由于少年住宿处遇中心的成本很高且对少年犯的人身干涉比较多，因此应当在其对少年犯矫治最有效的时候采用这种处遇措施。精神健康和药物滥用专家也多次提出少年住宿处遇中心应当统一其少年犯接收标准，以避免少年犯被安置于不合

---

　　〔1〕　Hockenberry et al., *Juvenile Residential Facility Census*, 2006: *Selected Findings*, Washington D. C.: U. S. Department of Justice, Office of Justice Programs, Bureau of Justice Statistics, 2009.

　　〔2〕　Joanna E. Bettmann and Rachael A. Jasperson, "Adolescents in Residential and InpatientTreatment: A Review of the Outcome Literature", 38, *Child & Youth Care Forum*, 2009（4）：161~83.

适的处遇机构中，或者与不合适的、具有潜在危险的少年犯同处于住宿中心，导致受到二次伤害。[1]

由于少年住宿处遇中心的类型以及提供的服务项目是多种多样的，因此关于其效果的评价也是多种多样的，夹杂着各种声音。贝特曼和约瑟夫森在 2009 年选取了少年住宿处遇中心及类似机构的 13 项研究进行了整理比较，认为"少年住宿处遇的研究结果表明，这些治疗型处遇措施对许多少年犯都很有效果"。[2]但是他们也进一步发现，几个现有研究的瑕疵限制了他们结论的普适性。他们注意到，很少有对少年住宿处遇中心中的某一处遇项目有效性的专门研究；对于住宿式矫治没有统一的概念，且对于何谓矫治成功也没有统一认识；现有研究对于特殊矫治的项目的细节描述并不充分，使得难以对特定矫治项目进行重复实验；需要有相关文献对少年犯文化敏感性与少年住宿处遇中心之间关系进行研究。

由于这些缺陷的存在，很多少年住宿处遇中心提供的矫治与服务项目都失去了理论基础。例如，福尔茨就呼吁关注那些仅仅在成人身上得到过大规模测试的药物治疗以所谓"去标签化"（off label）的方式被适用在少年犯身上。少年住宿处遇中心很少有大规模的循证研究，以及大规模的循证矫治。此外，缺乏资金支撑也可能导致这些大规模研究无法操作。例如，针对纽约州少年住宿处遇中心的调查就发现，由于缺乏财政支持，

---

〔1〕 James K. Whittaker, "The Reinvention of Residential Treatment: An Agenda for Research and Practice", 13, *Child and Adolescent Psychiatric Clinics of North America*, 2009 (2): 267~278.

〔2〕 Joanna E. Bettmann and Rachael A. Jasperson, "Adolescents in Residential and InpatientTreatment: A Review of the Outcome Literature", 38, *Child & Youth Care Forum*, 2009 (4): 161~183.

他们很难请到受过正规教育的员工。[1]

不过，一些特定的少年住宿处遇中心已经被证明对少年犯有矫治作用。有研究发现，作为少年住宿处遇中心之一的"住宿式学生辅助项目"（Residential Student Assistance Program）就在少年滥用酒精、大麻、烟草方面具有良好的矫治作用。在研究中，研究人员通过对 125 名参与住宿式学生辅助项目的少年犯（处遇组）与 211 名既没有参与住宿式学生辅助项目也没有参与其他住宿式处遇机构的少年犯（控制组）进行对比。结果显示，参与住宿式学生辅助项目的少年犯在酒精、大麻、烟草滥用方面明显要少很多。[2]

第九节　其他少年犯机构化处遇组织

一、安定设施

"安定设施"（Stabilization Facilities）通常针对有精神病的少年，也被称为"少年精神病医院"（psychiatric hospital）。该设施通常采取拘禁等处遇措施，并且是短期的。被安置在此的少年犯通常来自于其他相关设施的转送。少年在被送到安定设施的时候，会先进行一个精神评估，以这个评估来决定他们所应受到的待遇。在这里的少年犯通常具有一定的危险性，或是在心理上有所失调、不足以应付日常生活。安定机关为了避免他们自杀或是自残，必须将他们监禁，并且限制相关的

---

　〔1〕　Baker et al.，"A Survey of Mental Health Service Provision in New York State Residential Treatment Centers"，25，*Residential Treatment for Children & Youth*，2008（4）：333～357.

　〔2〕　Ellen R. Morehouse and Nancy S. Tobler，"Preventing and Reducing Substance Use Among Institutionalized Adolescents"，35，*Adolescence*，2000（1）：1～28.

活动。[1]例如，位于威斯康星州的门多塔少年精神处遇中心就是专门针对有精神健康问题的少年犯进行处遇的机构。从 1995 年开办以来，门多塔少年精神处遇中心一直隶属于威斯康星州健康部，是一个安全型的少年处遇机构，由威斯康星州矫正局管理。2014 年，门多塔少年精神处遇中心一次就接收了 29 名男性少年犯，并对其实施精神健康干预治疗。

虽然都是监禁措施，但是安定设施设置了很多精神健康矫正项目，因此与一般同是监禁措施的少年训练学校相比，其对少年犯的矫治效果要好很多。2005 年，考德威尔和里布罗克等人专门针对严重和暴力犯罪的精神问题少年犯的安定中心的矫治效果进行了研究。在研究中，考德威尔和里布罗克等人通过对比 101 名在安定中心的少年犯与 147 名经过安定中心评估但是又返回一般性少年监禁机构完成剩余刑期的少年犯发现，只有不到 1/6 的处于安定中心的少年犯再次实施了暴力犯罪。[2]

二、成人监狱

监狱的处罚对象主要为成人，但是也有部分的少年被关在"成人监狱"（Adult Prison）。把少年关在成人监狱的立法源自于 1974 年的《少年司法犯罪预防法》（Juvenile Justice Delinquency Prevention Act）。该法案将少年监禁在成人监狱，并且以轻微且健全的方式，在监狱之中把少年与成人分开。但是，批评的声浪从未有所间断。例如，由于美国各州规定的成年标准不同，

---

〔1〕 Rolando V. del Carmen and Chad R. Trulson, *Juvenile Justice – the System, Process, and Law*, Thomson Wadsworth, 2006, pp. 348~349.

〔2〕 Michael F. Caldwell and Gregory J. Van Rybroek, "Reducing Violence in Serious JuvenileOffenders Using Intensive Treatment", 28, *International Journal of Law and Psychiatry*, 2005（4）：622~636.

加之各个监狱没有足够的囚房来监禁少年，州政府可能依照犯罪程度的轻重，去区分少年应该被监禁于少年的区域还是应该被监禁于成人的区域。并且因为是在成人监狱被监禁，所以在成人监狱的少年通常也被狱所管理员视为成人。相关研究确实指出了未满18岁的少年被监禁在成人监狱中，大约有80%是因为其在司法程序中便被视为一个成人，20%是在少年司法程序中被移送至成人监狱。成人监狱中的少年犯，大约有60%是因为有攻击他人的行为，20%是因为财产犯罪，10%是因为与药物有关的犯罪。被送到成人监狱的少年犯平均要在成人监狱之中待上8年。有研究报告指出，截至2000年10月，约有8100名未满18岁的少年被监禁在成人监狱之中，而其中有超过80%的少年都受到了成人般的对待。[1]

将少年犯送到成人监狱代表着将那些严重犯罪或是暴力犯罪的少年犯送到一个非常严峻的环境之中。成人监狱是处遇少年的最后一个选项。最常令人诟病的便是监禁的期间过长以及在审判之前便能适用。因为成人监狱中的处遇也兼具有惩罚的性质，与少年犯处遇机构侧重社会复归不同。少年犯在成人监狱执行刑罚，无法享受到少年矫正机构根据少年的身心特点所制定的有效矫正措施，同时也容易受到成人刑事犯罪人的不良影响。少年犯处遇机构以矫治为导向，并坚持对少年犯的矫正治疗，更加注重对少年犯重新回归社会的改造与实践。[2] "在成人监狱执行刑罚的少年犯表示，他们在监狱的大部分时间都是从'亲密的监狱伙伴'身上学习犯罪行为，并从他们身上学到

---

〔1〕 Rolando V. del Carmen and Chad R. Trulson, *Juvenile Justice-the System，Process，and Law*，Thomson Wadsworth，2006，p. 344.

〔2〕 D. M. Bishop and C. E. Frazier，"Consequences of Transfer"，*Changing Borders of Juvenile Justice：Transfer of Adolescents to the Criminal Court*，edited by J. Fagan and F. E. Zimring，Chicago IL：University of Chicago Press，2000，p. 263.

他们是多么的‘坚强’。同时，在成人监狱执行刑罚的少年犯害怕被害的机率要要远远高于在少年矫治机构执行刑罚的少年犯，其中有30%的少年犯亲身经历了或亲眼见证了他人被监狱的工作人员殴打。据报道，成人监狱的少年犯的自杀率更高，容易受到一同关押的成人犯的身体侵犯及性侵犯。与在少年矫治机构的少年犯相比，成人监狱的少年犯的自杀率为其8倍，被工作人员或共同关押的犯罪人暴力袭击的概率比其高出2倍。因为长期受成人犯的交叉影响，少年犯非但无法得到矫正，反倒会转化成职业犯罪人。某些暴力犯罪少年表示，他们需要在监狱里面学会生存之道，学会如何与成人犯融洽相处，并且在成人监狱里面学会暴力是一种日常生活所需，甚至得学得更加暴力。"[1]

虽然有这些批评，但是成人监狱针对少年犯依然设有相关的处遇措施。例如，不仅有基础教育和职业教育等，还有心理咨询、精神咨询、药物或酒精的辅导等，[2]因为少年犯在成人监狱至少都会待5年~8年，所以应将其安置到较好的处遇地点，但是由于成人犯并不需要提供相同的帮助，所以有些州对是否给予成人监狱中的少年犯以特殊的处遇提出了质疑。[3]

但在2003年，美国少年司法与犯罪预防办公室提出了报告，要求美国7个州以及哥伦比亚特区必须将少年犯移出成人监狱，有40个州需要改进，只有俄亥俄州确实有将成人与少年分离。但到目前为止，仍然有20%的少年被关在成人监狱

---

〔1〕 参见童德华、肖珊珊："美国少年犯转移制度评析"，载《广西大学学报（哲学社会科学版）》2017年第2期。

〔2〕 Dedel Austin and Gregoriou Johnson, *Juvenile in Adult Prisons and Jails: A National Asseeement*, Washington D. C.: Bureau of Justice Assistance, 2000, p. 38.

〔3〕 Rolando V. del Carmen and Chad R. Trulson, *Juvenile Justice – the System, Process and Law*, Thomson Wadsworth, 2006, p. 361.

当中。

本章小结

本章主要研究了美国当前各种类型的少年犯机构化处遇安置措施。少年拘留中心旨在暂时关押少年犯，以便于等待针对少年犯的听证、审判或者进一步的安置决定。少年拘留中心亦被称为少管所，通过将少年犯安全管束在拘留中心内，确保其能够按时顺利出庭审判，同时也能够暂时性保证被害人与社会的安全。少年庇护所为少年犯提供非安全级别的、居住式的暂时安置服务，是一个短期并且没有安全设置的设施，也可以说是半完全设施，又被称为庇护之家。其主要是为少年犯提供短期照护，主要是针对身份犯少年的措施。少年教养院可以被定义为允许少年犯与社区深入接触的长期服刑少年机构。少年犯可以上学或工作，但教养院要求少年犯必须居住在内，不得在家居住。少年训练营处遇是为进一步犯罪可能性较低的少年犯所设计的，也就是对于再犯可能性较低的少年，集中施以 3 个月左右的时间，以严格的纪律和密集的行程方式实施。少年野营队即是将少年带到野外，并于人烟稀少之处进行处遇，例如沙漠、森林或是未经开发的地区。野营队在美国不是一个新兴的处遇方法，其历史非常悠久，并在 20 世纪 50 年代非常盛行。少年训练学校被认为是最具拘束性的长期拘束场所。公立与私立训练学校正逐渐得到推广。少年接收与诊断中心往往是经过审判的少年的第一个落脚点，目的是接收并且区分少年的类型后，将他们分配到适合的地方。少年住宿处遇中心一般用于安置有明显的精神问题、心理问题、行为问题或药物滥用问题的少年犯，这些少年犯无法成功进行门诊处遇，也无法被妥善安置在寄养家庭、日处遇项目或其他非安全性机构，但同时也没有被安置在精神病医院或者高级别安全监禁机构的必要。除以上少年犯处遇机构之外，美国还有安定中心、成人监狱等处遇机构。

第五章

现状透视：美国少年犯机构化处遇的当代问题

美国少年犯处遇机构虽然多有改革，但是在当代却受到了越来越多的质疑。原因在于，其在根本模式上存在问题，没有达到期望的矫治效果，同时成本还非常高，还经常有各种虐待等非人道事件发生。大量民营化少年犯处遇机构只顾追求利润而忽略了少年犯的处境。

第一节 机构化处遇的有效性质疑

一、忽视少年犯的自身发展需求

少年犯处遇机构普遍忽略少年犯自身发展的需求，存在少年监狱等机构化处遇制度中的固有缺陷，既难以帮助青少年回到正常的生活轨道，也无法有效防卫公共安全。2013 年，一份名为《改革少年司法：发展性路径》的报告指出，强调禁闭与控制的成人模式监狱无法满足少年犯健康发展的需求——成年人可以自己关注自身的发展，如参与亲社会行为、教育学习，以及参加提高决策能力与批判思维技巧的活动，而未成年人则不能。[1]

---

[1] R. J. Bonnie et al., *Reforming Juvenile Justice: A Developmental Approach*, Washington D. C. : The National Academies Press, Committee on Law and Justice, Division of Behavioral and Social Sciences, and Education, 2013.

同时，这些机构包含着太多负面影响，只会加剧少年犯已经经历过的创伤或强化其错误选择与冲动行为。

D. E. 艾布拉姆斯教授于 2004 年在其《美国少年司法历史经验》一书中记载了一段"圣路易斯庇护所"（St. Louis House of Refuge）负责人针对少年犯处遇机构设置的愤怒说辞："每个房间 80 英尺长、40 英尺宽，双层架床可以容纳 100 个男性少年犯，天花板很低，整栋楼没有任何形式的'卫生间特权'……我们能否以人道主义的名义说服立法机关给我们解脱？"[1]

在少年犯矫治干预与监狱人口的错配下，少年犯处遇机构的手段与目标南辕北辙并不令人惊讶。少年犯处遇机构，特别是安全等级高的少年监狱与我们所知的未成年人发展需求相抵触。就机构中少年犯的人数而言，与其说少年监狱是为了帮助孩子们重回正常生活的轨道，不如说其发展出了将未成年人送上法庭的因素。

随着现代脑科学、发展心理学与人类经验的发展，少年司法体系中处于心智未成熟年龄的少年犯需要成熟且成功的成年人的引导已成为共识。未成年人在情感冲动的情况下自律能力有限，对环境的影响更为敏感，且尚未学会站在长远的角度作出正确的决定。[2]

在少年犯不应被判处死刑以及终身监禁、不得假释等一系列规定中，美国联邦最高法院前所未有地提升了与少年发展相关的新型科学的地位。在 2005 年的"Roper v. Simmons 案"（543 U. S. 551，127 S. Ct. 1183）中，美国联邦最高法院指出"由于缺

---

〔1〕 D. E. Abrams, *Lessons from Juvenile Justice History in the United States*, Columbia, MO: University of Missouri School of Law Scholarship Repository, 2004.

〔2〕 R. J. Bonnie et al., *Reforming Juvenile Justice: A Developmental Approach*, Washington D. C.: The National Academies Press, Committee on Law and Justice, Division of Behavioral and Social Sciences, and Education, 2013.

乏成熟与责任感"，未成年人轻率、冲动又容易冒险。在 2012 年的"Miller v. Alabama 案"（No. 10-9646，567 U. S. ）中，美国联邦最高法院又认为，儿童在"面对负面影响与外界压力时更脆弱"，他们仅有有限的"控制自身所处环境"的能力，因此无法依靠自己从酝酿犯罪的场景中脱身。由于成人的性格较儿童完好，其人格被改变得较多，行为也更易走向"无法挽救的堕落"。

实际上，这些出现行为问题的少年犯需要与成年人进行积极的互动，获取反馈回路以及学习机会，以帮助自身完成冲动控制、判断力、未来导向、情感成熟等发展任务。少年监狱惩罚性和强制性的氛围无法为少年犯提供上述要求严苛的学习过程。

基于少年犯自身的发展特点，一项犯罪学研究发现，少年犯必须跨过严苛的规避犯罪行为而通往成熟之路的自身发展"桥梁"，其中最重要的两个方面即稳定的婚姻与事业。[1]然而，少年监狱等少年犯处遇机构的封闭化存在，却让上述两座"桥梁"愈发难以到达，这对于少年犯的矫治非常不利。[2]

当然，少年犯机构化处遇模式的失败也并非是一种新的洞见。早在四十多年前的 1973 年，"美国国家刑事司法标准与目标建议委员会"（National Advisory Commission on Criminal Justice Standards and Goals）就发现："监狱、管教所以及拘留所已经造

---

〔1〕　R. J. Sampson and J. H. Laub, "A Lifecourse Theory of Cumulative Disadvantage and the Stability of Delinquency", in T. P. Thornberry（ed.）, *Developmental Theories of Crime and Delinquency*：*Vol. 7*, *Advances in Criminological Theory*, New Brunswick, NJ：Transaction Press, 1997, pp. 133~161.

〔2〕　B. Holman and J. Ziedenberg, *The Dangers of Detention*：*The Impact of Incarcerating Youth in Detention and Other Secure Facilities*, Washington D. C. ：Justice Policy Institute, 2011.

成了令人震惊的失败。连篇累牍的证据证明了这些机构制造犯罪远胜于预防犯罪。"〔1〕该委员会还建议："应停止建造新的成人机构，同时关闭现存的少年犯处遇机构。"报告表明，当时很多少年犯都曾被约束于那样的机构当中，但是这些机构并没有带来什么正面效果。

二、引发少年犯产生严重心理问题

进入司法系统的少年犯通常都有被虐待史，并且身边往往没有成年人陪伴，因此多少都有渴望像正常未成年人一样发展的情结。许多少年犯都是在悲剧的环境中成长起来的，以至于对环境中蕴含的诱发因素十分敏感，而机构的环境恰恰会再次触发这种心理创伤以及愤怒：贫瘠单调的周遭环境、强光、时不时的嘈杂声，以及时常发生的、近在咫尺的暴力威胁。

未成年人所面临的一项艰巨任务是改善并加深自我感知与自身形象。〔2〕与刑事司法系统有接触的年轻人都在各种环境中经历过失败，亟须构建积极的、亲社会的自身形象的相关经验。少年监狱时常以各种方式向少年犯灌输一种理念，让他们感觉到自己与普通人有区别，认为自己危险、令人恐惧、卑微而没有未来。在这样刻板身份的烙印下，少年犯的心理阴影愈发严重，在重回社区后也得不到后续的支持和联系。〔3〕

---

〔1〕 National Advisory Commission on Criminal Justice Standards and Goals, *Report of the National Advisory Commission on Criminal Justice Standards and Goals*, Washington D. C.：U. S. Department of Justice, Law Enforcement Assistance Administration, 1973.

〔2〕 Erik H. Erikson, *Identity and the Life Cycle*, New York, NY：International Universities Press, 1959.

〔3〕 C. A. Schubert and E. P. Mulvey, *Behavioral Health Problems, Treatment, and Outcomes in Serious Youthful Offenders*, Washington D. C.：U. S. Department of Justice, Office of Juvenile Justice and Delinquency Prevention, 2014.

许多少年犯在进入刑事司法系统时都患有可诊断的心理健康和毒品问题，然而，只有少数少年犯受到了相应的援助。一项针对 1300 名严重罪行少年犯的纵向研究表明，尽管数据证明接受心理健康服务每增加一个月，累犯率就能递减 12%，但这些少年犯在"居住式安置"（residential setting）期间极少得到心理健康服务，能获得"释放后关怀"（care once released）的少年犯人数则更少。[1]

这些严重心理问题的存在经常导致少年犯在处遇期间走向自杀之路。根据美国少年司法中心《少年犯与被害人 2014 报告》（Juvenile Offenders and Victims 2014 report）的统计：在少年犯处遇机构中，自杀是少年犯最常见的死因，在调查前的 12 个月里报道的 11 例少年犯死亡事件中有 5 例是由自杀引起的。截至 2010 年 10 月 27 日调查当日，少年犯自杀率为每 10 000 人中有 0.7 名，其中，公立机构自杀率为每 10 000 人中有 0.6 名，私营机构自杀率为每 10 000 人中有 1.0 名。[2]

三、少年犯处遇机构的高再犯率

少年犯机构化处遇模式从来没有真正发挥过作用，失败似乎从一开始就注定了。现今的数据仍显示从少年犯处遇机构被释放的人员仍有很高的再犯率，只不过他们后来被送进的是成人监狱，这让少年犯处遇机构成了成人监狱的供应源。[3]例

---

〔1〕　C. A. Schubert and E. P. Mulvey, *Behavioral Health Problems*, *Treatment*, *and Outcomes in Serious Youthful Offenders*, Washington, D. C.: U. S. Department of Justice, Office of Juvenile Justice and Delinquency Prevention, 2014.

〔2〕　National Center for Juvenile Justice, "Juvenile Offenders and Victims: 2014 National Report", 2015.

〔3〕　PEW, "Re-Examining Juvenile Incarceration (2015)", http://www.pewtrusts. org/~/media/assets/2015/04/reexamining_ juvenile_ incarceration. pdf.

如，华盛顿州 2007 年的数据显示，少年犯中男性再犯率高达52.81%，女性再犯率高达 45.53%。[1]印第安纳州矫正局 2014年公布的数据显示：释放之后 3 年内，少年犯再犯率高达34.7%。[2]

　　一个核心问题是，少年犯处遇机构是机构化的，而非家庭式的，以这样的模式去代替少年犯的家庭，会阻断少年犯与外界的积极联系和关怀纽带。内尔·伯恩斯坦在其《烧毁监狱》（*Burning Down the House*）一书中指出："在 150 年后的现在，当我采访到"被监管人"（wards），问他们什么因素可以改善自己的生活与前景时，大部分人都给出了相同的答案：'与将他们视为人的成人建立可信任的关系。'虽然大多数少年犯都渴望得到这种关系，但无论改革进行了多少年，只有少数人得偿所愿。"[3]这是模式本身的问题，并非是表面的改革可以解决的。

　　杰里·米勒在其所著的《高墙内的最后一人》（*Last One Over the Wall*）一书中指出了这种非根本性的改革无法规避少年犯处遇机构的问题："无论何时少年监狱作出了改革或取得进步，总有一些事情仍在发生——殴打、单独禁闭、监管人员对少年犯的言语攻击或打击其对未来的希望。改革者总是来了又走，州监狱又继续接手。历史暗示了他们可以继续改革，无论花费多少金钱、人力与物力。但少年监狱仍然面临着与过去 150 年来相同的危机，只是犯人换了一批又一批，而改革者还在重蹈前

---

　　[1]　See "Recidivism of Juvenile Offenders", http://www.cfc.wa.gov/Publication-Sentencing/Recidivism/Juvenile_ Recidivism_ FY2007.pdf.

　　[2]　See "2014 Juvenile Recidivism Rate", https://www.in.gov/idoc/files/2014 JuvRecidivismRpt.pdf.

　　[3]　See Liz Ryan, "Youth Prisons are Old, Outdated, and Obsolete", https://medium.com/@LizRyanYJ/youth-prisons-are-old-outdated-and-obsolete-eb1305f94eae#.yhvf1gahk.

人的覆辙。"[1]

四、存在严重的种族不平等问题

美国少年犯机构化处遇存在着严重的种族不平等问题。美国司法部少年司法与犯罪预防办公室最新公布的数据显示，有色人种少年犯数量明显多于白人少年犯，受到机构化处遇的少年犯中有接近70%是有色人种。2013年，黑人少年犯是白人少年犯的4.6倍，印第安少年犯是白人少年犯的3.3倍，拉丁裔少年犯是白人少年犯的1.7倍。[2]

虽然在过去的几十年中，少年监狱已经被关闭了半数，但根据"量刑计划"（Sentencing Project）中的少年犯罪与逮捕统计，不同种族的分布仍然悬殊："2003年至2013年间，被判处机构化安置的黑白人少年犯之间的种族差异达到15%。""成功的改革将在总体上减少不平等逮捕与监禁，实际上，这让白人少年受益最大。"[3]

海伍德·伯恩斯研究所在2016年一份名为《堵塞浪潮》（*Stemming the Tide*）的报告书中揭示了以下少年犯处遇之事实，以供警示：第一，相比于白种同龄人，有色人种少年更容易被逮捕、起诉、判刑并监禁。少年犯的整体监禁数量自1997年以来减少了48%，但有色人种少年犯监禁率却持续上升。第二，

---

[1] See Liz Ryan, "Youth Prisons are Old, Outdated, and Obsolete", https://medium. com/@ LizRyanYJ/youth-prisons-are-old-outdated-and-obsolete-eb1305f94eae#. yhvf1gahk.

[2] See Liz Ryan, "Racial & Ethnic Disparities Are In Youth Prisons", https://medium. com/@ LizRyanYJ/racial-ethnic-disparities-in-youth-prisons-f6d24e6cddb #. 57uv3jfu9.

[3] See J. Rovner, *Declines in Youth Commitments and Facilities in the 21st Century*, Washington D. C.: The Sentencing Project, 2015.

拉丁裔少年犯被判处家庭外安置的比率是白人少年犯的1.5倍~2倍。不断有数据表明，拉丁裔少年犯的数目被忽略了，这种悬殊更需要得到关注。第三，被判处机构化处遇的少年犯中，黑人比例最高。2013年时，每10万名黑人中有294名被判处机构化处遇，是白人的4倍还多。第四，1997年至2013年间，印第安少年犯与白人少年犯的犯罪数量差在不断扩大，且这种现象在每一种犯罪中均有体现，印第安少年犯被判处机构化处遇的比例是白人少年犯的3.5倍左右。第五，因"缓刑技术违反"（technical violation）而被判处监禁的少年犯中有67%是有色人种[1]（参见图4）。

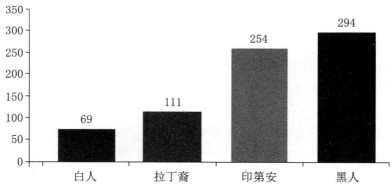

图4 美国少年犯处遇机构中各种族人口比例（每10万人）

（*数据来源：*Racial & Ethnic Disparities in Youth Incarceration & Strategies for Change*，W. Haywood Burns Institute，2016）

这些都是人们抱有有色人种比白人犯罪率更高的错误印象的原因。调查表明，白人少年其实比有色人种少年更倾向于吸

---

[1] "Racial & Ethnic Disparities in Youth Incarceration & Strategies for Change"，*W. Haywood Burns Institute*, 2016.

毒、贩毒、饮酒与盗窃。虽然白人少年有更高的毒品犯罪率，但是非裔少年的逮捕率与监禁率却是白人少年的 2 倍。[1]

第二节　机构化处遇的经济性质疑

一、少年犯处遇机构的高费用支出

少年监狱等少年犯处遇机构并不应仅仅被解读为是失败和有害的策略，它还是一项非常不经济的措施。少年监狱的财政支出巨大，2015 年 "司法政策研究所"（Justice Policy Institute）在收集了美国 47 个州或者司法区的数据之后进行了一项统计。结果表明：各州家庭外处遇的支出大不相同，花费较高的机构平均每人每天花费 401 美元，每 3 个月花费 36 074 美元，每半年花费 72 146 美元，每年花费 146 302 美元。其中，最低的是路易斯安那州，为每天花费 127.84 美元；最高的是纽约州，为每天花费 966.20 美元。34 个州的报告数据表明，如果将刑期考虑在内且采取成本最高的处遇措施，每年花费在一位少年犯身上的钱至少超过 10 万美元。[2]

此外，财政支出在监禁释放后仍持续增长。被监禁过的少年犯终身都会受到负面效应的影响，前途灰暗。社会的长期财政支出与未来的收入损失和政府税收锐减无异，这意味着未来国家将在 "医疗补助计划"（Medicaid）和 "国家老年人医疗保险制度"（Medicare）上支出更多。据估计，从长期来看，美国

〔1〕　See Liz Ryan, "Racial & Ethnic Disparities Are In Youth Prisons", https://medium. com/@ LizRyanYJ/racial – ethnic – disparities – in – youth – prisons – f6d24e6cddb #. 57uv3jfu9.

〔2〕　See Justice Policy Institute, *Factsheet：The Tip of the Iceberg：What Taxpayers Pay to Incarcerate Youth*, Washington D. C. ：Justice Policy Institute, 2015.

平均每年花费在监禁少年犯上的社会总支出为 80 亿～210 亿美元。

尽管少年监禁的数量持续走低，但由于机构员工减少的人数与监狱陆续减少的速度无法跟上少年犯人数的降低速度，监禁每一名少年犯的平均费用仍可能大幅增长。拥有 250 个床位的"康涅狄格少年训练学校"（Connecticut Juvenile Training School）是康涅狄格州现存的唯一一所少年监狱，其每年预算为 5300 万美元，但现在仅关押着 43 名男孩。[1]纽约州州长安德鲁·科莫在视察州北部的一家少年监狱时发现，该监狱员工众多，却没有关押一名少年犯。其在州情咨文里提到："监禁项目并非是就业项目，（我们）并非因为想给人们提供工作机会而把其他的人关进少年监狱。这不是在这个国家应该发生的事，这种情况必须被结束。"

随着加利福尼亚州少年犯罪的减少，州立法机关通过了一系列法律以减少少年监禁，被少年犯处遇机构监禁的少年犯从 1996 年的 9572 名减少到了 2008 年的 1704 名。而在此期间，加州财政在每名少年犯上的年度平均花费却从 1996 年的 36 110 美元增长到了 2008 年的 252 000 美元，增加了 6 倍之多。[2]从图 5 中我们可以看到，少年犯的人数持续减少，而少年犯监禁的成本却持续增高，而且增高的速度越来越快，二者之间成反比关系。

---

〔1〕 J. Kovner, "State Begins Search for New Juvenile Jail Location", *The Hartford Courant*, 2016.

〔2〕 V. Schiraldi, M. Schindler and S. Goliday, "The End of the Reform School?", in F. Sherman and F. Jacobs (eds.), *Juvenile Justice: Advancing Research, Policy, and Practice*, New York, NY: John Wiley & Sons Inc, 2011, pp. 409~433.

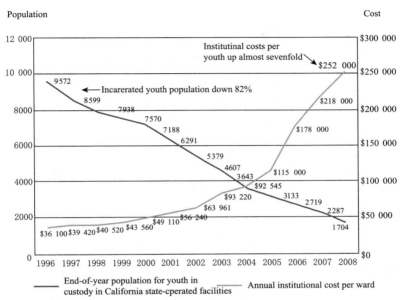

图 5　加州少年犯处遇机构处遇人数及年度支出（1996 年至 2008 年）

（＊图表来源：Patrick McCarthy et al., *The Future of Youth Justice*: *A Community-Based Alternative to the Youth Prison Model*）

　　加利福尼亚的政策制定者在认识到该问题后，于 2008 年开始禁止将未实施严重犯罪少年犯关押到州少年监狱，截至 2012 年，11 所大型少年矫正机构已被关闭了 8 所。[1]到 2013 年，加利福尼亚州少年犯监禁人数已减少至 600 人，其间，平均每人的花费被降低，但随后保持了平稳，因为部分严重犯罪少年犯的处遇项目还是需要资金支持的。

〔1〕　D. Steinhart, *California Juvenile Justice Realignment* (*PowerPoint Slides Presented to the Annie E. Casey Foundation*), Bolinas, CA：Commonweal Juvenile Justice Project, 2013.

二、高费用支出下的负效益

如果研究这些财政支出给少年犯、社会和公共预算带来了什么，答案是经过机构化处遇的少年犯都陷入了更大的困境，即更高的再犯率、更低的就业率，致使其很容易走上失败的人生路径，并把自身的问题传递给下一代。阮及其同事在 2016 年的一项研究中发现，矫治环境可以使"犯罪资本"（Criminal Capital）得到积累，并可能作为"犯罪学校"（School of Crime）促使犯罪的产生，且能提高"释放后的犯罪收入"（Earnings From Crime）。[1]如果需要一间机构专门为成人监狱输送罪犯，少年矫治机构再合适不过了。

简言之，尽管美国各州每年在少年监狱上的花费高昂，但收效甚微。即便仅仅是出于提升社会公共安全的目的，少年监狱在这一点上也是失败的。由于每个州对累犯都有自己独特的定义，所以没有全国统一标准的数据，但各州的数据结果均显示，少年犯在被释放后的 2 年~3 年内的累犯率为 70%~80%。[2]数量庞大的证据表明，对少年犯的监禁实际上反而提高了其累犯率。[3]例如，艾泽和多伊在 2013 年的一项研究中要求法官随机评估少年

〔1〕 H. Nguyen et al., "Institutional Placement and Illegal Earnings: Examining the Crime School Hypothesis", *Journal of Quantitative Criminology*, 2016.

〔2〕 R. A. Mendel, *No Place for Kids: The Case for Reducing Juvenile Incarceration*, Baltimore, MD: Annie E. Casey Foundation, 2011.

〔3〕 Aos et al., *The Costs and Benefits of Prevention and Early Intervention Programs for Youth*, Tacoma, WA: Washington Institute on Public Policy, 2004; M. T. Baglivio, "The Assessment of Risk to Recidivate Among a Juvenileo Ending Population", 37, *Journal of Criminal Justice*, 2009, pp. 596~697; P. W. Greenwood et al., *Diverting Children From a Life of Crime: Measuring the Costs and Benets* (Revised Edition), Santa Monica, CA: Rand, 1996; M. Lipsey, "The Effect of Treatment of Juvenile Delinquents: Results from a Meta-analysis", in F. Loesel, D. Bender and Bliesener (eds.), *Psychology and the Law: International Perspectives*, Berlin, NY: Walter de Gruyter, 1992, pp. 131~143.

监禁与完成高中学业和成年后再次犯罪之间的因果关系。[1]在
10 年时间里，在对 35 000 名少年犯的预测当中，他们发现，被
监禁过的少年犯高中毕业率明显较低，但成年后累犯率甚至暴
力犯罪率则明显较高。再者，研究还指出，监禁对该年龄段的
青少年来说极具破坏性，会显著降低他们回归学校的比率，即使
是少数重拾学业的少年犯，也会患有情感或行为紊乱等疾病。[2]
大量研究结果表明，监禁对低人身危险性的少年犯的效果远逊
于在家监禁。

　　作为全国首家无党派研究机构，"美国研究局"（National
Research Council）于 2013 年发布了一项针对美国少年司法全面
研究的结果。其指出："相比于机构化处遇，规划合理的社区项
目更能减少累犯且对少年犯的身心发展更为有益。在对大规模
监禁以及与远离社区的机构的弊害进行描述以后，研究局得出
的结论是，对于少数需要监禁的少年犯来说，他们更需要与自
己的社区保持接触，以减轻监禁对其造成的负面影响。""大型
机构既无法根据青少年犯罪人的发展需要为其提供服务，还花
费高昂，同时仍无法达到预防犯罪的目标。"[3]

　　尽管很多机构仍需增加预算以提升少年犯与员工的比率、
改善处遇项目的内容，但政治压力显然正在迫使决策者缩小甚
至关闭少年监狱等安全级别高的全封闭性少年犯处遇机构。因

　　〔1〕　Aizer et al., *Juvenile Incarceration, Human Capital and Future Crime: Evidence from Randomly-Assigned Judges*, Cambridge, MA: National Bureau of Economic Research, 2013.

　　〔2〕　Aizer et al., *Juvenile Incarceration, Human Capital and Future Crime: Evidence from Randomly-Assigned Judges*, Cambridge, MA: National Bureau of Economic Research, 2013.

　　〔3〕　Bonnie et al. (eds.), *Reforming Juvenile Justice: A Developmental Approach*, Washington D. C.: The National Academies Press, Committee on Law and Justice, Division of Behavioral and Social Sciences and Education, 2013.

为，面对少年犯处遇机构高支出与负效益之间的矛盾，无论是政府还是公众都是无法视而不见的。

第三节　机构化处遇的人道性质疑

一、少年犯处遇机构普遍存在人身虐待

人身虐待行为在少年犯处遇机构中普遍存在。2009 年，美国司法部指出："在普遍接受的标准以及部门政策之外，机构员工例行公事地使用不受控制的危险措施。即使是因为私藏一块饼干而引发的互殴也可能导致工作人员使用手铐对少年犯进行反手约束。这种以不变应万变的现象在机构中早已司空见惯，直接导致少年犯脑震荡、牙齿缺损、螺旋骨折等严重受伤的数目激增。"而实际上，美国司法部在这里勾勒的虐待行为在少年犯处遇机构中相当普遍，并非特例，少年犯处遇机构（特别是安全级别较高的少年监狱模式）应被彻底废除而非继续试图改变。

自 1979 年至 2004 年，律师、媒体、社会活动组织都披露了州、地方以及私人运行的少年犯设施中有记录在案的虐待报告。这些文件涉及哥伦比亚特区以及 23 个州：包括亚利桑那、阿肯色、加利福尼亚、康涅狄格、佛罗里达、夏威夷、爱达荷、伊利诺伊、肯塔基、马里兰、马瑟诸塞、密苏里、内华达、纽约、北卡罗来纳、俄亥俄、俄克拉荷马、俄勒冈、宾夕法尼亚、罗德岛、南达科他以及犹他等州。[1]

2008 年，"美联社"（Associated Press）调查了所有少年司法机构并调取了 2004 年至 2007 年间美国监狱中因工作人员造成

---

〔1〕 V. Schiraldi and M. Soler, "Locked up too Tight", http://www.washingtonpost.com/wp-dyn/articles/A30534-2004Sep17.html, 2015-09-19.

少年犯死亡以及发生的性虐待、身体虐待和心理虐待数据。调查揭露了 13 000 项虐待指控。[1]

2012 年，"司法数据局"（Bureau of Justice Statistics）进行了一项关于州立少年矫治机构中少年犯性受害者的调查。调查发现，1/8 的少年犯报告曾被机构员工或其他少年犯性侵过[2]。

2011 年以来，安妮·E. 凯西基金会发布了一份关于少年监狱机构状况的报告，即《儿童无处容身》（No Place for Kids）。报告指出，有确凿的证据表明，1970 年以来多数州的少年监狱都存在对少年犯的系统性虐待情形。自 2000 年起，全美过半的州都对少年矫治机构中系统性的虐待记录在案。《儿童无处容身》报告披露了 33 个州的 57 个诉讼，显示哥伦比亚特区与波多黎各的法庭自 1970 年起便对机构工作人员对少年犯系统性的暴力、身体及性虐待、过度使用隔离与身体约束等问题进行了裁决，并判处了损害赔偿。[3]

2015 年，安妮·E. 凯西基金会更新了《儿童无处容身》报告，表明这些暴行在过去多如牛毛。报告指出："在《儿童无处容身》报告出版后，没有更新的证据表明科罗拉多、佐治亚、爱达荷、伊利诺伊、爱荷华、田纳西和西弗吉尼亚等州的少年监狱存在对少年犯的系统性虐待。但新的报告记录了上述这些州普遍存在的虐待，包括少年犯之间暴力活动的高发生率，对于身体约束的过度依赖，以及过度使用隔离和单独监禁的情况。""无可辩驳的证据表明侵犯被监禁少年犯宪法权利的现象

〔1〕　M. Holbrook, *13 000 Abuse Cases in Juvie Centers*, The Associated Press, 2008.

〔2〕　Beck et al., *Sexual Victimization in Juvenile Facilities Reported by Youth*, 2012, Washington D.C.：U.S. Department of Justice, Bureau of Justice Statistics., http://www.bjs.gov/content/pub/pdf/svjfry12.pdf, 2013.

〔3〕　See R. A. Mendel, *No Place for Kids：The Case for Reducing Juvenile Incarceration*, Baltimore, MD：Annie E. Casey Foundation, 2011.

存在于阿肯色、加利福尼亚、佛罗里达、内华达、纽约、俄亥俄和得克萨斯这 7 个州中。在一些州，虐待情况甚至在州已签署改善机构不良状况法令的几年后仍未改观。""自 2000 年起，系统性的虐待就已经被 29 个州的机构记录在案，还有 3 个州甚至保留了虐待行为的实体证据。"[1]

2015 年《美国少年犯处遇机构中虐待》报告还利用联邦警局调查、诉讼案件以及权威媒体与权威公立或私立调查机构的报告数据，制作了 1970 年以来美国各州少年犯处遇机构中出现的系统虐待和重复虐待统计情况图。（参见图 6）从图中我们可以看到，只有少数几个州没有出现系统虐待或者重复虐待行为，大多数州在 2011 年之后都出现了虐待行为。由此可见，美国少年犯处遇机构虐待行为的严重性。

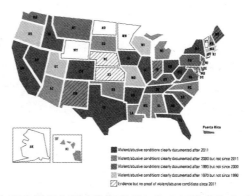

图 6　1970 年至今美国各州少年犯处遇机构中系统虐待或重复虐待概况

（＊图片来源：R. A. Mendel, *Maltreatment of Youth in U. S. Juvenile Corrections Facilities：An Update*, Baltimore, MD: Annie E. Casey Foundation, 2015）

---

〔1〕　See R. A. Mendel, *Maltreatment of Youth in U. S. Juvenile Corrections Facilities：An Update*, Baltimore, MD: Annie E. Casey Foundation, 2015.

　　少年犯处遇机构虐待的案例也非常普遍。如著名的"林肯山少年训练学校虐待事件"。位于威斯康星州的"林肯山学校"（Lincoln Hills School）是全美最大的少年犯处遇机构，可容纳559人，专门关押男性少年犯。其兄弟单位"科珀湖学校"（Copper Lake School）大约关押了40名女性少年犯。调查显示，对于林肯山学校与科珀湖学校的审查结果可能存在"瞒报"（under statement）现象。两所监狱都因涉嫌虐待、对举报者实施报复而受到指控。前"威斯康星矫正部"（Wisconsin Department of Corrections）主任艾德·沃尔就曾在2016年报告矫正机构员工将少年犯对少年训练学校状况的投诉送进碎纸机粉碎的情况。上述情况并非偶然。2015年12月，在进行了长达一年的调查后，联邦与州官员突击检查了上述两所监狱。2016年2月，联邦调查局（FBI）接管了调查任务，"司法部民权分局"（Department of Justice's Civil Rights Division）亦考虑开展民权调查。《密尔沃基前哨》（Milwaukee Journal Sentinel）则在其网站上公布了其针对上述训练学校的深入调查报告。密尔沃基"少年司法组织"（Youth Justice Milwaukee）成员杰夫·罗门表示"林肯山训练学校模式是彻底失败、无可救药的"，该联合组织在最近的报告中呼吁关闭该训练学校，代之以更安全的社区与更紧密的家庭联系。[1]

　　此外，少年犯处遇机构中的管理人员也会经常殴打少年犯。根据报道，佛罗里达棕榈滩少年矫正机构（Florida's Palm Beach Juvenile Correctional Facility）就因为警卫殴打少年犯而被调查。早前一则警卫殴打少年犯的监控录影带的公布使得"佛罗里达棕榈滩少年矫正机构"接受调查，2名狱警被开除，其他几名涉

---

〔1〕　See Patrick Marley, "Youth Prisoners Raised Abuse Concerns", *Milwaukee Journal Sentinel*, 2016-09-13.

案者也已被停职。少年司法局已宣布将选择 TSI 公司在未来的 5 年中运营该少年矫正机构。TSI 公司自 2016 年 4 月起接手棕榈滩少年矫正机构，目前负责运营佛罗里达州的 4 所矫正机构。[1] 类似的事件还包括"阿肯色少年评估与处遇中心警卫殴打少年犯事件"。"阿肯色少年评估与处遇中心"（Arkansas' Juvenile Assessment and Treatment Center）由 G4S 公司负责运营，该中心由于"阿肯色残疾人权利中心"（Disability Rights Center of Arkansas）在 2014 年公布的一则报告而受到调查。该报告指出，阿肯色少年评估与处遇中心内发生的少年被侵害事件在一年中上升了 98%，一名员工因攻击事件被解雇。[2]

二、少年犯处遇机构中的性侵问题

少年犯处遇机构中性侵的发生率也非常高。美国司法数据办公室的最新数据表明，少年司法体系的性侵被害率由 2005 年的 19‰上升到了 2012 年的 47‰。在 2012 年，虽然少年犯处遇机构的性侵比例有所下降，但是仍然有 1/10（9.9%）的州运营少年犯处遇机构中的少年犯曾受到性侵。其中发生在少年犯之间的比例是 2.5%，发生在管理人员与少年犯之间的比例是 8.2%。但是，并非所有的性侵行为都是暴力性的。相关数据显示：发生在管理人员和少年犯之间的性侵行为中有 5.1% 并非是暴力性的，暴力性的只有 3.6%。而这些性侵行为大多数都是直接而明确的性侵行为，只有极少部分是与性相关的性侵行为。[3]

---

〔1〕　Liz Ryan，"Youth Prisons are Underscrutiny"，https://medium.com/@ LizRyanYJ/youth-prisons-are-under-scrutiny-e4c3c6a8155b#. v9muxv3pv.

〔2〕　The Conditions at the Arkansas Juvenile Assessment and Treatment Center，"Disability Rights Center of Arkansas"，2014.

〔3〕　National Center for Juvenile Justice，"Juvenile Offenders and Victims：2014 National Report"，2015.

但是，这是一项针对公立少年犯处遇机构的调查，排除了私营少年犯处遇机构的数据，而实际上，在私营机构中，这类情况更甚。

报纸上也经常有很多少年犯受到性侵事件的报道，如"阿杜博山学校性侵少年犯事件"。始建于 1972 年的亚利桑那"阿杜博山学校"（Adobe Mountain Schools），设计可容纳 456 名男性少年犯及 158 名女性少年犯。该监狱在过去的 10 年中不断受到州民间运动组织、媒体与律师的调查。在早先已被媒体披露的监狱儿童被害丑闻的基础上，媒体 2015 年 10 月公布的报告再次揭露了该监狱员工性侵少年犯的情况。[1]包含"亚利桑那儿童行动同盟"（Arizona Children's Action Alliance）与"莫里森研究所"（Morrison Institute）在内的民间组织纷纷呼吁将其关闭。又如，根据报道内华达少年训练中心发生过很多性侵少年犯事件，性侵率非常高。据美国司法数据办公室公布的数据，始建于 1913 年、可容纳 160 人的"内华达少年训练中心"（Nevada Youth Training Center）的性侵报告率高达 21.30%。[2]

但是，无论是成人监狱还是少年犯处遇机构中的工作人员，都极少因为性侵等类似不当行为而受到指控。专家报告表明，对于监狱官员性侵犯人的指控"极其罕见"，即使有少年犯死于监狱，也很少会有人因此受到指控。在"肯塔基州少年监禁中心"（Juvenile Detention Center），一位名为基尼亚·麦克米兰的女性少年犯死在监狱中，典狱长与几名官员被开除，但无人受到指控。这种事实的存在，使得少年犯处遇机构的管理人员事

〔1〕　Liz Ryan, "Youth Prisons are Underscrutiny", https://medium. com/@ LizRyanYJ/youth-prisons-are-under-scrutiny-e4c3c6a8155b#. v9muxv3pv.

〔2〕　Liz Ryan, "Youth Prisons are Underscrutiny", https://medium. com/@ LizRyanYJ/youth-prisons-are-under-scrutiny-e4c3c6a8155b#. v9muxv3pv.

实上有着豁免权，这就使得少年犯处遇机构的管理官员进一步威慑着少年犯，使其不敢在前者有不当或违法行为时报告，而这种沉默又加剧了少年监狱中性侵与被害的循环发生。[1]

三、大量使用非人道化管束措施

少年犯处遇机构利用大量的非人道化管束措施来管理少年犯，例如，利用化学与物理约束控制少年犯。但针对少年犯处遇机构的相关情况，并没有全国性的数据。时有耳闻的少年犯处遇机构中的类似现象，似乎已成了少年犯处遇机构的惯常措施。

少年犯处遇机构大量使用化学管束措施。例如，少年犯处遇机构有时会使用辣椒喷雾，使少年犯在吸入时产生灼烧感。专家表示，由于这种方式较为极端，因此机构应尽量只在少数情况下使用。但根据"居住安置机构少年犯调查"（Survey of Youth in Residential Placement）对全国少年监狱进行的调查，有30%的少年犯表示自己所在的机构使用辣椒喷雾作为管束措施。媒体报道也表明，这种措施的使用比想象中更为广泛，尤其是在加利福尼亚、路易斯安那、俄克拉荷马、德克萨斯、威斯康星等州，辣椒喷雾在少年监狱中的使用颇为广泛。[2]

裸体搜身与手铐在少年犯处遇机构中相当普遍。在被送至法院或其他地点、会见完家属和律师或被裸体搜查违禁品时，甚至在监狱内，少年犯都会戴着手铐。在马里兰州，上述物理

---

〔1〕 Liz Ryan, "A Youth Prison Mirrors an Adult Corrections Approach", https://medium. com/@ LizRyanYJ/a-youth-prison-mirrors-an-adult-corrections-approach-in-key-ways-241c563b2592#. ft4hs1f6o.

〔2〕 Liz Ryan, "A Youth Prison Mirrors an Adult Corrections Approach", https://medium. com/@ LizRyanYJ/a-youth-prison-mirrors-an-adult-corrections-approach-in-key-ways-241c563b2592#. ft4hs1f6o.

措施的使用相当普遍。《巴尔的摩晨报》（*Baltimore Sun*）曾报道了上述情况。该报指出："检察官、儿童利益促进运动家与心理健康专家认为，少年犯本来大多罹受精神创伤，这种情况却在监狱的裸体搜身与手铐束缚中加剧。批评者认为，这些措施侵犯了少年犯受到宪法保护的诉讼与隐私权，与少年司法矫治少年犯的精神背道而驰。"[1]

少年犯处遇机构还使用其他各种物理管束，其中最常见的是"约束椅"（Restraint Chair）。美国少年司法中心的《少年犯与被害人 2014 年报告》（Juvenile Offenders and Victims 2014 report）表明：1/4 的机构承认其使用物理管束，少年监狱的使用率最高。居住式安置机构少年犯调查更表明：29% 的少年犯曾被施加了约束椅。[2]如康涅狄格少年训练学校因为频繁使用约束措施而被起诉。由于在 2015 年 7 月被"儿童促进 CT 办公室"（CT Office of Child Advocate）披露其频繁使用"约束措施"（Restraint），"康涅狄格少年训练学校"（Connecticut Juvenile Training School）早在数年前就开始受到相关调查。该办公室公布了 8 个使用约束措施的监控录影带。现在，普韦布洛监区已经被关闭，康涅狄格州州长马罗伊亦承诺在 2018 年 7 月 1 日前关闭该少年训练学校。[3]

另一种不人道甚至致命的措施——"零食奖赏"——出现在佛罗里达州。监狱官通过奖赏殴打者零食，让少年犯殴打某个少年犯，以规避自身责任。例如，一位名叫奥马尔·佩斯利

---

〔1〕　Erica L. Green, "Juveniles in Maryland's Justice System are Routinely Strip-Searched and Shackled", *The Baltimore Sun*, 2016-03-13.

〔2〕　National Center for Juvenile Justice, "Juvenile Offenders and Victims: 2014 National Report", 2015.

〔3〕　Liz Ryan, "Youth Prisons are Underscrutiny", https：//medium. com/@ LizRyanYJ/youth-prisons-are-under-scrutiny-e4c3c6a8155b#. v9muxv3pv.

的少年犯曾死于零食奖赏，之后又有一名叫埃洛德·雷沃特的少年死于 20 名少年犯的群殴。[1]

四、少年犯处遇机构中的单独监禁

美国公民自由联盟（ACLU）将单独监禁定义为："将犯人单独置于牢房中，一天 22 小时~24 小时，几乎没有与人接触或互动；极少或没有自然光线；对探视严格约束；无法参加集体活动。几乎所有的人为接触都是在犯人受约束或被隔离在某些屏障之外的情况下进行的。"在美国的成人监狱中，每天有超过 8 万人被处以单独监禁。

少年犯处遇机构也同样使用单独监禁，但名称多种多样。例如，"保护拘留"（protective custody）、"行政隔离"（administrative segregation）、"隔离"（seclusion）、"隔绝"（isolation）或"寝室监禁"（room confinement），而少年犯则称之为"洞穴"或"牢房"。但无论称谓如何改变，其单独监禁的事实是无法改变的。

根据美国少年司法中心《少年犯与被害人 2014 年报告》的统计，1/5 的少年犯处遇机构都存在某种形式的单独监禁措施。对于少年训练学校而言，多数单独监禁少年犯的时间都超过 4小时。而美国少年司法与犯罪预防办公室的《居住安置机构少年犯调查》表明，被单独监禁意味着与外界人员没有任何接触，而被调查的少年犯中有 35% 曾经被处以单独监禁措施。其中，87% 被处以单独监禁的少年犯声称其被单独监禁超过2 小时，55% 的少年犯声称其被单独监禁超过 24 小时。在被

---

〔1〕 Liz Ryan, "A Youth Prison Mirrors an Adult Corrections Approach", https://medium. com/@ LizRyanYJ/a-youth-prison-mirrors-an-adult-corrections-approach-in-key-ways-241c563b2592#. ft4hs1f6o.

处以单独监禁超过 2 小时的少年犯中，有超过一半的少年犯声称他们从踏进少年犯处遇机构之日起就从未见过"心理顾问"（Counselor）。[1]

少年犯单独监禁也经常见诸报端。根据报道，美国伊利诺伊少年中心曾多次实施单独监禁。位于科瓦尼德的可容纳 354 名少年犯的伊利诺伊少年中心，受到过包括"约翰·霍华德协会"（John Howard Association）等州与当地民间组织的调查。该组织在针对伊利诺伊少年中心的最新监测报告中揭露，该少年处遇机构在 2012 年 6 月至 2013 年 7 月间进行了 1170 次单独监禁，平均每 1.5 天~2 天实施一次。伊利诺伊州长劳耐尔已宣布将关闭该监狱。[2]

第四节 机构化处遇的民营化质疑

一、少年犯机构化处遇机构的民营化

在过去几十年处遇机构私营化浪潮的影响下，许多私营部门开始进入美国少年犯机构化处遇体系之中，提供法定的监禁、住宿、辅导、福利等矫治服务。

根据美国少年司法与犯罪预防办公室于 2014 年进行的一项统计，有接近一半的少年犯处遇机构是民营的，有 29% 的少年犯被处遇，其中总数达 14 711 名。

---

〔1〕 National Center for Juvenile Justice, "Juvenile Offenders and Victims: 2014 National Report", 2015.

〔2〕 Celeste Bott, "Rauner to Close Troubled Downstate Youth Detention Center", http://www. chicagotribune. com/news/local/politics/ct-bruce-rauner-juvenile-detention-center-closing-met-20160212-story. html.

表 13　美国少年犯民营处遇机构统计

		处遇机构		少年犯	
		数量（家）	百分比（%）	数量（名）	百分比（%）
总数		1852	100	50 821	100
公立	州立	390	21	17 200	34
	地方	618	33	18 910	37
	总计	1008	54	36 110	71
私营		844	46	14 711	29

（*数据来源：美国少年司法与犯罪预防办公室，2016 年）

　　少年司法处遇机构民营化间接引发了许多利益与矫治伦理的冲突问题。美国学者卢肯曾经深入过研究美国少年犯机构化处遇私营化的种种问题。他的研究指出，司法系统由于受到经费裁减以及个案量增多等多重压力，纷纷采取与民间团体合作的方式将矫治性的司法裁决措施交由民间机构执行。在这种合作模式下，执行少年犯处遇措施的机构相对拥有较多专业裁量权，不但有权决定犯案的少年犯接受矫治处遇服务的内容及期限，也有权决定青少年违反这些矫治方案的处理后果。如果少年犯违反其安排的处遇措施，则必须接受更严厉的处理结果，或者重新回到司法体系中接受更严厉的司法处分。所以，这些民营化的少年犯处遇机构所安排的矫治方案同时具有矫治性和惩罚性。[1]

　　民营少年犯处遇机构在执行矫治措施和方案的时候所引起的最大问题就是将矫治治疗变成了一种牟利性的企业。由于民

---

〔1〕　See K. Lucken, "Privatizing discretion: Rehabilitating Treatment in Community Correction", 43, *Crime and Delinquency*, 1997, pp. 243~259.

间团体有机构经营的压力，执行矫治方案或可成为获利的方法
之一。同时，由于合作关系，私营机构可以在实施惩罚的过程
中得到不同程度的社会控制主导权。这些控制权不但会强化少
年犯机构化处遇的惩罚特质，同时也会增加矫治治疗产业的需
求性和赋权合法性。[1] 在这些因素的影响下，很多私营少年犯
处遇机构开始通过各种专业方法来规划矫治方案，这些专业的
矫治服务也在无形中变成了多元的惩罚机制。

　　虽然这些民营化处遇机构所引发的矫治治疗伦理问题目前
备受质疑与挑战，但是无可讳言，在以福利服务或矫治治疗理
念为主导的机构化处遇情势下，专业福利服务人员的意见以及
裁量权已经间接地转化成了一种严密的社会控制力量，同时也
衍生出了另外一个执行惩罚而非矫治少年犯的私营化处遇体系。

二、少年犯处遇机构民营化所带来的问题

　　美国少年犯民营处遇机构因追求利润的特征而使得其自身
可能通过各种比较隐性的方法增加收入，这些隐性方法主要表
现为扩大少年犯偏差行为的矫治处理类别和设法使少年犯不离
开矫治处遇市场。

　　（一）民营化机构扩大少年犯偏差行为的矫治处理类别

　　第一种明显的做法就是民营处遇机构在利润优先的考量下，
会扩大偏差行为的治疗处理类别。民营处遇机构为了扩大利润
及保有竞争力，希望通过得到司法体系更多的信任以及争取更
多的矫治机会，以得到更多的利润，因此，民营处遇机构选择
将矫治处遇方案精细化、特定化。例如，为违规驾驶者提供矫
治不良驾驶行为的方案；为制造支票文书者提供财务管理的治

---

　　〔1〕　参见张纫："少年社区处遇的惩罚与矫治意涵的探讨"，载《刑事政策与
犯罪研究论文集（二）》，"台湾法务部犯罪研究中心" 1999 年版，第 205 页。

疗课程；为暴力行为者提供行动行为矫治的课程等。由于这样的方案缺乏个别化的针对性，这使其并不能回应每一个偏差少年犯的真正矫治需求，反而会扩张司法机构的控制权，实际上也是扩张了民营少年犯处遇机构的控制权，让许多轻微罪行的少年犯在矫治的名义下受到另一种形式的处罚。

（二）民营机构设法使少年犯不离开矫治处遇市场

第二种比较常见的扩权方式则是设法使在矫治之中的少年犯不离开矫治市场，从而延长单个少年犯的矫治时间，进而提高从单个少年犯矫治中获得的利润。为了使少年犯能够接受矫治并延长治疗期，民营处遇机构往往会将少年犯行为矫治目标设定为"完全正常程度后才予以结束矫治治疗"。因此，同一种矫治方案，还会依照少年行为治疗痊愈程度的不同，而分别给予其他附加的治疗服务。例如，对于轻微罪行的少年犯，会被指定接受药物滥用的治疗，因为行为筛选工具显示其吸烟过多，而这点恰恰为药瘾者之行为指标之一。对于脾气暴躁的少年犯，接受完生气管理初级课程之后，还可能被诊断转介，接受生气管理高级课程班。此外，为了要准确评估少年犯行为的正常性，一个药物滥用者的行为评估会全面包括其过去、现在生活的所有层面。在强调连续性治疗的前提之下，一个少年在进入机构化处遇系统之后很可能会在不同的矫治治疗方案中，持续接受服务指导，直至机构治疗师满意为止。

本章小结

美国少年犯处遇机构虽然多有改革，但是在当代已经受到越来越多的质疑。原因在于，其不仅在根本模式上存在问题，没有达到期望的矫治效果，成本还非常高，经常有各种虐待等非人道事件发生。而大量民营化少年犯处遇机构为了追求利润往往会忽略少年犯的处境。针对机构化处遇有效性的质疑包括四方面：忽视少年犯的自身发展需求、引发少年犯产生严重心理问题、少年犯处遇机构的高再犯率、存在着严重的种族不平等问题等。少年监狱等少年犯处遇机构并不应仅仅被解读为失败和有害的策略，它还是非常不经济的措施，其支出成本非常高，但是效益又非常低。针对机构化处遇的人道性质疑包括少年犯处遇机构中普遍存在人身虐待、大量性侵、大量使用非人道化管束措施、常用单独监禁等。在过去几十年处遇机构私营化浪潮的影响下，许多私营部门开始进入美国少年犯机构化处遇体系之中，提供法定的监禁、住宿、辅导、福利等矫治服务。美国少年犯民营处遇机构因为其追求利润的特征而使得其自身可能通过各种比较隐性的方法增加收入，这些隐性专业方法主要表现为扩大少年犯偏差行为的矫治处理类别和设法使得少年犯不离开矫治处遇市场。

动态演化：美国少年犯机构化处遇的改革发展

少年司法面临着不同的路线选择，曾经的路线指向道德、伦理、必要的财政上的审慎、更安全的社区和少年犯更美好的未来。而现在，局势正发生转变：从总统到教皇都呼吁停止对监禁的依赖。早期参与改革的州和地区都试图采用替代性措施，尽管少年监禁数量仍不容乐观，但总体呈减少趋势。呼吁关闭少年监狱并不意味着没有少年犯需要被监禁，但即使是对少数有必要被监禁的少年犯来说，少年监狱也是具有惩罚性的、残忍的、不人道且不适宜发展的，其并不是少年犯应该被安置的地方，更达不到促进少年犯的积极发展与矫治目的。正确的解决方法应是全方位的、立体的，将目的重新导向为帮助少年犯重回正轨，并把少年犯的发展和责任感放在第一位，而不是无谓的惩罚。一个成功的少年司法制度要得到实现，首先其目标必须不是寻求公共运行的少年监狱，而是寻求为少年犯提供有利于其可持续发展服务。从目前来看，美国少年犯机构化处遇改革的路径可以用五个方向来概括，即减少化、转处化、替代化、再投资化和连续化。

第一节　减少化：减少机构化处遇安置

美国少年犯机构化处遇领域近年来最显著的改革就是减少

了少年犯机构化处遇安置，不仅提高了其进入门槛，还减少了这类机构的数量，特别是对安全级别比较高的少年犯处遇机构，更是出现了废除的呼声。

一、提高少年犯机构化处遇安置的进入门槛

美国少年犯处遇机构中安置着大量的少年犯，但是世界上的其他国家似乎并没有跟随美国的步伐，而是选择了其他更加有效的制度。无论从哪个角度来分析，美国少年犯的数量都比其他国家要多很多。2008 年的一项研究报告[1]显示，美国的少年监禁率是当时监禁率排名第二的南非的近 5 倍之多。与此类似，通过欧洲犯罪与刑事司法数据手册和美国刑事司法统计手册，美国学者基里亚斯、雷东多和萨内基等人在 2012 年发现，美国少年犯监禁率比欧洲国家一直高出很多。[2]联合国毒品与犯罪预防办公室（UNODC）2016 年的报告显示，美国的少年犯监禁率也比其他国家高很多。

而按照联合国毒品与犯罪预防办公室 2011 年公布的数据，美国少年犯监禁率是排名第二的塞浦路斯的 2 倍，是俄罗斯少年犯监禁率的近 6 倍。2010 年，美国每 10 万人中有 94.68 名少年处于监禁中，而排名第二的塞浦路斯只有 46.50 名。排名最后的斯洛文尼亚只有 0.58 名，美国是其 200 倍左右（参见图 7）。

---

〔1〕 N. Hazel, *Cross-National Comparison of Youth Justice*, London, England: Youth Justice Board for England and Wales（U. S. number updated to 2011 data.）.

〔2〕 M. Killias, S. Redondo and J. Sarnecki, "European perspectives", in R. Loeber and D. P. Farrington（eds.）, *From Juvenile Delinquency to Adult Crime: Criminal Careers, Justice Policy, and Prevention*, New York, N. Y.: Oxford University Press, 2012, pp. 278~315.

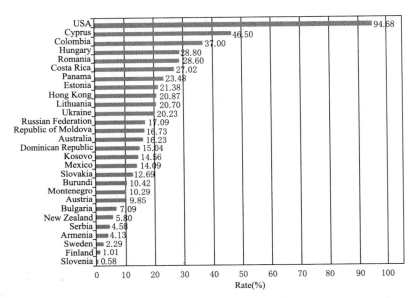

图7　2010年世界各国少年犯监禁率（每10万人）

（＊数据来源：联合国毒品与犯罪预防办公室，2011年）

　　针对美国少年犯处遇机构中少年犯数量居高不下的情况，有学者提出在保证公共安全和少年犯安全的前提下，至少可以减少向少年犯处遇机构输送少年犯的途径，特别是可以提高那些安全级别比较高的完全封闭性的少年犯处遇机构的进入门槛，从而减少少年犯进入少年犯处遇机构的机会和数量。

　　各州可以通过立法限制矫治机构对少年犯的分类，将进入少年监狱的对象限制为犯下严重罪行且显著威胁公共安全的少年犯。[1]得克萨斯州与加利福尼亚州的立法将少年矫治对象限制为严重犯罪的少年犯，并将节约的监禁支出用于支持少年犯

---

〔1〕　R. A. Mendel, *No Place for Kids*：*The Case for Reducing Juvenile Incarceration*，Baltimore, MD：Annie E. Casey Foundation, 2011.

罪的地方性出路，两个州都成功达到了减少少年犯监禁率与犯罪率的目标。

　　由于美国少年犯罪率的锐减，美国少年犯机构化安置数量已经降到了 40 年来的最低值。同样是 2001 年到 2003 年间，在由国家监护的少年犯中，被监禁于超过 200 张床位的大型少年犯处遇机构中的少年犯比例已从 52% 下降到了 18%。实际上，在 2001 年到 2003 年间，美国监狱中的少年犯数量下降了 53%，48 个州的少年犯监禁数量减少了两位数。全美最大的 5 个州的少年犯监禁数量都减少了 2/3。[1]

　　这个下降趋势在判决定罪后进行机构化安置的少年犯数量上有着更明显的表现。根据美国量刑工程 2015 年《21 世纪少年犯定罪与少年犯机构的下降趋势》报告的统计，美国少年犯定罪后进行机构化安置的数量从 2001 年的 76 262 名下降到了 2013 年的 35 659 名。而将审判前的少年犯安置数量计算在内的话，其数量在 2000 年达到最高，此后一直下降，至 2013 年已经下降了 51%[2]（参见图 8）。

　　〔1〕　Sickmund et al., *Easy Access to Census of Juveniles in Residential Placement*, Washington D. C.：U. S. Department of Justice, Office of Juvenile Justice and Delinquency Prevention, http://www. ojjdp. gov/ojstatbb/ezacjrp/, 2015.

　　〔2〕　See J. Rovner, *Declines in Youth Commitments and Facilities in the 21st Century*, Washington D. C.：The Sentencing Project, 2015.

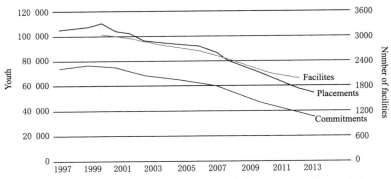

图 8　美国少年犯机构化安置处遇数量变化（1997 年至 2013 年）

（＊图表来源：J. Rovner, *Declines in Youth Commitments and Facilities in the 21st Century*, Washington D. C. : The Sentencing Project, 2015）

二、减少少年犯处遇机构的数量

美国少年矫治制度发展到今天，经过少年犯处遇机构在近几十年中的萎缩，终于等到了数十年一遇的机会——彻底废除少年监狱。美国有不少民间团体甚至发起了废除少年监狱的运动。关闭少年监狱这些安全级别比较高的少年犯处遇机构可以使节约下来的资金再投入到"在家项目"（in-home programming）中去。对于少数需要被监禁的少年犯来说，小型的、类似居家式的机构可以被规划在离其家庭所在社区最近的地方，以鼓励其与家庭关系的维系。

根据美国量刑工程 2015 年《21 世纪少年犯定罪与少年犯机构的下降趋势》报告的统计：2012 年，全美的少年犯处遇机构比 2002 年减少了 970 所，降幅达 33%。随着少年犯处遇机构的关闭，各种类型的少年犯处遇机构的数量都呈下降趋势。其中，能容纳 100 人以下的少年犯处遇机构从 2696 所减少到了 1872 所，降幅为 31%；能容纳 100 人~200 人的少年犯处遇机构从 171 所减少到了 83 所，降幅达到 51%；而能容纳 200 名以上的大型少年犯处遇机构则从 88 所减少到了 30 所，关闭比率甚至达到了 66%[1]（参见图 9）。

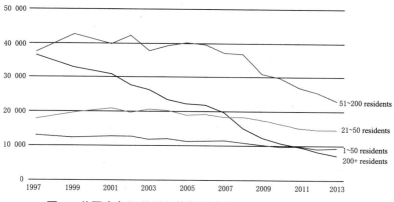

图 9　美国少年犯处遇机构数量变化（1997 年至 2013 年）

（＊图表来源：J. Rovner, *Declines in Youth Commitments and Facilities in the* 21st *Century*, Washington D. C.：The Sentencing Project, 2015）

如果没有心理创伤、反常的生活环境、冲动冒险等嵌入自身的经历，多数少年犯都会随着年龄的增长而逐渐摆脱极端行为。[2]一项针对违法青少年的实证研究表明，对于低违法层级的青少年来说，移情法是犯罪断念的非干预式途径，但如果将他们置于普通的少年机构则会增加其犯罪率。[3]

〔1〕　See J. Rovner, *Declines in Youth Commitments and Facilities in the* 21st *Century*, Washington D. C.：The Sentencing Project, 2015.

〔2〕　Bonnie et al.（eds.）, *Reforming Juvenile Justice：A Developmental Approach*, Washington D. C.：The National Academies Press, Committee on Law and Justice, Division of Behavioral and Social Sciencesand Education, 2013.

〔3〕　J. R. Adler et al., *What Works in Managing Young People Who Offend? A Summary of the International Evidence*, London, England：Forensic Psychological Services at Middlesex University, Ministry of Justice Analytical Series, 2016.

在不影响公共安全的前提下，显著减少向少年监狱输送的途径的一部分原因是，多数本应被送入少年监狱的少年犯在社区安置中能表现出更好的"服从性"（amenable）。2003 年，监狱中接近一半（46%）的少年犯都非人身伤害犯或身份犯，有17%的少年犯因缓刑技术违反而被监禁。[1]

各州近期与长期以来的例子都表明，少年犯监禁数量可以在犯罪率不上升的情况下显著减少。在"接近家庭活动"（Close to Home Initiative）中，纽约市减少了少年犯的监禁数量，并将所有被安置在离家很远的机构的少年犯转移至离他们家庭最近的小型当地机构。此后，全市少年监禁率下降了53%，且青少年被逮捕率减少了一半。[2]得克萨斯州安全戒备机构关押的少年犯减少了65%，同时，青少年被逮捕率下降了33%。[3]

一项持续了数十年的针对马萨诸塞州少年犯的快速去机构化研究表明，参与社区处遇的少年累犯率低于被监禁少年犯的累犯率；[4]在加利福尼亚州，当局将少年犯监禁处所数量由10 000所大幅减少至 1000 所后，青少年的被逮捕率、财产犯罪

〔1〕 Office of Juvenile Justice and Delinquency Prevention, *Easy Access to the Census of Juveniles in Residential Placement*, Washington D. C. : U. S. Department of Justice, Office of Juvenile Justice and Delinquency Prevention, http://www. ojjdp. gov/ojstatbb/ezacjrp/asp/ State_ Offense. asp, 2013.

〔2〕 V. Schiraldi, *Why We Need to Shut Down Juvie*, New York, N. Y. : The Marshall Project, https://www. themarshallproject. org/2015/12/22/why-we-need-to-shut-down-juvie#, 2015.

〔3〕 T. Fabelo et al. , *Closer to Home*: *An Analysis of the State and Local Impact of the Texas Juvenile Justice Reforms*, Council of State Governments Justice Center and The Public Policy Research Institute at Texas A&M University, 2015.

〔4〕 L. E. Ohlin, R. B. Coates and A. D. Miller, "Evaluating the reform of youth corrections in Massachusetts", 12 *The Journal of Research in Crimeand Delinquency*, 1975 (2): 3~16.

和暴力犯罪数量都显著下滑。[1]

上述各州的改革实践案例研究也支持了需要减少少年犯处遇机构的观点。每个州的实践各有千秋，带来的效果也不一而足，但可以肯定的是，没有任何一个州找到了全面应对少年犯罪和制度总体改革等复杂挑战的完美策略，且一个司法管辖区的成功样本并不能被完全复制到另一处。但尽管如此，各个州的成功例子还是说明减少少年犯处遇机构上游输送管道，改革少年犯矫治系统，以替代少年犯处遇机构可以为其他有效途径的再投资创造更多机会。

第二节　转向化：少年犯机构化处遇的程序化抑制

对于少年犯机构化处遇的改革不仅在于减少少年犯机构的数量，还在于通过程序化的方式抑制进入少年犯机构化处遇（特别是通过审判程序进入高安全级别的少年训练学校等全封闭的处遇机构），转而进入低安全级别的机构化处遇措施或者社区、家庭等非机构化处遇措施之中。

一、少年犯转向处遇的运作流程

所谓少年犯处遇转向制度是指对于符合一定标准的违法少年，使其不进入正式的少年司法审判程序，而是转向教育性等其他辅助措施进行安置，与少年及其监护人或者转向机构之间订立契约以矫治少年。此外，美国少年司法制度还包括在进入司法审判程序之后的转介制度，即如果在最终审判中，法院判决进入社区，则称之为转介。另外，还有一种少年犯转移制度，

---

[1]　B. Krisberg et al., *A New Era in California Juvenile Justice*, Oakland, CA: National Council on Crime and Delinquency, 2010.

即将少年犯向刑事法院转移，这种伴随着少年犯"严打"政策而兴盛起来的制度，在 20 世纪 90 年代达到顶峰，包括司法转移、立法转移和起诉转移。[1]但此处，我们所强调的是转向制度，而不是转介或者转移制度。

由于各州的少年司法针对转向处遇的规定并不相同，本书在此将以于 1976 年第一个将转向处遇纳入少年法规的华盛顿州为例，介绍并阐述其少年犯转向处遇的流程。[2]

根据华盛顿少年法的相关规定，少年法院审理的少年案件，必须经由检察官起诉始得加以审判。虽然在《统一少年法院法》制定后大多数州已经由观护人接收少年案件，但是华盛顿州仍然规定由检察官接收，检察官一旦接收少年犯案件，便必须"初步检视"少年法院对本案是否具有管辖权、对本案事实是否具有"相当理由"（Probable Cause）相信系少年所为。经过初步检视的过程后，检察官必须决定是否应向少年法院起诉抑或进行转向处遇。一旦案件事实在法律上已充足且符合一定条件，检察官便必须向法院起诉。例如，少年被指控犯 A 级重罪、B 级重罪、企图犯 B 级重罪或 C 级重罪；或少年被指控犯一项重罪，且曾犯有任何重罪或至少两项"严重的轻罪"（Gross Misde-meanor）或至少两项轻罪的犯罪历史；或少年先前曾犯有相同之罪；或少年曾经被受转向的单位逆送回检察官或曾被考虑逆

---

[1] 根据学者总结，20 世纪 80 年代，在"严打"政策的倡导下，美国少年犯开始向成人法院转移的主要的原因大致可归结为两点：第一，少年法院不能满足对少年犯的"惩罚需要"；第二，为少年法院转移"不能矫正"的少年犯提供了有力机制。少年向成人法院转移的国家政策基础在于成人刑事法院的审判惩罚性更强，因此能够有效地阻止少年实施犯罪行为。参见童德华、肖珊珊："美国少年犯转移制度评析"，载《广西大学学报（哲学社会科学版）》2017 年第 2 期。

[2] 需要注意的是，虽然华盛顿州是最早采取转向制度的州，但现在大多数州是由观护人接收少年犯案件。

送；或在少年的犯罪历史中，曾缔结两个甚至更多的转向契约；或符合特殊条件的控诉或者为持有枪支犯罪行为人之共犯。但是如果少年所犯为"轻罪"（Misdemeanor）、"严重的轻罪"（Gross Misdemeanor）或被控诉的罪名系少年第一次违反，检察官则需将少年转向至处遇机构。另外，检察官在决定究竟应向少年法院起诉抑或为转向处遇时，除以上要件外，尚需衡量时间长短、犯罪严重性、少年犯罪历史以及少年犯被控诉犯罪时所身处的环境等因素。

　　检察官一旦决定对少年进行转向处遇，就必须尽快通知少年的父母或其他监护人，使其知悉少年被指控的罪名以及少年的身心状况。除此之外，在有相当理由认定少年犯被指控之罪时，检察官必须与接受转向处遇的少年犯和执行转向处遇的机构订立转向契约，并取得双方同意。需要注意的是，这里的契约必须受下列限制：第一，可以转向社区服务，但不得超过150小时，若少年仍在上学，则不得在少年上学的时间执行；第二，可以恢复被害人的损失，但必须以少年有能力或有可能偿还的方式为之；第三，可以接受咨询，但必须出席最少2小时以上的咨询或最多10小时社区或机构规划的教育课程；第四，可以接受罚金，但须由少年亲自赚钱缴纳，且该罚金不得超过100元美金。关于恢复被害人的损失的执行，不得超过少年可期待负担的范围与期间，若少年需要更多的时间执行，则允许再延长6个月。至于针对轻罪或严重轻罪少年的转向，契约执行期间不得超过6个月；触犯重罪而接受转向处遇者，执行期间不得超过一年；受转向处遇少年不得超过18岁。

　　为确保接受转向处遇的非行少年能够执行社区服务以及赔偿受害者损失，法警需在可能的范围内，与社区的成员保持联系。该社区的成员会与少年会面，并且向法警提供关于转向处遇的内容的建议，且监督少年转向任务的执行。

此外，为确保转向处遇的有效执行，在订立转向契约时，必须践行正当法律程序。所谓正当法律程序，包括下列例示事项：转向契约必须以清楚且可得理解的文字撰写；须注明违反转向契约是唯一中止转向处遇的事由；非经法院听审程序，不得任意撤销转向处遇。该听审程序须包含下列事项：违反转向处遇的事实与情况；充分揭露受转向处遇少年未遵守处分的所有事实。且在听证程序中，法院必须赋予少年听审权、对质与诘问证人的权利、基于一定理由撤销书面的以及少年未遵守转向处遇的相关证据。少年在受案程序、撤销转向处遇听证或其他关键阶段时，享有受律师实质且有效帮助的权利，用以建议少年，使其在充分理解下，决定是否接受转向等处分。

最后，若决定该少年应受转向处遇，受转向的机构决定是否接受少年的转向处遇须考虑下列事项：无受害人之案件，或受转向处遇之少年先前无刑事犯罪记录，或不涉及威胁或伤害且不超过 50 美金的财产损害的少年非行案件，或并无涉及重大的自然人或法人损失，或无条件释放少年而无须接受转向处遇。受转向的机构有权利拒绝接收，一旦拒绝，少年应被立即移送检察官，并依据转向机构拒绝接收的具体理由，向少年法院起诉。[1]

二、少年犯转向处遇权利的争议

少年犯是否具有受转向处遇从而避开法院审判的权利，这也关系到少年犯是否具有在审判前就避开少年训练学校等安全级别非常高的机构化处遇的权利问题。在 1981 年的"State v. Chatham

---

〔1〕 参见黄鼎轩："少年司法的管辖、搜索与转向——以美国法制为中心"，东吴大学 2015 年硕士学位论文。

案"[1]中，涉及的争议为少年犯是否有接受转向处遇以代替原先刑事诉追的权利？因为转向处遇之后，少年犯的处遇强度是大大低于传统的少年监狱等机构化处遇安置的。

1977年，少年司法针对社会对于少年犯处遇的批评，建立了一套全面且完善的制度。其中一项制度便是转向处遇，亦即将适合接受转向处遇的非行少年移至社区，用以替代检察官的诉追。执行转向处遇的单位属于以社区为基础的矫正机构，必须经过当地居民与适于接受转向处遇的非行少年订立转向契约，并赔偿被害人或服务社区，用以替代刑事诉追。如上所述，在转向处遇的案件当中，检察官会致电当地"受司法转向处遇单位"的负责人，并向其陈述少年非行行为的相关事实。若案件过于严重，并认定非行少年不符合转向处遇资格，则该负责人会拒绝接受少年的转向处分。此类案件将被移交给检察官，并由检察官移送至少年法庭进行审理听证，该少年若确实有罪，将遭起诉。简言之，虽然少年有接受转向处遇的权利，但执行转向处遇的机构亦有拒绝转向处分的权利。

少年犯是否有接受转向处遇的资格是由法律决定的。也就是说，少年如果是第一次犯罪且违反非重罪，该少年即拥有接受转向处遇的权利，而检察官也有责任亦有义务施以转向处分。但是纵使少年有权利接受转向处遇，也不能保证受转向处遇的机构会接受该名少年。即使是对于初犯少年而言，转向处遇也无法保证其是最适合该少年的处遇方式。少年司法赋予受转向处遇机构有权全面审查案件，以及拒绝接受转向处遇的权利。为确保转向处遇的公平与公正，执行转向处遇的机构在作出拒绝决定时必须以书面形式拒绝，叙明拒绝的理由及细节，并向

---

[1] See State v. Chatham 18 (1981).

检察官提交须向少年法院起诉的证明。

由此可见，对于华盛顿州的第一次违反且非重罪之少年而言，其享有接受转向处遇的权利。但是，这并不代表执行转向处遇的机构必须要接收该名少年。立法者赋予了执行转向处遇的机构审查该名少年是否符合转向机构的运作目的等审查权限，若该机构认定少年不适合接受转向处遇，得以拒绝接收需接受转向处遇之少年犯。[1]

三、少年犯转向处遇的程序性保障与罪刑量定

少年法院是否能以少年犯曾适用过转向处遇的记录作为加重判决的理由？若答案是肯定的，那么少年犯在接受第一次转向处遇时应受到何种程序措施的保障，以防将来因初次的转向处遇而作为被加重判决的理由？

在 1987 年的"State v. Quiroz 案"中，[2]美国联邦最高法院认为可以少年犯先前的转向处遇记录作为加重判决理由。其理由为 1977 年《少年司法法》提供的一项判决，即不仅需衡量犯罪行为的轻重，也需参考少年犯先前的犯罪记录。在该案中，少年犯吉罗兹曾犯下两项适用司法转向处遇的轻罪。由于先前的记录，使得法院判决吉罗兹的拘禁由 20 天提高至 40 天。吉罗兹请求法院不要将先前转向处遇的记录作为量刑依据，因为先前接受转向处遇时，其并未被告知将面临的起诉且未被告知其享有受辩护人协助的权利保障。然而，法院拒绝采纳吉罗兹所提出的抗辩。

美国联邦最高法院增列了许多转向处遇机构以及少年犯进

---

〔1〕 参见黄鼎轩："少年司法的管辖、搜索与转向——以美国法制为中心"，东吴大学 2015 年硕士学位论文。

〔2〕 See State v. Quiroz 107 (1981).

入转向处遇前必须遵守的程序要件。该程序要件被用来保障少年犯宪法及法律上的权利，同时也被用来保证转向处遇能够在无迟延以及在具有正式听证程序的情况下得以有效运作。在 Juvenile Court Rules（下称 JuCR）6.2（a）中，保障少年犯在初次与转向处遇部门正式会面前，有权利要求与律师讨论是否接受转向处遇；JuCR 6.3 要求放弃协商的少年，应签署书面表格；JuCR 6.4、JuCR 6.5 要求少年在受转向处遇时，需在一份建议表格上签名，且该表格必须告知转向处遇的契约将成为少年未来犯罪记录的一部分。

在"State v. Quiroz 案"中，吉罗兹在进法庭前曾前往转向处遇部门。该部门给了其一张"转向处遇的建议"（Advice About Diversion）表格。其阅读了表格，并与保护管束执行官进行了讨论。该表格上列明："你有权利要求接受律师的协助，以决定应进入司法审判或转向处遇，若你无法负担律师律用，法院将会为你指定免费律师。若你认为自己并未犯该罪名，亦可告知律师。"保护管束执行官出庭作证，证明吉罗兹要求受律师协助，以及获知任何跟他被控诉罪名有关的细节以及可能的选项。吉罗兹最后在转向处遇表格上签名，并放弃了听审的权利。[1]

尽管表格上有吉罗兹的签名，但他仍辩称其并未与律师沟通，自己所放弃的权利不能被认为是系在自愿且充分了解下所为。法院支持少年收到表格到签署转向处遇同意书的过程十分短暂，因而产生了少年犯放弃转向处遇是否出于自愿的问题。然而在听审程序中，不论是少年犯还是保护管束执行官的证词均显示，少年犯是在充分了解且自愿的情况下放弃其咨询的权利的，并且有大量的证据可以证明这一论点。

---

[1]　See State v. Quiroz 108（1981）.

　　为了遏止以上对于转向处遇的挑战与质疑，法院认为，国王郡的少年犯转向处遇有许多可供借鉴之处。在国王郡，少年犯转向处遇的建议咨询表格在少年初次进入转向处遇部门前几天就会被寄到少年的住处。此外，JuCR 6.3、JuCR 6.4 与 JuCR 6.5 要求少年在签署转向处遇契约之前，必须先签署一份契约，内容是关于少年可以寻求律师协助、转向处遇的程序及其影响。但是最重要的一点是，国王郡不是将"告知少年可寻求律师协助、转向处遇的流程"以及"同意转向处遇"的两份表格一并交给少年犯，而是将其拆分为两份不同的文件，且在初次进入转向处遇部门会议前告知少年犯可请求律师协助。

　　最后，JuCR 6.4 规定，少年犯有选择接受转向处遇或进入法庭审判的权利，但系争表格上并未列出少年犯进入法院后有何种权利，且并未注明少年所犯之罪可能被撤回起诉。在系争案件中，少年犯可借由写在转向处遇表格最上方的注意事项知悉其被控诉之罪。另外，他们可以从辩护人处知道整个事件的详细经过以及法律上对其所犯之罪的解释。因此，在签署转向处遇同意书前，给予少年犯一份使其知悉有权利向律师寻求咨询的书面通知的做法是符合正义的，可使少年犯充分了解起诉的意义。

　　在案件争议中，少年犯辩称司法转向处遇程序的宪法上权利保障应与审判程序相同。法院认为，少年犯并未正确理解转向处遇与审判的认罪程序的基本区别。亦即，转向处遇的程序本来就被设计为非正式程序。法院认为，虽然转向处遇被设计为非正式程序，然而至少必须确保少年在被起诉时，享有应有的宪法上的权利。转向处遇契约必须准确地描述转向处遇可能加重将来犯罪所受的惩罚，该协议也需提醒少年，转向处遇对于少年犯罪记录具有影响。因为少年有权接收到适当的通知，且上述协议并不等同于判决，因此将转向记录作为加重刑罚的量刑事由并不违宪。

　　但是，与此相反，在 1993 年的"In re D. S. S. 案"中〔1〕，美国明尼苏达州上诉法院否定了少年法院于判决时以少年犯曾适用转向处遇作为加重量刑的事由。在该案中，D. S. S. 曾于 14 岁第一次进入少年法院，其父母当时收到了一份注意通知，背面印着少年犯及其父母有受辩护人协助的权利，该通知也有若该少年犯确实有为犯罪行为，则法院有权监禁少年的提醒。随后 D. S. S. 与父母同一位在法院工作的社工（而非律师）会面，并被口头告知于会面时随时享有受辩护人协助的权利。社工也告诉 D. S. S.，若其否认犯罪，将享有受审判的权利。在案件中，D. S. S. 因不想与律师对谈而断然拒绝了辩护人的协助。

　　但是后来，D. S. S. 提出了上诉。D. S. S. 对其未受辩护人协助提出质疑，并要求少年法院在对案件进行量刑时不考虑先前的犯罪行为。法院认为，纵使在比刑事诉讼程序较不正式的少年事件程序中，少年犯也仍有咨询辩护人的权利。针对此点，明尼苏达州的法律规定少年犯有接受辩护人咨询的权利。无辩护人辩护的少年犯应由非该郡的辩护人或于听证时由法院提出建议并记明笔录。另外，来自辩护人（非该郡辩护人）的建议或者法院的建议必须是出于非具有对抗性质且无任何关联的辩护人或法官，亦须经过特别培训后才能实施此类行为。

　　D. S. S. 并未接到来自法院或者辩护人的协助，反而是接受了未受过正规培训的社工的建议，且该社工忘记告知少年若其认罪则该记录将被保存，但可能会作为将来犯罪加重量刑的参考理由。因此，在少年犯放弃其权利时，其需接受非"本郡辩

―――――――――

〔1〕　See In re D. S. S. 506 N. W. 2d 650（1993）.

护人"（County Counsel）的建议，其作出的决定只有在出于充分知悉且自愿的情况下才有效。法条明确规定在不区分正式或非正式的程序中，犯罪人都有接受来自辩护人或法院协助的权利。法院认为，不论 D.S.S. 是否接受转向处遇，其都有被告知可寻求辩护人协助的权利。

通过对以上两则判决的分析，我们可以归纳出法院的意见：在少年犯"自愿且充分知悉"的情况下，其接受转向处遇的记录将来可能成为他犯罪的加重量刑依据。但是对于确保少年系自愿且充分知悉的做法则可以参照国王郡的方式，在少年犯进入法院前，就将少年享有的权利及其他注意事项寄送至少年犯家中，使其有充分时间得以阅读。此种方式可提供相当的时间，使少年犯得以寻求协助，并充分理解注意事项中的各项条款，不失为一种确保少年犯自愿且充分知悉的办法。[1]

四、三种形态的少年犯转向处遇措施

转向处遇只是一个使非行少年脱离司法程序的统称，其中涉及各式各样的处遇内容。转向处遇措施有以下三种类型（参见表 14）。

表 14　转向处遇实施措施类型

转向处遇	青年发展服务
	由少年组成之法庭
	修复性司法计划

（一）青年发展服务

青年发展服务于宾夕法尼亚州的道品郡发迹，主要是为走

---

〔1〕　参见黄鼎轩："少年司法的管辖、搜索与转向——以美国法制为中心"，东吴大学 2015 年硕士学位论文。

在违法边缘以及曾接触过警察的少年提供多元化服务。目的在于改善少年的在校表现与行为，并降低再犯率。少年犯大多都接受过社区机构的转向处遇（其中亦包括警察），该社区机构包括了"女孩公司"（Girls Inc.）和"男孩俱乐部"（Boy Club）以及基督教青年会（YMCA）。上述机构结合了评估、监控、成人服务支援、同侪分组讨论、家庭支援服务、邻居及社区计划、教育援助以及就业准备培训计划。[1]

（二）由少年组成之法庭

1994年至今，由少年组成之法庭从原本的78个增加到了1200个，且美国有49州都有少年组成之法庭计划。少年组成之法庭的鲜明特色即为一群少年在成人督导之下，扮演法庭的重要角色，并用以决定处遇类型。传统上，少年组成之法庭被用于先前未有被逮捕记录之少年犯，大多涉及窃盗、轻伤、脱序行为、酗酒或破坏行为。倡导少年法庭制度者，用意在于通过少年同侪对于少年犯的处遇决定，达到促使少年犯接受该处分并鼓励其建立负责任的态度。此外，倡导者相信参与法庭的少年犯与成人，在少年组成之法庭制度中能有更多的社区参与机会，并鼓励社区凝聚安分守己的少年。现今的少年组成之法庭有不同的模式：一是"成人法官"（Adult Judge）：成人法官监督法庭运作，由少年充当辩护人、陪审员、书记官、法警以及其他法庭成员；二是"少年法官"（Youth Judge）：与成人法官相似，只不过法官一职由少年充任；三是"法庭"（Tribunal）：由少年充任辩护人，以及三个少年法官用以决定少年犯应受何种处遇；四是"同侪陪审团"（Peer Jury）：辩护人非由少年充

---

〔1〕 参见黄鼎轩："少年司法的管辖、搜索与转向——以美国法制为中心"，东吴大学2015年硕士学位论文。

任，少年则是充任陪审员，并有直接质问少年犯的权利。[1]

（三）修复性司法计划

修复性司法计划系设计介入少年犯与受害者之间，并调解或解决问题的机制。因此，在《犯罪学百科全书》（*The Encyclopedic Dictionary of Criminology*）中，学者乔治·E. 拉什与山姆·托雷斯将修复式正义定义为："是一种后现代的观点，强调修复、复归，而非监禁、惩罚及忽略被害者。"[2]简言之就是借由犯罪加害人对被害人之赔偿与恢复原状，抚平犯罪所造成之损害或伤口，从而建立一个和谐、公平的社会。将其落实于美国少年犯司法转向处遇中的目的在于为少年犯与受害者提供修复式服务。例如，修复性司法会议即为将少年由通常少年司法程序中转出的转向处遇制度。在修复性司法会议中，少年犯将与受害者、为少年犯提供协助者以及经过训练的机构人员一起，共同针对所犯行为与受害人所受的伤害进行讨论。提供协助者将提供适当的机会讨论有关人士是如何被少年犯罪行为影响的，最后以书面形式作出处分，而处分内容通常会包括道歉、赔偿、社区服务以及改善在校或在家表现等。[3]

---

〔1〕 See Scott Bernard Peterson, "Made in America: The Golbal Youth Justice Movement 49（2009）", http://ebookbrowse. com/globalyouthjusticearticle2009-pdf-d9410277 6, latest visit 2013/1/10.

〔2〕 See Scott Bernard Peterson, "Made in America: The Golbal Youth Justice Movement 49（2009）", http://ebookbrowse. com/globalyouthjusticearticle2009-pdf-d9410277 6, latest visit 2013/1/10.

〔3〕 See Scott Bernard Peterson, "Made in america: the golbal youth justice movement 49（2009）", http://ebookbrowse. com/globalyouthjusticearticle2009 - pdf - d94102776, latest visit 2013/1/10.

第三节　替代化：非住宿式社区处遇措施的勃兴

减少少年犯机构化处遇的上游输送渠道，关闭少年监狱等高安全级别的少年犯处遇机构，同时改革少年犯处遇文化、配置以及决策过程，以促使整个制度致力于为每一名少年犯带来积极影响。从少年犯处遇项目的角度来看，这意味着扩展替代性的少年犯处遇措施，尤其是基于社区并以家庭为中心，针对严重问题的少年犯的非住宿式社区处遇项目的勃兴。

一、少年犯社区化处遇的兴起

美国犯罪学家杰佛利（C. Ray. Jeffery）在其著作《环境设计以预防犯罪》（*Crime Prevention through Environmental Design*）中强调，改善环境中促成犯罪之因素，以减少社区居民陷入犯罪之机会，常可使犯罪减少至最低限度。第一层次的犯罪预防强调运用直接方法控制及预防犯罪行为，亦即改善社区环境，使人没有发生犯罪之机会，通常是运用社区发展、生态学及城市设计来进行预防犯罪工作。他还提出了"社会疏离理论"（Social Alienation Theory），认为犯罪之发生乃由于人际关系之疏离，缺乏亲切、关怀、尊重、爱护之因素所引起。而犯罪人之所以犯罪，乃由他们缺乏良好的人际关系及与社会建立健全的关系所致。因此，我们应该推广社区守望相助，加强社区良好人际关系的发展，促成社区之共识，增设社区活动及场地，特别是增设青少年运动、娱乐的场所，以助益于预防犯罪。[1]

少年犯罪社区处遇观念始于美国芝加哥学派。早在 20 世纪

---

〔1〕 参见侯正杰："美国少年犯罪问题及其社区处遇"，台湾警察专科学校 2004 年硕士学位论文。

初，芝加哥市便已恶名昭彰，为世界犯罪率最高、黑社会势力最庞大的城市。芝加哥大学的社会学者（如邵、麦凯、派克等人）在 20 世纪初叶即致力于犯罪研究。他们认为，市区的结构及社区之每一特色都可以直接或间接地影响该区的犯罪率。在大都会区域，由于人口异质化、流动率高，各种色情、犯罪行业汇集，犯罪偏差文化盛行。因此，成长于市区贫民窟的少年易于感染犯罪偏差文化，产生犯罪偏差行为。芝加哥大学的社会学者认为，如果能在市区中心设立各种预防犯罪的设施及机构（例如兴建多种少年运动场、设立少年中心及辅导机构），并加强学校、警察及家长之联系则可收到防治少年犯罪的效益。

　　自 1933 年始，芝加哥大学学者即推行各种社区处遇计划。其中包括：①针对市区内具有严重问题的家庭，予以辅导、纾解，协助其亲子沟通及亲职教育；②针对市区内的少年帮派组织，予以疏导、化解，以期改变其气质；③设立"中途之家"（Halfway Home），协助已释放的少年犯，给予安顿的住所，施以心理辅导、就业及升学辅导等；④"工作释放计划"（Work Release Program）。1913 年，美国开始施行社区处遇，目前更为普遍。具体内容为：准予在服刑期中的少年就业，而夜晚则要求他们回归监禁场所。此项计划的功能至少有以下三种：一是职业训练，使犯人学习一技之长，出狱后可以谋生。根据犯罪学的调查研究，犯人出狱之后是否有一技之长可以谋生及工作是决定其是否再犯罪的主要因素之一。二是工作地点通常在社区内，因此，工作释放计划也可达到扶助犯人重返社会、适应生活的目的。三是工作之目的除了职业训练之外，同时也是一项精神治疗，使犯人集中注意力于积极、正面的生活，养成规律的生活习惯。总之，工作治疗不仅对于犯罪的人，且对精神病患也是一项优良的治疗方法，甚至对于普通人也有帮助。

1958 年，加州圣塔莫尼卡城又推出"新纳农计划"（Synanon Program）。该计划运用群体治疗法，由半数的正常青少年与半数的少年犯共同讨论有关犯罪的各种问题，例如人生哲学、对事、对人的态度，试图纠正少年犯的人生观及价值观，探讨犯人的心理障碍，重塑其犯罪偏差的认知体系及自我防御体系，以协助犯人纾解情感，修正态度、观念及行为。

近几十年来，以社区为基础的少年犯罪防治计划已逐渐被推广，即以社会共同防御理论为主，经由整体性、建设性之社会发展工作，以祛除社会病态，预防犯罪发生，促进社会进步。在社区组织预防工作上，少年犯罪的预防可被分为未犯罪前的预防及犯罪矫治处遇后的再犯预防。

二、预防性社区处遇方案的主要内容

预防性社区处遇方案由于服务的对象与方向各有不同，其类型也多种多样。大致上可以分为如下三类：

（一）早期儿童及家庭预防方案

许多儿童发展的相关研究都已经证明儿童早期的认知情绪及能力发展的好坏会对后来的社会行为产生影响，因此，很多少年偏差行为预防方案都提及了以提供给儿童良好的学前教育为预防的基础。其中，最广为人知的是美国联邦政府为低收入家庭儿童所提供的启蒙教育方案。虽然这个方案并非特别针对预防少年儿童偏差或者违法犯罪行为而设计，但是它的目标是使低收入家庭中的儿童能够受到良好的学前教育，强化他们的认知发展以增强其教育成就，通过这种方式影响儿童未来的认知判断与行为能力。此外，少年犯实施偏差行为的一个重要因素是缺少父母的支持以及管教，而很多父母是缺乏管理孩子的知识与技巧的，因此，很多学前教育预防方案都会包括亲职教育的内容。在社区中也有很多服务可以被提供给家庭，协助他们有效管理子女的行为。这些预防方案多是采用行为矫治的理论，训练父母学习与子女沟通及解决冲突的技巧。有研究指出，这些父母训练方案对于功能失调的家庭、有青少年的家庭、父母具有负面人格特质以及缺乏运用教育教材能力等家庭效果并不明显，但是至少对于减少一般儿童的攻击以及反社会行为仍有预防效果。[1]

（二）学校基础预防方案

学校是预防方案实施最多的一个领域。对于一般少年而言，除了家庭之外，学校是他们发展过程中最重要的一个社会机构。同时，学校也扮演了一个集体式的具有正式社会控制功能的机构，因此，偏差行为的预防方案在学校环境中实施的最大好处是能够通过教育教授学生如何遵守社会规范，并培养其知识技巧，以建立起无需依靠犯罪手段而生存的能力。最常见的学校预防方案是各类型的行为预防课程，其主要依据的理论仍然是认知行为学以及行为矫治方法，教导学生掌握各种技巧以预防偏差行为产生。其内容主要包括问题解决技巧、事情因果关系的思考技巧、社会技巧训练、道德推理能力训练以及法律知识教育课程。这些课程期待预防包括药物滥用、参加帮派、未婚怀孕、逃家、逃学等偏差行为。[2]

一些学校的特征与高偏差行为率相关，例如学校规模、学生出勤率、能力分班制度、教师对学生的期望值、教师与学校行政对学生的管理不一致等因素都会有影响。所以，一些预防

---

〔1〕 参见张纫："少年社区处遇的惩罚与矫治意涵的探讨"，载《刑事政策与犯罪研究论文集（二）》，"台湾法务部犯罪研究中心"1999年版，第205页。

〔2〕 See Rolando V. del Carmen and Chad R. Trulson, *Juvenile Justice-the System, Process, and Law*, Thomson Wadsworth, 2006, p. 282.

策略是从学校的组织结构着手的，常见的方式有五种：一是课堂训练技巧的培训，即以教师为对象，让老师学习如何创造一个正向的学习环境，处理干扰课堂的行为以及制定不以比较为主的学习评价系统；二是合作学习的安排，将学生予以异质化分组，使学生能够彼此学习以及相互帮助，增加学习不好的学生正向学习的机会，从而避免偏差行为；三是学校团队的建立，在校内组织团队，成员包括学校行政人员、教师、家长、学生与社区人士，其任务则是参与学校管理决策以及讨论解决学生偏差行为的计划等，具体措施例如设立干扰学生隔离室、问题学生家访、学生协助工作等；四是替代教育策略的实行，有些高犯罪率地区的学校发展替代性教育方案，重新规划设计学校组织及课程，使之配合某些行为偏差学生的学习需求，方案内容包括同侪咨询、领导训练、家长参与、社会技巧实验教室等；五是特别服务与咨询系统的建立，使学校的组织结构中增加辅导咨询的内容，使有行为困扰之学生定期接受个别或团体咨询或其他行为学习及治疗服务。

这些以学校为基础的处遇策略，有从个人层次着手的，也有从组织体系切入的。这些策略方案对于偏差行为的预防效果，在实证研究中缺乏评估或效果有限。但是整体而言，这些方案对于校方、学生、家长之间的沟通、学生对学校的认同程度、学生对学习的兴趣或是出席率、学生人际关系、上课扰乱行为的减少等均具有正向效果。[1]

（三）社区基础预防方案

以社区为基础的预防方案，其假设有些少年偏差行为受到

---

〔1〕　但是对于偏差行为减少的效果并不是非常明显。参见张纫："少年社区处遇的惩罚与矫治意涵的探讨"，载《刑事政策与犯罪研究论文集（二）》，"台湾法务部犯罪研究中心" 1999 年版，第 205 页。

社区的影响，主要是不良的社区结构影响，因此，要预防偏差行为的产生，就必须从其所生活社区的结构改革做起。另外，即使学校提供了很多预防方案，但是仍然有很多少年与学校处于一种相互疏离的关系下，对于这些少年而言，在其比较熟悉的社区环境中提供预防性方案更具有实用性和可及性，效果会更明显。

相比以学校为基础的预防策略，以社区为基础的预防不仅规模最为庞大，而且方案内容更多种多样。主要的社区预防策略有两种：一种是在高偏差行为率的社区之中，设立各种方案，提供多种不同的活动，吸引少年参加，进而替代从事偏差行为的时间。这些方案包括了休闲娱乐活动、文化性活动以及学习性活动。另一种则是锁定偏差行为少年，向他们提供各种服务。这些需要介入处理的少年，通过社区中的各种社会机制（例如司法系统、学校系统、社区机构和家长）被转介而来。服务的内容包括外展服务、社区会议、运动、就业辅导以及咨询服务等。

无论运用何种策略，以社区为基础的预防方案都是由社区中不同性质之机构统一建构服务网络的统称。虽然形式上可被分成学校与社区合作方案、社区教育方案以及其他多种目标之社区方案，但实质上只是扩大了整个社区的参与层面，以结合社区内的学校、卫生、福利、社区组织以及政治团体共同执行。其服务内容包括在学校内提供各种技巧训练、在社区机构提供父母亲职训练工作坊。另外，社区机构除了有领导训练、教导机构负责人开展预防方案之外，还会鼓励各种机构自行组织专家团队，推动社区内的预防活动。例如，媒体宣导、社区活动、服务网络以及转介体系等。此外，社区机构还会结合政治影响力，共同合作推进游说工作，促使相关法案的确立，加上大众宣传媒体的支持，以提高社区共同意识以及支持。

实务中，整合多种策略的预防方案有比较大的成功概率，因此，以社区为基础的预防效果相对更好。但是，这方面的实证研究目前并不是很多，对其结果的观察还不是特别详细，很难从微观上考量其结果。[1]

三、矫治性社区处遇方案的典型类型

矫治性社区处遇是指将已经进入司法系统的少年犯安置于社区环境之中，提供其他方式的治疗或者服务计划，以取代机构化处遇的处罚或者治疗措施。这些方案在各州有所不同，本书在此只论述其中比较典型的社区服务、在家监禁和电子监控等三种方式。

（一）社区服务

社区服务是一种社会内的处遇，这种方式摆脱了设施内处遇的框架，少年本身不用付出金钱，但是他不会有任何的利益收入，也不会有税金优惠。少年要在一定时间限制内完成法院对社区服务的要求，包括法院限制的特定时长的工作或是服务。社区服务有很多不同的方式，例如法院的建议、少年本身的意愿、关于之前犯罪赔偿的服务建议，或是象征性的恢复性处遇模式。也有许多不同的种类，例如医院中的工作、帮助老人、清扫公园、维护草皮，或是其他需付出劳力的劳工工作，这些在各种教育以及公共方面中都是存在的。[2]

在美国，不论是在司法领域还是在矫正领域，以社区服务

---

[1] See Rolando V. del Carmen and Chad R. Trulson, *Juvenile Justice-the System, Process, and Law*, Thomson Wadsworth, 2006, p. 190.

[2] See Rolando V. del Carmen and Chad R. Trulson, *Juvenile Justice-the System, Process, and Law*, Thomson Wadsworth, 2006, p. 282.

代替刑罚的使用都是主流。由于社区服务的成本相当低廉，所以即使犯罪者有高度的潜在犯罪可能性，美国联邦政府出于财政上的考虑，还是会努力推行社区服务。[1]社区服务未有明确的定义，凡是犯罪者，依据法院的命令，在非营利的社会组织或是公共机关之中进行一定期间或一定时间的无酬劳动的，便可以被纳入社区服务处遇的范畴之内。社区服务处遇与对被害者的金钱赔偿以及支付政府相关的罚金，三者之间有所区别。但是，社区服务中部分行为的劳务报酬或是相关收入之后可能会被用来支付赔偿或是罚金。概括而言，社区服务可能包括对被害人的损害赔偿、法院的委托、修复、志愿劳动、象征的赔偿、劳动赔偿等各式各样的情况。也有可能在审判前就转向社区服务，也就是不作有罪判决的宣告而直接将其转为社区服务的处分。这种理念在20世纪60年代末期的英国出现，数年之内便风行美国各地。

社区服务与其他的惩罚方式相同，其目标、对象以及方向必须符合相关的刑事司法理念。例如，社会复归、损害赔偿、犯罪的预防、应报或是处罚等概念，可以是单独或是复合地调和各种刑事处罚理念。但是，作出社区服务的决定，必须考量犯罪者与该地区的社会情况，才能作为监禁刑、罚金、损害赔偿等惩罚的替代手段。

大部分被要求进行社区服务的少年犯所犯的都是地方法院所确立的非重大犯罪。由于实施重大犯罪的少年犯对于社会安全有所威胁，所以即使可以将重大犯罪者纳入社区服务的适用范围之内，也应该要尽量使其范围最小化。以下的类型是绝对不能适用社区服务处分的：特定类型的犯罪；有类似药物成瘾

---

〔1〕 参见 ［日〕竹村典良："社会奉仕命令"，载藤本哲也编：《现代アメリカ犯罪事典》，劲草书房1991年版，第240页。

的特殊习性的；使用武器或是暴力的犯罪者。除此之外，适用社区服务处分，并不考量在司法阶段或是矫正阶段提前释放的可能性，而是直接看个人是不是有不适合社区服务的情况。

社区服务必须考量犯罪者与该地域社会的情况。为了防止适用社区服务的对象有量刑不均衡的情况，必须要有明确的基准，不能存在同样的犯罪类型因为地区的不同或是法官的不同而有监禁刑与社区服务的情况。另外，由于社区服务多适用于贫穷之人或是弱势团体，如果不对中产阶级家庭的少年犯也适用同样的标准，将会产生不平等对待的疑虑。而这个选定基准必须包括社会安全、少年犯的态度、专长、技能、犯罪的重大性以及是否有适当的社区服务场所等因素。

社区服务的执行与两个主要的机关密切相关，即观护人以及志工组织。志工团体同时也会受到保释机关的监督。例如，少年 X 因为破坏公物而被要求进行 200 个小时的医院志工服务，X 可能不会有观护人来监督或检查。在这个时候，对于少年的监督就由志愿者或是医院的职员来进行。[1]

社区服务通常是缓刑或保释的一个条件，但是也有可能直接适用于非重大犯罪，尤其是在较小的管辖区，也就是法院得以密切接触监督机关的地区。法官需要作出社区劳动的计划，以供监督机关执行。

社区服务作为自由刑的替代手段，常会产生一些问题。例如，自由刑与社会劳动要如何折算才算是等价，一天的自由刑要换算成多长时间的社区服务，为了公平，需要确立一套公平的换算标准。此外，如果基于犯罪者无法支付罚金而改处社区服务，一天的劳动可以换算成多少的罚金，是以社会平均薪资

---

〔1〕　See Rolando V. del Carmen and Chad R. Trulson, *Juvenile Justice-the System, Process, and Law*, Thomson Wadsworth, 2006, p. 282.

还是以犯罪者的个人薪资来算也有所疑问。对于前者，只要有法律的明确规定即可；而对于后者，目前则以自由市场中的平均薪资来计算，而不以该行为人的个人薪资计算。[1]

社区服务的时长则要结合犯罪类型以及该行为人的前科而定，同时也必须要考虑到社会观感，以达到"贯彻正义"的目的。但是，社区服务的时长可能是不确定的，法院可能会规定一定的范围，也可能依照行为人社区服务的情况而变更期间的长短。

关于犯罪人应该去何处进行社区服务，学界有两种不同的观点：第一种认为，应该依照犯罪者的个人专业以及社会需求而定，例如医生就应该命其进行义诊的服务。第二种是依照犯罪者的行为而定，例如，对于醉酒驾车之人，应命其到医院急诊室做义工，可以充分见识到醉酒肇事后被害人的情状，以此加强社区服务的效果。这两种不同的观点由法院交互适用，以期取得最好的成效。[2]

但是上述做法也是存在疑问的，即社区服务将会剥夺一般平民的工作机会。再者，如果社区服务组织与犯罪行为人有所对立的话，亦会产生疑问。对于社区服务的监督也会发生问题。亦即，基于行为人隐私的考虑，监督机关掌握的犯罪行为人的资料应被限制在一定范围内，此点尤为重要。另外，监督机关对于犯罪者的行为要负如何的责任并不明确。同时，对于支援社区服务机关的补助，也有可能产生疑问。基于此，有些州的法律限制少年的社区服务只能于公共设施中进行，不可以提供私

---

[1] 参见［日］竹村典良："社会奉仕命令"，载藤本哲也编：《现代アメリカ犯罪事典》，劲草书房1991年版，第241页。

[2] 参见［日］竹村典良："社会奉仕命令"，载藤本哲也编：《现代アメリカ犯罪事典》，劲草书房1991年版，第242页。

人或是商业的活动，其原因在于避免政府与私人企业之间的不当联结。[1]

纵然对社区服务存在以上的疑问，但是社区服务的适用仍在继续扩大，因为社区服务获得了社会公众的支持以及理解，而前述的批评只要有固定的标准便能解决。可以预见的是，未来，不论是在成人司法体系中还是在少年司法体系中，社区服务都会有很大的适用空间。尤其是在少年司法处遇中，法官也有可能把对少年的观察活动放在社区服务之中实行。例如，对于一名因为乱丢废弃物而被宣告保护观察的少年，法官可能会要求该少年于数周的周末都要打扫街道。在一个佛蒙特州的案例中，法院在判决中提出了以下的陈述："使少年可以学会具有责任感，这就是我们法院的责任……我们把让少年具备责任感作为复归的一环……所以必须让少年知道他们应当对自己所做的行为负责。"[2]

（二）在家监禁

家庭监禁，即将少年嫌疑人置于家中，但缓刑官会随时进行监控，一些地方还辅以电子脚环等技术手段，该嫌疑人一旦违反法定或法官设定的义务，便立即会被逮捕，投入机构化处遇设施中。[3]在家监禁这种处遇模式在美国被非常频繁地使用，不论是在成人刑事司法体系中还是在少年司法处遇中皆有适用。[4]

---

〔1〕 参见［日］竹村典良："社会奉仕命令"，载藤本哲也编：《现代アメリカ犯罪事典》，劲草书房1991年版，第243页。

〔2〕 See Rolando V. del Carmen and Chad R. Trulson, *Juvenile Justice-the System, Process, and Law*, Thomson Wadsworth, 2006, p. 283.

〔3〕 参见唐亮："美国少年拘留制度改革"，载《青少年犯罪问题》2002年第4期。

〔4〕 由于在家监禁属于在社会内监禁，但又限制其人身自由，有人将其称为中间处分、中间监禁等。

在家监禁可以避免受刑人受到因为监禁而造成的精神创伤，也可以利用社会上的治疗资源，避免与家庭、社会分离。但从 20世纪 80 年代中期起，由于在家监禁的人数暴增，加上相关福利政策的失败，美国政府放弃了医疗模式而转向正义模式。在这一时期，大多数的处遇模式都已渐渐脱离修复性司法的性质，主要被用来当成一个减轻监狱拥挤的手段，不少机关都宣告了在家监禁的刑罚性质是在家监禁的主要目的之一。例如，佛罗里达州的《社区控制法》即明令在家监禁的目的之一即是惩罚犯罪人。可见，在家监禁制度已从修复性司法的概念中慢慢走出，为了符合大众对风险控制的需求以及现实中监狱拥挤这个迫在眉睫的问题，在家监禁的主要目的还是减轻监禁过剩现象。

在家监禁的发展背景包含了美国放弃福利国家的矫治主义而走向单纯的无害隔离。同时，加上美国监狱又有收容过剩的问题，既可以缓和又可以达到隔离的目的，所以，这一制度在美国算是比较受欢迎的处遇手段之一。此外，由于在家监禁可以同时搭配电子监控使用，能够更加有效地掌握受处分人的行踪，达到社会防卫的目的。

在家监禁在用语上有"House Arrest""Home Detention""Home Confinement""Home Incarceration"以及"Domicile Restriction"等不同称呼。因为各州而有所差异，不过大都指的是在家监禁，也就是受刑人在家进行部分或是全部的监禁刑。典型的在家监禁乃是除了法院事前认可的特定活动以外，一律不得外出的情形。这些特定活动可能包括工作、学习、医疗、参加矫治处遇、戒酒会或是宗教活动等。20 世纪 80 年代美国常用的是"集中监督处分"（Intensive Probation Supervision），也就是把受处分人的行动自由限制在社区之中，其实跟在家监禁是相当类似的，但在家监禁对于行动自由的拘束更为强烈。虽然在行动自由上面的拘束程度有所不同，但是由于在家监禁与集中监督处分都欠缺明确的定义，所以，美国实务中其实是把它们画等号的。[1]

在实施在家监禁的过程中，被监禁人必须在家遵守一定的事项，诸如避免酒精或是药物的使用，而由专门的观护人、警察或是自愿的义工予以监视。一个保释官通常不会负担太多的案件，大多可以用电话或是直接访问来进行检查。例如，佛罗里达州的法令规定，一个观护人最多只能负担 20 个案件，且一个月内必须进行至少 28 次的义务检查。[2]这些检查事前并不会告知被监禁人，完全以随机的方式进行。如果发现有违反禁止性事项的情形，观护人大都会直接将少年犯送至安全管束级别更高的少年训练学校等少年监狱机构进行收容。

随着时间的演进，各州开始逐渐使用电脑来监控被监禁人。新泽西州便有自动电话系统。电脑会自动拨电话给受监禁人，并询问预录的问题。若被监禁人没有接听电话，或是对于被询问的问题没有作出正确的答复，便会被记录下来，并被认定为违规。在家监禁还可以搭配更强有力的监控型态，即与电子监控处遇结合。在被拘禁人身上佩戴发信器，在规定的时间会发出无线信号，而在电话上会装上收信器接收讯号。如果在禁止外出的时间中，电脑便会随机拨电话给被监禁人，借由发信器与收信器来确认受监禁人的行踪。如果出现在未能确认的场合，被监禁人便会被记录有违反规定外出的可能。

在家监禁所针对的对象大多以财产犯罪者为主，但是其他犯罪（如伤害罪等）在佛罗里达州与俄克拉荷马州等州也有所

---

〔1〕　参见［日］小西由浩："在宅拘禁（House arrest）"，载藤本哲也编：《现代アメリカ大事典》，劲草书房 1991 年版，第 228 页。

〔2〕　参见［日］小西由浩："在宅拘禁（House arrest）"，载藤本哲也编：《现代アメリカ大事典》，劲草书房 1991 年版，第 229 页。

适用。醉酒驾车被判有罪之行为人，也是在家监禁的对象之一。为了负担在家监禁的费用，观护方会收取一定的费用，通常为15美元/月到200美元/月，一般而言，剩余的金钱会被用在社会福利以及补偿被害人上。[1]

1983年，伊利诺伊州开始以成人为对象进行在家监禁实验。其背景是该州有收容过剩与财政短缺的问题。随后，1985年所作的调查发现，有同样问题的其他各州也开始实行在家监禁，如俄克拉荷马州、亚拉巴马州、康涅狄格州、德拉瓦州、印第安纳州、乔治亚州、得克萨斯州、南卡罗来纳州等。包含州内以郡为等级所实施的在家监禁在内，全美有30个州实施各式各样的在家监禁，并且有10个州在考虑是否要采用在家监禁制度。根据俄克拉荷马州矫正局于1986年初所进行的电话调查，在被调查的10个州内大多数的郡都有实施在家监禁。在全美之中，实施在家监禁规模最大的便是佛罗里达州，该州将在家监禁称呼为"community control"，并且在1983年开始实施。在其实施的6年之内，总计有25 000人以上适用了在家监禁处分。

至于在家监禁的优点，首先就是在家监禁得以节省少年犯处遇的成本。一方面，可以与监狱收容的费用作出比较，但是考量到美国发生的收容过剩问题，应该要以兴建一个新的监狱之费用来作比较，新的监狱一个床位大约就要花费5万~7万美金，与在家监禁的费用相差甚远。在家监禁直接节省成本，且附加的间接成本很少。在大多的监禁处遇之中，受监禁人家庭的维持可能需要公共福利政策的支撑，但是在家监禁可以避免这种情况，或者是可以通过被害者的赔偿与从被拘禁人征收的监视费用而让公共福利政策的负担减少。甚至，监禁刑所伴随

---

[1] 参见［日］小西由浩："在宅拘禁（House arrest）"，载藤本哲也编：《现代アメリカ大事典》，劲草书房1991年版，第230页。

的社会成本（如避免家庭的崩坏以及被收容人在少年监狱中被同化等）都是在家监禁的优点。

在家监禁的第二个优点则是在家监禁的运用非常弹性化。它可以作为单独的惩罚，也可以与其他的惩罚手段并用。或是作为收容措施的转向制度，也就是在有冲击效果的一段时间内实施收容处遇之后，以工作释放或是缓刑的方式搭配在家监禁的执行。除了针对少年犯之外，在家监禁也可以被适用于有特别需求的犯罪者。例如，康涅狄格州对于怀孕的女性受刑人便可以适用在家监禁，除了妊娠的受刑者之外，癌症末期的病患、精神病患、AIDS 患者等都可以适用。

但是，在家监禁也不是全然地受到赞同，例如被害者团体、观护人团体、法律学者以及市民团体都提出过反对意见。被害者团体认为，即使科以了严格的遵守事项，让犯罪之人留在社区之内的惩罚仍然显得过于轻微。另外，对于酒驾的情形，由于酒驾的情况常常被交付在家监禁，便有团体认为应该加重酒驾的刑罚而不应适用在家监禁。而有的保释官则认为在家监禁过度强调无害隔离的情况，而完全忽略了对于犯罪者社会复归的帮助。[1]

目前，对于在家监禁还存在着对于《美国宪法第四修正案》和《美国宪法第十四修正案》的疑虑。《美国宪法第四修正案》提出禁止不合理的搜索与扣押。以电子监视装置的设置来达成持续性的监视有可能构成不合理的搜索。此外，在家监禁要求被监禁者支付一定的收容费用，也就是要求被监禁人有一定的财力，如果无法给付这笔费用的话，则会被送进监狱，而不得进行在家监禁。这个结果就同法律面前一律平等的《美国宪法

---

〔1〕　See Rolando V. del Carmen and Chad R. Trulson, *Juvenile Justice-the System*, *Process*, *and Law*, Thomson Wadsworth, 2006, p. 285.

第十四修正案》有所抵触了。与这点相同，有论者认为这是对贫穷的黑人少年给予的差别待遇，在监视费用引进物价指数作为调整以后，该问题仍然存在。还有就是没有电话之人必须先租借电话以后才可以进行在家监禁。另外，还有的批评包括将在家监禁与缓刑结合，造成社会控制网络的扩大，并且在家监禁与自由刑相比存在期间较长等问题。[1] 不过，虽然存有这些疑虑，在家监禁与其他机构化处遇措施相比，仍然具有比较大的优势。

（三）电子监控

"电子监控"（Electronic Monitoring）是通过远距离的电子科技监控技术进行判断，以确定受监控者是否在预先指定的时间、地点出现，亦即为了在社区内监控犯罪者，所使用的一种高科技技术。其设备主要有两种类别：主动式监控设备以及被动式监控设备。前者，受处分人须佩戴会持续发出讯号，通知监控人员受监控人之所在的发信器。后者则是中央监控电脑利用无人操作系统而随机地打电话给被监控的对象，以确认其所在。[2] 但目前，更先进的"全球定位系统"（Global Positioning System, GPS）之监控方式已日趋成熟，英国及美国部分州政府亦有所采用。电子监控于机构外监控之实施运用，最主要的目的是以电子科技设备防止被告再犯以及脱逃，或者将其限制在一定的场所，或是搭配其他的控管处分一起使用。而适用的对象原本主要是审前交保或判决未确定的被告，但是近年来对少年犯也有所使用。

---

〔1〕 See Rolando V. del Carmen and Chad R. Trulson, *Juvenile Justice—the System, Process, and Law*, Thomson Wadsworth, 2006, p. 272.

〔2〕 参见许福生："科技设备监控在性侵害犯之运用"，载《月旦法学杂志》2009 年第 3 期。

随着科技的成熟，被用于少年犯处遇的电子监控设备亦不断演进。其大致可以被分为以下几种方式：

第一，主动式监控设备（持续发射讯号）。这种方式是最为普遍的。其主要由发射器、接收器以及监控中心三个部分组成。"发射器"（Transmitter）可以发出一定频率之电波讯号，受监控者多佩戴于手腕、脚踝或是颈部。至于其发射范围、距离，一般由法院来决定。通常是以 200 英尺为范围，除非法院有特别许可，否则其一旦超出范围，便会发出警示讯号通知监控人员。"接收器"（Receiver）则需安装于受监控者的住所或指定场所的电话机上，只有在电波发射的范围内，接收器才可能收到讯号，若收不到讯号，则表示受监控者已逾越范围，电话机就会马上回报给管控受监控人的监控中心。随着科技的发展，现在的"监控中心"（Monitoring Center）已大多采用电脑。受监控者家中之讯息接收器一旦无法接收到发射器所发射的电波，即会向监控中心传输警讯，监控中心的电脑收到此讯号后，将会立刻将此讯息直接传输给当地警局以及假释官。当警察或假释官接收到此讯息时，监控电脑同时也会传输相关讯息，如接收讯号的最后时间点、被告当时可能的位置等，警察即可循此追缉违反规定的受监控者。[1]

第二，被动式监控设备（设定式接触）。此类监控设备较有效的使用方式有声音确认、视讯监控以及配合追踪器三种。声音确认是利用个人声波的检测，以确定是否为本人接电话。此种监控方式的困难点在于必须先存取本人的声音，作为比对原本。但若受监控者身体不适（如因感冒致声音沙哑），就有可能产生误判的状况。视讯监控亦即影像电话，于电话机装上视讯

───────────

〔1〕　参见汪南均："电子监控技术设备于刑事司法之实务运用"，美国哈佛大学法学院 2007 年进修研习报告。

监视器，再由监控中心以定时或不定时的方式打电话，以查核受监控人是否在家。此种方式有影像确认，受监控者基本上难以规避查核。以视讯监控搭配追踪器的运作方式是为了防止受监控者规避查询，在电话机上加装接收器，再令受监控者佩戴手腕式或脚踝式发射器的设计。但须在一定距离的范围内，该接收器才收得到信号，一旦逾越电波接收范围，接收器便将接收不到信号。所以，若受监控者在打电话之时，只有视讯传回其本人画面，但无法接收其讯号的，监控者即可怀疑受监控者是否已利用电话转接方式规避电子监控。[1]

第三，全球定位系统。全球定位系统是美国研制的一种以空间为基准的导航系统，一开始是被用于军事方面，可在全球任何地方连续、精确地确定三维位置和三维运动及时间。全球卫星定位系统是一个中距离圆形轨道卫星导航系统，它可以提供准确的定位、测速等功能。该系统的组成包括太空中的 GPS 卫星、地面上的主控站、数据注入站和监测站以及作为用户端的 GPS 接收机。只需 4 颗卫星，就能迅速确定用户端在地球上所处的位置及海拔高度，所能连接到的卫星数越多，解码出来的位置就越精确。其不仅可被用于测知接收用户端的精确位置、移动速度，甚至还可以获知用户的移动方位。全球定位系统让电子监控设备往前迈进了一步。此系统借由卫星的三角定位，传送监控物体的即时确定位置。例如，将发射器佩戴于受监视者的手腕，权责监控机关即可以 24 小时精确地追踪被监视者的活动，而且，不论受监视者是否在家，权责监控机关都可在任何时间、任何地点指出其所在的位置。美国的北卡罗来纳州、加利佛尼亚州等地均开始试验运用全球定位系统配合在家监禁

---

〔1〕 参见柯鸿章、许华孚：“电子监控的刑事政策比较”，载《刑事法杂志》2010 年第 4 期。

之执行方式，成效甚佳。而且，由于全球定位系统属于无线传输，无需任何电话线配合，其为 24 小时的监控模式，可以随时找出受监控者之位置。即便受监控者逃往国外，也能被卫星所标定，真可谓让受监控者无所遁形。但这类装置仪器精密，价值昂贵，且须克服天气、地形，以及地球上杂乱的电波干扰，这要求国家拥有卫星，且卫星本身足够精密。[1]

由于电子监控本身作为一种新科技，在旧有法制受到新科技的冲击下，本身极易产生疑义。因此，电子监控设备的使用一直处于相关法律争议之中。不过，现在美国在少年犯社区化处遇中使用电子监控的情况非常常见。其优点非常明显，主要有以下几个方面：

第一，解决监所过于拥挤的问题。电子监控最大的优点在于可以缓和监狱过于拥挤的问题，根据本书前述的观点，大多数的中间处遇措施都是为了解决监狱收容过多的问题，如果要建立更多的监狱，进而再收容更多的受刑人，则需要更多的矫治经费，所以，电子监控的出现，可以使在家监禁的适用得以扩大。这还不包括审前交保被告、缓刑及假释者、执行刑罚期间保外就医等特殊情状受刑人。

第二，减少财政负担。电子监控的另外一个优点便是减少监禁产生的财政负担，这是减少监禁而以电子监控计划替代的附带效果。虽然一般认为电子监控会花费大量的金钱，但是与一般监禁的费用相比，电子监控所花费的费用只是一般监禁费用的 1/3。是故，有效使用电子监控同时也可以使政府摆脱财源不足的窘境。

第三，降低社会成本。电子监控等社区处遇措施，其"社

---

〔1〕　参见汪南均："电子监控技术设备于刑事司法之实务运用"，美国哈佛大学法学院 2007 年进修研习报告。

会成本"较之监所设备系相对较低。以社区处遇方式处罚,可以降低少年犯的耻辱感,并使参与者仍能维系与家庭及社群团体的关系,一般人对社区处遇的观感较之监禁要好得多。让初犯者与少年犯得以远离形同"犯罪学校"的监狱,并且留置在社会中保持与家人以及社会的联结,有助于初犯者与少年犯的社会复归。电子监控制度恰恰符合以上要求,相较于监禁处分,此种社会控制形式显得更为人道和安全。

第四,增加裁判者的司法工具选项。将电子监控纳入刑事司法系统的运用,增列为社区处遇方式的一种,增加了法院选择处遇制度的广度。当搭配在家监禁的制度以后,对于脱逃风险较高的受处遇人,电子监控辅以在家监禁可以为法官提供一个更加适当的处遇模式。同时,也可以进一步监控受处遇人,避免受处遇人脱逃或是造成相关的危险。

第五,实现多种监控效果。在犯罪学上,电子监控具备多种效果。如支持电子监控的人认为电子监控可以同时获得预防再犯、实质惩罚、心理威吓等效果。就犯罪预防的角度而言,只要主管机关切实监控受监控人的行踪,确保受监控人在家或指定场所,预防受监控人再犯的目的就可达到。就实质惩罚而言,受监控人在身上携带发射器会造成不便,具有实质惩罚的效果,同时也可以满足一般民众的应报情感需求。并且,由于电子监控具备实质惩罚的效果,其也可以对被监控人形成威吓的效果,进一步抑止其犯罪。[1]

但是从另一个方面来说,电子监控也并不是没有缺点的。主要体现为:其一,电子监控无法确认防止再犯的效果,绝大部分的报告都指出,就电子监控在目前为止所显示的效果而言,

---

[1] 参见柯鸿章、许华孚:"电子监控的刑事政策比较",载《刑事法杂志》2010年第4期。

其并没有显著地降低犯罪率以及再犯率。其二，社区内的安全疑虑，电子监控虽然可以让受监控人与家庭及社会保持联系，但是对于社区的实际影响却是另外一种情形。就社区安全问题来说，很多社区居民会因为有性侵害犯或是重大犯罪者在社区中被监控而恐慌，这会进一步造成社区居民的排斥以及抗议。并且，已经被监控的犯人亦有可能在受监控期间再次犯罪。其三，就宪法上的权利问题，电子监控首先会冲击到宪法所保障的人身自由以及隐私权。以人身自由来说，电子监控会限制行为人于特定时间在特定地点移动的权利，消极地破坏行为人行动不受干扰之自由。就隐私权而言，受监控人的行踪将会被完全洞悉，严重侵犯受监控人之隐私。此外，由于电子监控有时需要受监控人支付相关的费用，或是需要有固定住所之人才得以适用，所以可能会造成不平等。[1]

第四节　再投资化：优化少年犯处遇的财政支撑

近年来，司法再投资在少年犯处遇领域也进行了比较显著的改革。司法再投资可以优化少年犯处遇的财政支撑，将有限的财政资源运用到已经被证明可以有效降低再犯率的项目上，以减少机构处遇和保障公共安全。

一、刑事司法领域的司法再投资政策

所谓司法再投资，就是在循证基础上采取措施，以保障公共安全、降低监禁和相关的刑事司法支出，从而把节余资金用于降低犯罪率和再犯率的项目。20 世纪 70、80 年代之后，随着

---

〔1〕　参见许福生："科技设备监控在性侵害犯之运用"，载《月旦法学杂志》2009 年第 3 期。

严刑主义的兴起，美国监狱人口大增，而监狱支出也随之飞速增长。1988 年，美国的监狱支出是 120 亿美元，到 2012 年，已经上涨至 530 亿美元。但是，高支出并没有带来明显的效益，美国受刑人释放后 3 年内的再犯率高达 40%。因此，在监狱开支飞速上涨和再犯率居高不下的双重反思之下，不少州开始改革刑事司法，其中，司法再投资是典型路径之一。

司法再投资政策可以分为三个步骤：第一步是控制监狱人口增长以降低监狱开支；第二步是使用节余资金，以投资被实证证明有效用之项目；第三步就是在此基础上降低再犯率，降低缓刑、假释等撤销率，从而提升公共安全。这三者之间其实是一个循环的关系，没有前面一步就没有后面一步，但是没有后面也就无法开始前面的运作（参见图 10）。

图 10　司法再投资运作图

司法再投资政策要转变为实践，从整体上需要通过四种法律路径进行保障：量刑法律指导法院为有罪被告量刑；"释放法律"（release laws）决定犯人从监狱中释放的条件；"监督法律"（supervision laws）明确缓刑与假释的监督措施；"监察法律"（oversight laws）保障上述程序的正当实施。

从 2007 年起至 2016 年，美国已经有 33 个州通过了"司法再投资倡议"（Justice Reinvestment Initiative）。美国司法部司法援助办公室、"皮尤慈善基金会"（Pew Charitable Trusts）、"国家政府司法中心委员会"（Council of State Governments Justice Center）、"犯罪与司法研究所"（Crime and Justice Institute）、"维拉司法研究所"（Vera Institute of Justice）以及其他公共和私人组织，都对量刑与矫正政策进行了改革。尽管各州的具体改革方案不尽相同，但都旨在提升公共安全，将纳税人的税款优先运用于监狱中的严重犯罪人和累犯，同时将无需监禁的低危险性犯罪人所节约的资金用于替代性措施，以减少累犯。

自司法再投资改革以来，美国的监禁率已经有所下降，同时，犯罪率也持续走低。此外，各州相继生效的司法再投资法将为纳税人节约数十亿美元。[1]

二、少年犯处遇领域的司法再投资

当少年司法制度将越来越多的年轻人安置在家中，并运用更为有效且更经济的手段进行监督与服务时，节约下来的资金可以被应用于其他替代性措施。美国公众亦表现出了对该种形式的司法再投资的支持。皮尤慈善基金会发布的民意调查结果表明：79%的参与调查者强烈支持将低危险性的少年犯从矫治机构中转移出去，并将节约下来的资金投入缓刑与其他替代性措施之中。[2]无独有偶，另一项由"少年优先"（Youth First）组织进行的民意调查也显示：83%的民众支持"为各州和市政当局提供财政鼓励，将节余资金再投入少年监禁的替代性措施，如强化矫治、教育、职业培训和社区服务等矫治项目，以为少

---

〔1〕 Urban Institute,"Justice Reinvestment Initiative State Assessment Report（January 2014）",http://www. urban. org/sites/default/les/alfresco/publication-pdfs/412994-Justice-Reinvestment-Initiative-State-Assessment-Report. PDF.

〔2〕 Pew Charitable Trusts, 2014.

年犯提供更多修复被害人及社区损害的机会"。[1]

从少年监狱等少年处遇机构节约下来的资金可以被用于支持少年犯在社区内的服务、支持与机遇创造活动。利用这些节余的资金，少年司法系统、儿童福利以及心理健康机构可以在其他方面帮助少年犯，从个性化的角度了解少年犯的自身需求。

此外，评估替代性服务的过程与结果也十分必要。由于一些替代性措施无法达成自身设定的目标，部分项目无法满足自身有复杂问题的孩子，许多少年犯还会被送回监狱安置。因此，应注意保障每一名少年犯都能获得真正的服务、支持与机会，而跨机构的关怀和护理服务就显得非常重要了。美国在这方面有很多成功的经验，例如"密尔沃基全景中心"（Wraparound Milwaukee）就是其中一个成功的例子。该机构建于 1995 年，专为密尔沃基的儿童福利设施、心理健康机构和少年司法机构中的被监禁或被居住式安置的儿童提供跨机构的关怀和护理服务。自该机构建立以来，密尔沃基少年犯的平均居住式处遇人数从 375 名下降到了 110 名，降幅为 71%，同时，居住式处遇的平均期间由 14 个月变为 4 个月。研究表明，密尔沃基全景中心帮助过的少年犯的累犯率保持在极低水平。[2]

各州少年犯处遇的具体立法和政策存在差异，因此，各州少年犯处遇领域司法再投资的具体措施不大一样。以弗吉尼亚州为例，其少年犯处遇领域司法再投资的实施非常明晰，提出了五方实施机构、四类指向对象和六条实施策略，效果也非常好。2015 年的一项统计表明，弗吉尼亚州少年司法系统在实施

〔1〕 Youth First，2016.

〔2〕 B. Kamradt and P. Goldfarb，*Demonstrating Effectiveness of the Wraparound Model with Juvenile Justice Youth Through Measuring and Achieving Lower Recidivism*，Baltimore，MD：The Technical Assistance Network for Children´s Behavioral Health，2015.

司法再投资计划后每年可以节余 6 621 940 美元。[1]

表 15　弗吉尼亚州少年犯处遇领域司法再投资框架

实施机构	指向对象	实施策略
1. 州长及其政府 2. 少年司法部 3. 地方、州和国家的支持者及国家基金 4. 家庭与少年 5. 社区实施的立法者	1. 众议院拨款委员会 2. 参议院财政委员会 3. 支持的检察官，执法人员和法官 4. 选举人	1. 少年司法部长大厅开放 2. 司法游行 3. 少年开放日 4. 预算听证的公众支持 5. 与受监禁少年的艺术与支持合作 6. 改变媒体对再投资的认识

第五节　连续化：形成少年犯照管连续体

很多学者都提出了应当对少年犯机构化处遇模式进行改变的建议，认为要使少年犯机构化处遇走向对少年犯的连续化照顾，形成照顾少年犯的光谱化连续统一体。例如，麦柯迪和麦金太尔于 2004 年论及少年住宿处遇中心的时候就曾指出，少年住宿处遇中心需要采取一种"权宜模式"（stop-gap model）。这种模式的目的在于重塑处于人生危机中的少年犯不断消沉的人生意识，并且为少年犯再融入社会创造条件。[2]莎拉、达伦·迪克森、帕特丽夏·马罗内·本内特、苏珊·斯通等人于 2010

---

〔1〕　Jeree Thomas，"Juvenile Justice Re-investment in Virginia"，*Campaign for Youth Justice*，2017.

〔2〕　See Barry L. McCurdy and E. K. McIntyre，"And What About Residential...？Reconceptualizing Residential Treatment as a Stop-Gap Service for Youth With Emotional and Behavioral Disorders"，19，*Behavioral Interventions*，2004（3）：137~158.

年也提出了一种类似模式，即将少年犯短期处遇项目、密集住宿处遇项目与社区化后期管护项目进行衔接整合，使这些项目之间能够贯通起来，对少年犯形成无缝化保护。[1]约翰·里昂、希瑟·沃特曼、佐兰·马丁诺维、布莱恩·汉考克等人于2009年在文章中称，人们已经认识到了社区资源的重要性，长期住宿处遇裁定的类型及其时间长短应当在一定程度上参考少年犯及其家庭所可用社会资源的多寡来决定。[2]

一、少年犯照管连续体的概念

很多制度都使用"照管连续体"（continuum of care）一词来指称达到一系列特殊需要的服务安排。例如，"美国住房与城市发展部"（The United States Department of Housing and Urban Development）就使用"continuum of care"一词指代一系列广泛的服务安排。而这一系列的服务安排旨在结束行为人无家可归的状态并指导其达到自我满足。在儿童福利系统中，这个词语也被长期使用。其被用来表示在同一谱系上的系列性的家庭外安置服务连续组合，这一连续组合包括了从限制最少的"家庭寄养"（foster care）到限制最严格的住宿式安置。甚至在医疗系统中也用照管连续体来指代满足病人所有必需的服务组合。[3]

在美国少年犯处遇改革语境中，少年犯处遇改革在很大程

---

[1] Chance et al., "Unlocking the Doors: How Fundamental Changes in Residential Care Can Improve the Ways We HelpChildren and Families", 27, *Residential Treatment for Children & Youth*, 2010（2）：127~148.

[2] Lyons et al., "An Outcomes Perspective of the Role of Residential Treatment in the System of Care", 26, *Residential Treatment for Children & Youth*, 2009（2）：71~91.

[3] "Definition of Continuum of Care", http://www.himss.org/definition-continuum-care? ItemNumber=30272.

度上是在去机构化和加深社区对少年犯及其家庭支持的理论上
进行的。因此，其中少年犯照管连续体的概念是指基于社区资
源而形成的有价值的与少年犯传统处遇阶段相对应的各种非住
宿式社区化项目、支持、资源和服务的组合，其是专门为少年
犯及其家庭成员的独特处遇需求而设计的。照管连续体提升了
少年犯及其家庭的内在联系，并给他们提供了满足不同阶段需
求的非机构化处遇服务措施，以努力促使少年犯尽早脱离少年
犯司法体系和处遇机构。

　　或许很多人会说，目前很多社区中已经存在这种照管连续
体或者类似的制度，的确是这样，但是这些照管连续体往往是
针对一般少年的，很少有专门为陷入少年司法体系中的少年犯
及其家庭的复杂化与多样化需求而设计的。社区中的少年犯照
管连续体的缺失，使得司法在对少年犯处遇措施选择的时候并
没有太多的可选余地，于是，只能选择少年监狱或者其他机构
化处遇措施对少年犯进行监禁或者安置，甚至在很多时候，这
样的安置并不是非常必要的。随着少年犯去监禁化趋势，很多
地方也的确开始减少对少年犯的家庭外安置处遇，但是却代之
以各种以监控为基础的安置措施。这些措施并不利于少年犯的
成长，也不利于分析为何这些少年犯最初会陷入少年司法系统
之中，这是一种不管因果的做法。社区需要多样化的照管连续
体安排，以便于满足每一个需要多种多样帮助的少年犯，其中
一些少年犯或许需求很少，而另一些或许需求很多，但是不管
哪一种类型都应在照管连续体中得到满足。

　　照管连续体应该存在于少年司法所对应的各个发展阶段之
中，每一阶段都有对应的非机构化替代措施，且各个措施之间
可良好衔接。在社区中安排大量和多样的照顾服务能够帮助少
年犯不被逮捕，或者不在家庭外处遇机构中接受矫治，或者可

以加快少年犯从家庭外安置处遇中返回社会。

从阶段组成上看，少年犯照管连续体涉及少年犯的各个阶段，包括逮捕替代措施、逮捕后转处措施、拘留替代措施、拘留后转处措施、起诉替代措施、起诉后拘留替代措施、安置替代措施、违反安置管理替代措施、出狱后安置措施等。当然，所有这些措施都是在一般性社区支持的基础上展开的，离开少年犯所在社区的基础性资源，这些少年犯处遇替代措施将无法得到实施。

表 16　少年犯照管连续体时间结构

1	2	3	4	5	6	7	8	9
逮捕替代措施	逮捕后转处措施	拘留替代措施	拘留后转处措施	起诉替代措施	起诉后拘留替代措施	安置替代措施	违反安置管理替代措施	出狱后安置措施
一般性社区支持								

二、少年犯照管连续体的形成原因

少年犯照管连续体也并不是凭空形成的，其存在有其自身的现实背景与理由。这些理由大多深嵌于少年司法与少年处遇体制的问题之中。

（一）社区中非常缺乏少年犯照管措施

如本书在第一章中所述，美国目前大约有 51 000 名少年犯被安置于各种类型的少年犯处遇机构之中。监禁少年犯理应作为最后一种诉求手段，也就是说，少年犯只有在对其自身或者他人具有严重威胁的时候才能被处以监禁。但是当前很多少年犯并没有达到这一标准却也被监禁了起来，而其原因中非常重要的一点就是社区中缺乏妥当或者足够的安置替代措施。尽管少年犯机构化处遇是有害的、无效的和昂贵的，但是机构化处遇仍然是当前美国少年司法非常显著的特征之一。各州投入了大量的少年司法资源到少年犯的机构化处遇之中，但是对于少年犯非住宿式社区化处遇措施的投入却非常少。例如，我们从弗吉尼亚州 2015 年的年度数据资源指南中可以看到，少年司法局指出，议会拨付给社区项目的财政支出只占全部财政支出的 3.4% 左右。[1]虽然美国少年犯的监禁人数在过去的几十年来已经大幅减少，但是各个州对机构化处遇措施的依赖仍然非常严重。

（二）研究证明社区对少年犯的矫治更有利

在最近的一项研究中，研究者发现，社区对少年犯的矫治更有利。约翰·杰伊研究中心对 3523 名少年犯进行了研究，发现对其进行以社区为基础的处遇期间，86% 的人没有受到逮捕，当社区化处遇项目完成的时候，依然还有 93% 的人生活在社区之中。[2]与此相对的一项对 1851 名完成社区化处遇项目的少年犯进行 6 个月到 12 个月跟踪的研究发现，其中 87% 的人依然生活在社区之中，95% 的人没有处于安全管束处遇之中。[3]这些研究中的少年犯都曾有过家庭外安置处遇的经历，并且均接受过少年司法的试炼。[4]这些研究或许并不能详细说明某些社区化项目是否有效，但是毫无疑问的是，社区在少年犯矫治中具有

---

〔1〕　"Virginia Department of Juvenile Justice Data Resource Guide", http://www. djj. virginia. gov/pages/aboutdjj/drg. htm.

〔2〕　D. Evans and S. Delgado, "Most High Risk Youth Referred to Youth Advocate Programs", *Remain Arrest Free and in their Communities During YAP Participation*, April 2014.

〔3〕　D. Evans and S. Delgado, "Most High Risk Youth Referred to Youth Advocate Programs", *Remain Arrest Free and in their Communities During YAP Participation*, April 2014.

〔4〕　D. Evans and S. Delgado, "Most High Risk Youth Referred to Youth Advocate Programs", *Remain Arrest Free and in their Communities During YAP Participation*, April 2014.

非常重要的地位。这也是少年犯照管连续体的基础是社区支持的原因所在。

(三) 少年犯处遇改革的现实需求

其实，根据当前的研究，我们已经深知少年犯及其家庭的各种需求、经验、心理等信息，并且也知道我们应当摒弃对少年监狱和其他机构化处遇机制十分依赖的少年司法体制。此外，我们也知道社区在少年犯处遇中的作用非常大。但是，问题在于，如何构建社区照管措施，使得社区成为负责矫治少年犯的最佳场所，并且可以提供各种少年犯矫治所需要之措施，以使得少年犯没有必要离开其家庭。我们不能一边对机构化处遇大加投资，一边又期待对少年犯实现去监禁化。持续对社区减少投资的结果是让少年监狱以及其他少年犯处遇机构继续存在，让少年犯继续待在刑事司法体系之中，而不是让他们回归家庭和社会。

构建一系列的社区服务和支持作为少年监狱和其他机构化处遇措施的替代性思路，并不是帮助人们满足其未得到满足的需求那么简单。少年犯照管连续体是要改变少年犯的矫治模式，以前是在下游将少年犯从犯罪行为的河流中打捞出来，而现今则是在上游区分出少年犯实施犯罪行为的根本动因，从而预防他们掉进河里，或者再次掉进河里。

迄今为止，大部分少年司法改革的努力都是一种完全式的改革，例如，改变省察或者法院实践，进行系统性改变，对低风险人群进行非监禁化系统，缩短监禁期限或者改良监禁条件等。[1]还有一少部分则采取了一些比较渐进的措施降低少年司法的介入率，而不是完全化的改革。例如，对非暴力犯罪取消逮捕、起诉、拘留或者监禁等。但是，这种改革忽略了当前

---

〔1〕　See Annie Balck, *Advances in Juvenile Justice Reform: 2009~2011*, Washington D. C. : The National Juvenile Justice Network, 2012.

少年司法处遇机构中已经存在的少年犯。甚至在一些社区措施已经被适用的地方，也并没有大规模实行，由于经费不足，又设置一些苛刻的门槛条件，使得很多少年犯难以进入社区处遇措施之中。正是在这些改革的现实基础上，有学者提出要进行连续化改革，这一改革不仅要建立在让少年犯负责的基础上，而且要建立在资源能够满足大多数违反法律的少年犯的基础上，其中也包括那些具有负责需求和严重暴力犯罪行为的少年犯。[1]

三、少年犯照管连续体的指导原则

少年犯照管连续体要想获得成功，至少需要符合两个方面的要求：一是能够实现少年犯安全的非监禁化；二是有能力满足少年犯及其家庭的多样化需求。可见，少年犯照管连续体的构建要符合以下七大指导原则：

（一）实施促进主动性少年司法和少年发展的服务和项目，以增强少年犯的归属感

主动性少年司法以满足少年犯特殊需求为导向的少年主动性发展理论为基础。按照美国主动性少年司法网站的介绍，主动性少年司法模式致力于连接少年犯与工作、教育、家庭关系、社区、健康和创造性等各种需求的领域，聚焦于帮助少年犯学习和建立社会归属感。[2]主动性少年司法有利于促进构建少年犯的自我提升和自我利益发展。在倡导实施主动性少年司法之外，少年犯照管连续体所实施的各种服务和项目还应当与社区进行深度合作，以激励处于照管连续体措施之中的少年犯能够

---

〔1〕 Jeff Fleischer and Donna Butt, "Beyond Bars: Keeping Young People Safe At-home and out of Youth Prisons", *The National Collaboration for Youth*, 2017.

〔2〕 Positive Youth Justice Website, "John Jay School of Criminal Justice", https://johnjayrec. nyc/pyj.

从内在地改变自身行为。

著名的《儿童如何成功》一书的作者保罗·图赫教授指出，少年更愿意通过与其他人联系得到价值体现，并对由此形成的内在激励进行积极回应，而不是对建立在奖惩规则基础上的外部激励进行回应。在研究自我决定理论的社交科学家的已有研究成果的基础上，保罗·图赫教授提出了三个激励少年发展的关键要素，这三个要素缺一不可：[1]

表 17　激励少年发展关键要素

1	能力或成长的需求
2	自主或独立的需求
3	社会关系（包括个人关系）或归属感的需求

少年犯照管连续体吸收主动性少年司法和少年发展的理念，将少年犯与社区联系起来，而不是像少年训练学校等传统少年犯处遇机构那样将少年犯与外界隔绝起来。照管连续体与社区之间的紧密联系，包含了激励少年发展的三个关键要素，能够让少年犯从与社区等他人的联系中感受到自身的价值体现，从而激励其主动改造自身行为。

少年犯的照管连续体要想获得成功，应当为基于少年自我提升和内在利益而创造各种机会，促使其形成自主性和独立性。少年犯照管连续体应当为少年犯提供机会，使其成为家庭和社区的贡献者，而不是服务的被动接受者，从而提升其联系感和归属感。通常情况下，少年犯经常被社区忽略，处于边缘化的地位，但是，少年犯照管连续体则可以服务包括少年犯在内的所有少年群体。在这样的环境下，社区可以引导少年犯恢复他

---

〔1〕　P. Tough, "How Kids Learn Resilience", http://www.theatlantic.com/magazine/archive/2016/06/how-kids-really-succeed/480744.

们对社区的归属感，从而自发地提升和改变自己的行为，不实施犯罪行为或者不再实施犯罪行为。

（二）超越执法论域而考量公共安全保障

由于照管连续体的目标群体是少年犯，少年犯是对社会有危害风险的群体，因此，社会安全就是照管连续体不得不考虑的一个要素。传统上，人们往往从执法角度来考虑公共安全的保障问题，典型的做法就是依靠警察和监狱强制隔离"危险源"，以保障公共安全。但是实际上，我们应当超出执法领域，在更广泛的意义上考量公共安全的保障问题。公共安全的保障不仅关系到执法部门，而且还关系到形塑安全社区的所有部分，包括良好的学校和工作以及在安全社区中学习、成长、发展和娱乐的机会等。

以社区化为基础的少年犯照管连续体之所以比机构化的方式更能保障公共安全，在于它们可以满足少年犯的个体化需求。这些方式当然优于只是在社区中对少年犯进行监控的方式。少年犯照管连续体要在基于识别和满足少年犯在社区中需求的评估基础上，使少年犯与其家庭和社区的支持联系起来。这种方式赋予了少年犯在真实社会生活场景中处理各种问题的能力，而不是通过监狱隔离、电子监控等遥远的、控制性的方式来解决。[1]

在个别情况下，最安全的社区化替代方式是在最初的时候就让少年犯从少年司法程序中转移出来，也就是说，在少年司法程序尚未开始的时候就避免进入少年司法程序。在这种情况下，少年犯符合在社区中获得改造成功所需要的一切需求，例如有条件上学辅助、工作辅助、矫治等。通过这种方式可以让少年犯完全在少年司法程序还没有开始的时候就脱离出来，避免被贴上犯罪化标签，但同时也可通过获得较好的改造而实现

---

[1]　Jeff Fleischer and Donna Butts, "Beyond Bars: Keeping Young People Safe At-home and out of Youth Prisons", *The National Collaboration for Youth*, 2017.

公共安全。

（三）从以时点为基础的体系转向以需求为基础的体系

当前的少年司法与少年犯处遇体制关注的问题是"何处安置少年犯"——即以时点为基础的少年犯处遇体系，在一定的时间和地点将少年犯集中安置起来；而未来应当走向关注"少年犯需求是什么"和"如何帮助他们"——即以需求为基础的少年犯处遇体系，其重心在于有什么样的需求决定了有什么样的处遇。其哲学基础更多地在于关注满足少年犯所需要的服务和支持，而不是给其提供更多的机构化处遇场所，这种改变非常有利于减少在处遇机构中接受矫治服务的少年犯的数量。也就是说，一个成熟的少年犯照管连续体在开始的时候应当并不是先创设处遇项目然后将少年犯安置其中，而是应首先识别少年犯的需求，然后，根据矫治需求再来创设矫治计划和项目，以满足少年犯矫治的独特需求。

很多时候，特别是对于那些有精神疾病、行为健康问题或者药物成瘾问题的少年犯，他们被送进机构化处遇安置的原因在于社区并没有相应的满足矫治需求的服务和支持。也就是说，这部分少年犯被机构化安置的原因其实是其需求得不到满足。为了不再依赖机构化矫治处遇机构，照管连续体应当与社区进行深度合作，然后，在社区中创设更多类似的服务，以满足各种少年犯的需求。

早在 20 世纪 90 年代，新泽西州就通过了《将儿童带回家法案》，成功地将少年从家庭外处遇机构中转移到了儿童福利之家中，改变了之前以时点为基础的体制，走向了以需求为基础的体制。社区团体与政府进行合作，创造了著名的 CART 体制，即"社区接近资源团队"。[1] 通过努力，他们将少年犯从机构

---

[1] Jeff Fleischer and Donna Butts，"Beyond Bars：Keeping Young People Safe At-home and out of Youth Prisons"，*The National Collaboration for Youth*，2017.

化处遇中解脱出来，根据其个体化需求安置到以家庭为基础的照管体系中。在这之前，新泽西州少年犯机构化处遇措施中少年犯的数量一直居于全国前列；在这之后，新泽西则成了将少年犯安置在家的倡导者。[1]

（四）服务必须具有文化拓展能力和邻里基础

美国有很多公益项目帮助低风险的少年犯，这些项目具有多样化的文化发展能力，通过科技辅助，他们就可以安全地帮助更多的少年犯。作为最基本的条件，这些组织中的很多项目都有能力反映他们所服务的少年犯，例如在种族、民族、文化、性取向、性别身份、性别表达、语言和宗教等方面的特点。[2]他们所具有的这种文化能力意味着与少年犯及其家庭的相关项目有更大可能性获得成功。

将文化拓展能力应用到农村和城市社区，文化拓展能力项目也能够帮助解决当前少年司法与少年犯处遇领域的种族差异问题。与白人同胞相比，有色人种被监禁的概率更高，且时间更长。最近的种族研究发现，黑人少年比白人少年更容易受到责难和危险，拉丁裔少年的情况与此相似。[3]一种降低种族和民族差异及其负面影响的路径就是优先基于文化拓展能力和邻里基础的服务，以满足少年犯的多样化需求。[4]丰富社区资源，使得社区可以提供基于少年犯需求的服务和项目，从而使得邻

---

〔1〕 "New Jersey Bring Our Children Home Act"，https：//repo. njstatelib. org/handle/10929. 1/9506.

〔2〕 P. Goff et al.，"The Essence of Innocence：the Consequences of Dehumanizing Black Children"，https：//www. apa. org/pubs/journals/releases/psp-a0035663. pdf.

〔3〕 "The Safely Home Campaign"，http：//www. safelyhomecampaign. org.

〔4〕 See "Washington DC Department of Youth and Rehabilitative Services RFP for the Credible Messenger Initiative"，http：//cmidyrs. org/wp－content/uploads/2016/07/Credible-Messenger-RFP-Final-July-18-2016. pdf.

里关系和照管连续体有机会获得真正的成功，而这种丰富资源的路径中应当包括聘请专长于在社区帮助少年犯的"可信经理"或者具有类似丰富专业经验的社区工作者。特别重要的是，照管连续体应当与社区进行合作，以防止和减少对有犯罪记录者与少年犯进行共同工作的法定限制。

当这些服务变为真正以社区为基础的时候，少年犯将不必被限制于特定地方或者州的少年犯处遇机构。在社区里，少年犯有机会发现和获得社会资源，有机会通过实践去恢复他们所造成的伤害，并且，他们如此实施的时候往往能够认识到其伤害行为的危害性，对其行为进行内在转变，进而从服务接受者转变为社区贡献者。

（五）确保这些服务、项目和资源以家庭为中心

家庭经常被认为是少年出现问题的原因之一，但是少年还是会经常转向家庭求助，所以，很难抛开少年犯的家庭去帮助一个少年犯。少年犯对从家庭获得需求满足的回应往往相对比较好。[1]

因此，不少州都引入了"家庭领航员项目"（family navigator programs），这个项目允许少年犯家庭支持新的家庭介入这个系统。家庭领航员可以通过很多方面予以帮助，从对社区机构及其中的家庭之间的第一时间快速反应，到帮助家庭在整个少年司法各个阶段引导其子女问题。例如 2007 年，卡罗拉多州建立了家庭督促示范项目，在丹佛市、杰弗逊县和蒙特斯三个地方支持那些子女陷入少年司法的家庭。[2]每一个地方的司法系统

---

〔1〕 Jeff Fleischer and Donna Butts,"Beyond Bars：Keeping Young People Safe At-home and out of Youth Prisons", *The National Collaboration for Youth*, 2017.

〔2〕 N. Arya,"Family Comes First：Transforming the Justice System by Partnering With Families", 2013；"Justice for Families, Fami-lies Unlocking Futures：Solutions to the Crisis in Juvenile Justice", http://www. justice4families. org/download - report/# sthash. E2YWQh8h. dpufF, September 2016.

都与当地的家庭督促示范项目组织合作，提供家庭驱动型的少年引导督促服务。项目的目的是确保少年犯及其家庭能够获得必要的服务和远离再犯。

（六）照管连续体中应当包含少年犯的想法

在家庭之外，少年犯应当参与专门为其设计的需求项目。实际上，现在的少年犯处遇机制很少关注身在其中的少年犯的想法。美国一项对少年犯的调查发现，少年犯建议给他们提供工作机会，并且能够使其获得未来经济发展机会的相关信息；家庭支持项目应当以预防和社区基础为主；应帮助他们减少罚金，提供小型商业贷款和商业机会以便重返社会。[1]少年犯还可以帮助重塑符合他们多样化需求的最佳处遇设计。如果社区可以提供上述服务，大部分少年犯还是非常积极的。从长远来看，这会导致少年机构化处遇措施的消失。GBA 的调查数据所显示的情况与此一致，即无论哪个阶段的少年犯都希望建立少年监狱的替代措施。[2]

（七）识别社区实力与资源

照管连续体不是凭空产生的，其需要很多资源配置。社区资源地图化是促使少年犯成功矫治以及家庭和社区公共安全的关键措施。[3]它提供了一种比较直观的方式，可以识别社区可兹利用的资源、实力、财产，以便以此为基础构建照管连续体。

---

〔1〕 "Virginia's Young People Advise Commonwealth to Invest in Families and Communities, Not Youth Prisons", http://www. riseforyouth. org/2016/03/03/virginias-young-people-advise-commonwealth-to-invest-in-families-and-communities-not-youth-prisons/.

〔2〕 Youth First , "National Poll Results", http://www. youthfirstinitiative. org/wp-content/uploads/2016/03/Day-2-Americans-Support-Rehab. png, 2016.

〔3〕 D. Dorfman, "Strengthening Community Education: The Basis for Sustainable Renewal Mapping Community Assets Workbook", http://www. abcdinstitute. org/docs/Diane%20Dorfman-Mapping-Community-Assets-WorkBook (1) -1. pdf, 1998.

对社区资源进行地图化非常有意义，因为这可以明确社区已经有了哪些可以利用的资源，甚至可以看到某些社区一直以来都受其所困的问题所在。无论多么萧条的社区，都有其自身多样化的资源可以利用，包括社区里那些有贡献天分和帮助他人的能力与经验的本地人。学校等建筑和广场等开放空间可以让人对社区产生信赖感，有助于增强人们的安全感，从而便于其与其他社区成员之间联系和交流。与当地人的合作、邻里关系和社区制度将揭示社区的优势所在。要想在社区服务中获得成功就要引导和雇佣少年犯，就像本地企业的成功那样。社区资源地图化将帮助社区看到他们可以利用什么，而为社区感到自豪，以及识别出可以服务于少年犯的照管连续体。

四、少年犯照管连续体的核心项目

如上文所述，少年犯照管连续体中社区的支持非常重要。社区有可以提供各种服务的专家，可以雇用可信经理以及可以成为个案经理、监督者和引导工作人员的家庭督导人员。根据少年犯所提出的需求，少年犯照管连续体应当包括各种少年犯需求所对应的支持者和服务项目。但是，在不同的研究者那里，这些要素包含的范围可能并不相同。

针对少年犯需求的多样化和复杂化，《安全家庭》报告认为构建照管连续体的核心项目至少有 11 个方面，即接受所有儿童并采取不拒绝政策；应是可用的、易近的和灵活的；强化声音、选择和所有权；为每一个少年犯提供个体化服务；确保以家庭为中心的服务；采取以强化为基础的路径；提供具有文化包容性的服务；雇佣少年犯工作；优先考虑安全与危机计划；提供不附加条件的观照（不拒绝政策）；为公民参与和反馈社会创造机会（参见表18）。[1]

表 18 《安全家庭》报告中少年犯照管连续体核心项目列表

1	接受所有儿童并采取不拒绝政策
2	应是可用的、易近的和灵活的
3	强化声音、选择和所有权
4	为每一个少年犯提供个体化服务
5	确保以家庭为中心的服务
6	采取以强化为基础的路径
7	提供具有文化包容性的服务
8	雇佣少年犯工作
9	优先考虑安全与危机计划
10	提供不附加条件的观照（不拒绝政策）
11	为公民参与和反馈社会创造机会

　　相对于《安全家庭》报告对少年犯照管连续体核心项目的抽象化概括，美国少年协会在 2017 年《监狱之外：使少年安全在家和远离少年监狱》的报告中对少年犯照管连续体的核心项目进行了比较详细的列举，包括：对复杂需求家庭的支持和暂缓；行为健康和全面被害服务；药物滥用矫治；从过去的工作发展到为少年犯构建未来经济机会；方便接受包括信心恢复、补救和学习项目在内的教育；用于娱乐的安全的地方和机会；犯罪社团参与的干预；恢复性司法；移动危机干预；自愿者与收费导师；针对脱离传统项目少年犯的集中项目（参见表

---

〔1〕 Jeff Fleischer and Donna Butts, "Beyond Bars: Keeping Young People Safe At-Home And Out Of Youth Prisons", *The National Collaboration for Youth*, 2017.

19)。[1]

表 19　美国少年协会少年犯照管连续体核心项目列表

	核心项目	内容解释
1	对复杂需求家庭的支持和暂缓	提供在家咨询、危机干预、暂缓照顾、相互支持团体
2	行为健康和全面被害服务	构建社区精神健康与行为康复中心，并为在少年处遇机构中自我伤害的少年犯提供全面被害服务
3	药物滥用矫治	正式的药物使用、误用与滥用矫治，使得少年犯可以康复，还可以考虑雇佣那些康复成功者作为可信管理人，并为其提供自我激励的环境
4	从过去的工作发展到为少年犯构建未来经济机会	改变过去工作发展观念，专注于构建未来经济机会体系，给少年犯提供积极的、非机构化的未来，并使得少年犯从主动性司法项目中获得归属感
5	方便接受包括信心恢复、补救和学习项目在内的教育	学校、社团和商业组织应当参与少年犯的恢复，而不是排斥，应当给他们提供个体化的训练项目和学徒工期
6	用于娱乐的安全的地方和机会	鼓励少年犯共享他们的兴趣，确保娱乐项目能够提供给他们机会去发展他们的兴趣并分享经验
7	犯罪社团参与的干预	对参与犯罪社团的少年犯应当使用可信管理人的方式，与犯罪社团领导者进行谈判，提供必要的服务、工作、调解和危机干预

〔1〕　Jeff Fleischer and Donna Butts, "Beyond Bars: Keeping Young People Safe At-home and out of Youth Prisons", *The National Collaboration for Youth*, 2017.

续表

	核心项目	内容解释
8	恢复性司法	恢复性司法旨在使所有受到犯罪危害行为影响的人恢复到正常状态，使少年犯参与其中，使其对自身危害行为的结果负责，影响其自发认识
9	移动危机干预	建构紧急危机干预项目，以满足少年犯及其家庭无论在何时何地的需求
10	自愿者与收费导师	提供自愿者或者收费导师，以使少年犯感到安全
11	针对脱离传统项目少年犯的集中项目	并非少年犯会完全适用以上这些项目，因此，照管连续体应当包括为那些脱离传统项目的少年犯及其家庭提供短期非住宿式项目，这些额外的项目可以减少将少年犯从其家庭转移出的必要

本章小结

　　少年司法面临着不同的路线挑战，正确的解决方法应是全方位、立体地将目的重新导向帮助少年犯回归正轨，并把少年犯的发展和责任感放在第一位，而不是一味地惩罚。建立一个成功的少年司法制度，必须要关闭公共运行的少年监狱，并为少年犯提供有利于其可持续发展的服务。从目前来看，美国少年犯机构化处遇改革的路径可以用五个方向来概括，即减少化、转处化、替代化、再投资化和连续化。第一，美国少年犯机构化处遇领域近年来一个最显著的改革就是减少少年犯机构化处遇安置，不仅提高进入门槛，还减少这类机构的数量，特别是对安全级别比较高的少年犯处遇机构，更是有废除的呼声。第二，对于少年犯机构化处遇的改革不仅在于减少少年犯机构的数量，还在于通过程序的方式抑制进入少年犯机构化处遇，特别是通过审判程序进入高安全级别的少年训练学校等全封闭的处遇机构。第三，减少少年犯机构化处遇的上游输送渠道，关闭少年监狱等高安全级别的少年犯处遇机构，同时，改革少年犯处遇文化、配置以及决策过程，以促使整个制度更致力于为每一名少年犯带来积极影响。从少年犯处遇项目的角度来看，这意味着扩展替代性的少年犯处遇措施，尤其是基于社区并以家庭为中心，针对严重问题的少年犯的非住宿式社区处遇项目的勃兴。第四，近年来，司法再投资在少年犯处遇领域也是一个比较显著的改革。通过司法再投资，国家可以优化少年犯处遇的财政支撑，将有限的财政资源运用到已经被证明可以有效降低再犯的项目上，从而减少机构处遇并保障公共安全。第五，很多学者提出了应当对少年犯机构化处遇模式进行改革，认为要使少年犯机构化处遇走向对少年犯的连续化照顾，形成照顾少年犯的光谱化连续统一体。

第七章

问题反观：中国少年犯机构化处遇的现状与困境

美国少年犯机构化处遇制度与措施经过多年发展之后也重新掀起了改革的浪潮，其目前的改革发展与我们对少年犯这一核心的认识深化是分不开的。本章将在美国少年犯机构化处遇历史演变与现状透视的基础上，反观中国少年犯机构化处遇的实践与困境，将问题视野从美国转向中国，审视中国少年犯机构化处遇的发展困境。

第一节　中国少年犯机构化处遇的政策与立法

一、中国少年犯机构化处遇的刑事政策

所谓刑事政策，即是刑事立法、执法、司法与行刑各个阶段所应当遵循之政策。但是，关于刑事政策的具体内涵，在古今中外，可谓歧义丛生、学说聚讼。从学派角度看，世界刑事法理论可以被分为两大基本学派，即被称为刑事古典学派的旧理论派与被称为刑事近代学派或刑事实证学派的新理论派。这两个学派的刑事政策定义因为其基本理念的差异而大相径庭。著名的旧理论派刑法学家费尔巴哈认为，国家是刑事政策的唯一主体，因此，刑事政策是国家用来压制犯罪之惩罚措施之总

和。[1]而著名的新理论派刑法学家李斯特则认为，社会政策才是最好的刑事政策，社会政策带给罪犯和社会的影响比单纯的刑事处罚大得多。[2]由于对象的特殊性，具体到少年刑事领域，又有差异化的含义界定。梅文娟认为，少年刑事政策是指国家和社会为了预防和处理少年犯罪，并保障少年的健康发展，从而应对少年犯罪制定的方针、原则和策略的总和。[3]梁根林教授认为，少年刑事政策是针对少年犯罪的特点而制定和适用的惩治、矫正和预防少年犯罪的专门性刑事政策。[4]而关于少年刑事政策的具体内容，学界的观点也有很大差异。高维俭教授认为，少年刑事政策应当对"宽严相济"刑事政策进行必要的拓展，从而在少年犯罪和处遇领域形成"宽罚严管"的少年刑事政策，通过纵向的犯罪、犯罪处理、犯罪处理结果和横向的立法机关、司法机关、社会管理机构进行相互交叉，编织成一个有利于少年健康成长的系统网。[5]梁根林教授则认为，少年刑事政策包括教育、感化、挽救的方针和家庭、学校、社会、司法四位一体的少年犯罪防治体。[6]还有人认为，少年刑事政策需要平衡保护少年和应报责任两种追求。所以，中国少年刑事政策的应然选择必须为保护与惩罚二者之平衡，[7]而非对单

〔1〕 参见［德］安塞尔姆·里特尔·冯·费尔巴哈：《德国刑法教科书》（第14版），徐久生译，中国方正出版社 2010 年版，第 18 页。

〔2〕 参见［德］弗兰茨·冯·李斯特、埃贝哈德·施密特：《德国刑法教科书》，徐久生译，法律出版社 2000 年版，第 15~16 页。

〔3〕 参见梅文娟："少年刑事政策研究"，西南政法大学 2015 年博士学位论文。

〔4〕 参见梁根林："当代中国少年犯罪的刑事政策总评"，载《南京大学法律评论》2009 年第 2 期。

〔5〕 参见高维俭、王群："论宽罚严管的少年刑事政策思想"，载《青少年犯罪问题》2009 年第 4 期。

〔6〕 参见梁根林："当代中国少年犯罪的刑事政策总评"，载《南京大学法律评论》2009 年第 2 期。

〔7〕 参见梅文娟："少年刑事政策研究"，西南政法大学 2015 年博士学位论文。

一目标之追求。

本书认为，在少年犯处遇领域，其刑事政策对象虽然还是少年犯，但其主要应考虑处遇效果的产出。因此，刑事政策的内容除了应当包括"教育、感化、挽救的方针""教育为主、惩罚为辅的原则"之外，还应当包括参与维度的总结，即"家庭、学校、社会、司法的四维参与"。

第一，教育、感化、挽救的方针。中国对老幼一向有恤刑的传统，所谓"老吾老以及人之老、幼吾幼以及人之幼"。新中国成立后也一直强调少年是国家的希望，对罪错少年一直采取与成人不同的特殊政策，以期对少年犯进行改造。1979 年，中共中央第 58 号文件首次提出了"教育、挽救、改造"的方针，以回应少年犯罪与处遇问题。这个文件被认为是新中国少年犯刑事政策的正式提出和定型。1991 年《未成年人保护法》（已被修改）正式从法律上确立了"教育、感化、挽救"的方针。1999 年《预防未成年人犯罪法》（已被修改）也确认了这一方针。2012 年《刑事诉讼法》（已被修改）在修订后也于第 266 条专门确定了这一方针。这一原则实际上就是把少年犯与成年犯分类区别开来，这符合少年与成人二者之间的差异，也符合少年犯心智尚未完全形塑之特征。

第二，教育为主、惩罚为辅的原则。1991 年《未成年人保护法》（已被修改）在正式从法律上确立了"教育、感化、挽救"方针的同时，也提出了"教育为主、惩罚为辅"的原则。1994 年《监狱法》（已被修改）提出对于未成年犯执行刑罚应当以教育改造为主。1999 年《预防未成年人犯罪法》（已被修改）确认了这一原则。2012 年《刑事诉讼法》（已被修改）在修订后也于第 266 条专门确定了这一原则。所谓"教育为主、惩罚为辅"，就要从少年犯的教育入手，而不是进行与成人犯相类似的管理。从专业知识来说，要坚持"教育为主、惩罚为辅"，就是要求少年处遇机构的工作人员，除了应具备法律专业知识之外，还应当掌握与少年发展有关的教育学、心理学、社会学等方面的知识，能够真正了解少年犯的内心，从而真正发现问题所在，增强少年犯的改造动力。

第三，家庭、学校、社会、司法的四维参与。少年犯的处遇从来都不是处遇机构单独的任务，其事关家庭、学校、社会与司法的多方联动。1991年《未成年人保护法》（已被修改）就体现了家庭、学校、社会与司法四者之间的联动关系。1994年《监狱法》（已被修改）在关于未成年犯教育改造的规定中也有"应当配合国家、社会、学校等教育机构"的规定。1999年《预防未成年人犯罪法》（已被修改）在总则中就提出要在多方共同参与下实施综合治理。2012年《刑事诉讼法》（已被修改）第270条的规定也是多方参与的具体体现。

二、中国少年犯机构化处遇的立法支撑

（一）新中国少年犯机构化处遇的立法进程

自新中国成立以来，我国便十分重视对少年犯的监督管理与教育改造的立法工作。在1951年10月，公安部首次提出对18岁以下的少年采用不同于其他罪犯的处置办法。1954年的《劳动改造条例》（已失效）第3条第3款第一次以法律形式规定了"对少年犯应当设置少年犯管教所进行教育改造"。其中第二章第四节要求各省、市建立用于集中收押未成年犯的少年犯管教所。经过实践之后，我国又制定了"以教育改造为主，轻微劳动为辅"的少年犯机构化处遇政策，形成了半日学习半日劳动的制度。[1]

---

〔1〕 参见李康熙："对当前未成年犯改造工作的思考——兼述必须坚持以教育改造为主原则"，载《预防青少年犯罪研究》2012年第2期。

1957 年 1 月 11 日，公安部、教育部印发了《关于建立少年犯管教所的联合通知》，明确提出"为了把犯罪少年教育改造为后一代的建设者，对少年犯应当贯彻执行以教育改造为主，以轻微劳动为辅的方针"。并提出在若干"适中地点"集中建立几个大型的少年管教所。这是新中国成立以后第一次正式提出关于未成年犯监管改造的工作方针。在此之后，全国各地陆续建立了专门收押改造少年犯的少管所。1958 年 3 月，国务院转发公安部《关于筹建少年犯管教所工作报告》的通知，进一步推进了全国各地少管所的建立。[1]

1960 年，最高人民法院、最高人民检察院、公安部联合下发了《关于对少年儿童一般犯罪不予逮捕判刑的联合通知》（已失效），对于少年儿童违法犯罪的不予逮捕判刑，而采取收容教养改造的办法。随后，公安部下发了《关于调整全国少年犯管教所的通知》，将少年犯管教所改称为少年管教所。1965 年，公安部、教育部联合下发了《关于加强少年管教所工作的意见》，将少年管教所的工作进一步明确化。

在"文化大革命"阶段，少年犯机构化处遇立法停滞不前，甚至出现了倒退现象。例如，1967 年，中共中央、国务院、中央军委、中央文革小组等出台的《关于公安机关实行军管的决定》提出对少年管教所实施军管。后来，1968 年公安部下发的《关于劳改单位的设置、新建、接收、移交、撤销不必再报公安部批准的通知》更是放弃了对少年管教所的法律管制。

改革开放以来，少年犯机构化处遇的相关立法逐渐完善起来。1980 年 5 月，公安部下发了《关于检查和整顿少年犯管教所的通知》。1981 年 12 月，中共中央办公厅、国务院办公厅转

---

〔1〕 参见李康熙："新中国未成年犯监管改造工作的发展与创新"，载《预防青少年犯罪研究》2012 年第 4 期。

发《第八次全国劳改工作会议纪要》的通知，提出对失足青少年要贯彻"教育、感化、挽救"的方针，要求管教人员"像父母对待患了传染病的孩子、医生对待病人、老师对待犯了错误的学生那样"，做好教育转化工作，为保护和挽救违法犯罪青少年进一步指明了方向。1982 年，公安部出台了《关于少年犯管教所收押、收容范围的通知》，重新明确了少年犯管教所的收押范围。1983 年，公安部等出台《关于犯人刑满释放后落户和安置的联合通知》，其中涉及未成年学生的落户与安置问题。1986 年11 月 7 日，司法部印发了《少年管教所暂行管理办法（试行）》，对未成年犯的管理作出了初步规定，提出了"挽救人，造就人"的主导思想。这是我国第一次以部门规章的形式将少管所与成年犯监狱的管理区别、分离开来，也是第一次把未成年犯监管改造工作方针、政策、方式方法具体规定下来，具有一定的特色。

进入 20 世纪 90 年代之后，我国少年犯机构化处遇立法快速发展。1994 年，《监狱法》（已被修改）规定了未成年犯的教育改造，明确未成年犯的刑罚执行机关是未成年犯管教所。这标志着未成年犯机构化处遇法律制度正式确立，也预示着它的日益成熟和完善。1999 年 12 月 18 日，司法部发布了《未成年犯管教所管理规定》，同时废止了于 1986 年颁布的《少年管教所暂行管理办法（试行）》，正式全面规范了未成年犯管教所的各项关系。[1]该规定依据《监狱法》《未成年人保护法》和有关法律法规，结合未成年犯监管的工作的实际，对未成年犯监管工作中的狱政管理工作作出了详细的规定，有效提高了对未成年犯的监管水平，在法律层面和实践中形成了一些有别于成年罪犯的管理规定和措施。

---

〔1〕 参见杨木高："中国未成年犯管教所发展史研究"，载《犯罪与改造研究》2012 年第 5 期。

（二）当前中国少年犯机构化处遇的立法现状

根据适用范围和效力层次，本书认为，当前中国少年犯机构化处遇的立法可以被划分为五个层次：

第一个层次是《宪法》中关于少年保护的规定。我国《宪法》中有关于保护未成年人权利的规定，例如其第 46 条和第 49 条涉及对未成年人教育、人身等各方面权利的保护。这是对所有少年群体最高层次的保护。

第二个层次是全国人大及其常委会立法中的少年犯机构化处遇规定。这些立法的效力仅次于宪法，适用范围包括全国。目前，关于少年犯机构化处遇的问题均依据这些规定。主要包括《刑法》《刑事诉讼法》《监狱法》《未成年人保护法》《预防未成年人犯罪法》等。例如，《监狱法》第 39 条规定："监狱对成年男犯、女犯和未成年犯实行分开关押和管理，对未成年犯和女犯的改造，应当照顾其生理、心理特点。监狱根据罪犯的犯罪类型、刑罚种类、刑期、改造表现等情况，对罪犯实行分别关押，采取不同方式管理。"此外，2016 年底，《社区矫正法（征求意见稿）》正式出台，其中对未成年犯社区矫正进行了规定。

第三个层次是国务院各部委关于少年犯机构化处遇的部门规章。这部分规章的效力低于宪法和全国人大及其常委会制定的法律，但是其仍然适用于全国的少年犯处遇机构。主要包括司法部于 1999 年制定的《未成年犯管教所管理规定》、最高人民法院、最高人民检察院、公安部、司法部于 2012 年制定的《社区矫正实施办法》等。1999 年制定的《未成年犯管教所管理规定》是针对少年犯机构化处遇问题的最为主要的规定，其规定了少年犯机构化处遇的基本架构。其第 16 条规定："未成年犯管教所按照未成年犯的刑期、犯罪类型，实行分别关押和管理。根据未成年犯的改造表现，在活动范围、通信、会见、收受物品、离所探亲、考核奖惩等方面给予不同的处遇。"第 22 条规定："未成年犯会见的时间和次数，可以比照成年犯适当放宽。对改造表现突出的，可准许其与亲属一同用餐或者延长会见时间，最长不超过二十四小时。"第 43 条规定："组织未成年犯劳动，应当在工种、劳动强度和保护措施等方面严格执行国家有关规定，不得安排未成年犯从事过重的劳动或者危险作业，不得组织未成年犯从事外役劳动。未满十六周岁的未成年犯不参加生产劳动。未成年犯的劳动时间，每天不超过四小时，每周不超过二十四小时。"第 47 条规定："未成年犯的生活水平，应当以保证其身体健康发育为最低标准。"第 50 条规定："未成年犯以班组为单位住宿，不得睡通铺。人均居住面积不得少于三平方米。"第 51 条规定："未成年犯管教所应当合理安排作息时间，保证未成年犯每天的睡眠时间不少于八小时。"此外，在一些部委文件中也有关于少年机构化处遇的规定。例如，司法部在《关于预防青少年违法犯罪工作的实施意见》中指出："结合社区矫正工作试点，加强对社区服刑人员实行分类管理和分类教育，积极探索适合未成年服刑人员特点的社区矫正管理办法，全面掌握未成年社区矫正人员各方面的情况，结合实际制定有针对性的教育改造计划和措施，确保社区矫正的效果。"由中央综治委预防青少年违法犯罪工作领导小组、最高人民法院、最高人民检察院、公安部、司法部、共青团中央联合发布的《关于进一步建立和完善办理未成年人刑事案件配套工作体系的若干意见》，分别在"设立专门从事未成年人刑事案件的机构""保护未成年人合法权益""未成年罪犯的教育、矫正"等多个方面提出了指导性建议。

第四个层次是全国各地关于少年犯机构化处遇的地方性立法。在地方，有很多涉及少年犯机构化处遇的立法，这些地方性立法对于各地规制少年犯处遇有着比较现实的指导意义。例如，上海、广东、福建等地方制定的《未成年人保护条例》，以及广东、天津、山东、湖北、江苏等地方制定的《预防未成年人犯罪条例》等。此外，还有一些地方颁布了未成年人矫正的实施意见或办法。例如，上海市于 2008 年就专门颁布了《关于进一步加强青少年社区服刑人员分类矫正工作的实施意见》；苏州市也在 2013 年专门制定了《未成年人社区矫正规定》，建立了未成年人社区矫正专门制度。

　　第五个层次是少年犯处遇机构的内部规范。不少地方的少年犯处遇机构还有很多自己内部的规定，这些规定虽然效力层次并不高，但是对于规范少年犯处遇却起着直接的作用。因此，也可以算作是实在意义上的"立法"。如山西省未成年管教所的内部规范就非常完善。在分类关押规范方面，该管教所会按照未成年犯的刑期、犯罪类型，实行分别关押管理，根据未成年犯得改造表现，在活动范围、通信、会见、收受物品、离所探亲、考核奖惩方面给予不同的处遇；在日常管理规范方面，统一对所押未成年犯使用"学员"称谓；在劳动管理规范方面，坚持以技能培训为主、轻微劳动为辅，每天劳动时间最多不超过 4 小时，每周不超过 20 小时；在生活卫生管理规范方面，规定要对内外公开每周、每日食谱，设置了回民灶和营养灶，分别对有特殊饮食习惯的少数民族未成年犯和生病未成年犯单独设灶配膳。此外，还规定未成年犯以班组为单位住宿，不得睡通铺。[1]又如贵州省未成年犯管教所制定了《贵州省未成年犯管教所罪犯释放衔接工作指南》《贵州省未成年犯管教所服刑人员会见管理办法（试行）》《贵州省未成年犯管教所罪犯亲情电

---

　　〔1〕　参见杨艳青："未成年犯刑罚执行制度研究"，太原科技大学 2011 年硕士学位论文。

话管理暂行规定》等内部规范。

表 20　中国少年犯机构化处遇的主要相关立法

立法层次	立法名称	效力范围
宪法	《宪法》	全国
全国人大及其常委会立法	《刑法》 《刑事诉讼法》 《监狱法》 《未成年人保护法》 《预防未成年人犯罪法》 《社区矫正法（征求意见稿）》	全国
部委规章	《未成年犯管教所管理规定》 《社区矫正实施办法》 《关于预防青少年违法犯罪工作的实施意见》 《关于进一步建立和完善办理未成年人刑事案件配套工作体系的若干意见》	全国
地方立法	各地《未成年人保护条例》 各地《预防未成年人犯罪条例》 地方未成年犯矫正办法或意见	地方辖区
机构内部规范	内部管理办法、办事指南、管理规定等	机构内部

第二节　中国少年犯机构化处遇的主要实体承载

一、未成年犯管教所

　　废除了劳动教养制度之后，当前，我国少年犯机构化处遇的实体承载主要为未成年犯管教所。根据《监狱法》的规定，未成年犯管教所是未成年犯的刑罚执行机关，属于监狱的一种，也就是安全级别最高的少年犯处遇机构。作为监狱的一种特殊类型，未成年犯管教所同样承担着教育、改造罪犯（未成年犯）的刑罚执行任务，区别只在于关押对象的年龄阶段不同，且改造方针、改造模式有别于成年犯监狱。

（一）未成年犯管教所的设置

未成年犯管教所由省、自治区、直辖市根据需要设置，但是要经过司法部的批准。一般情况下是一个省、自治区或直辖市设置一所，个别人口多的省份可以设置两所未成年犯管教所。截至 2011 年 6 月底，中国共设有未成年犯管教所 29 个，未成年犯 17 149 名。[1]在我国，未成年犯管教所的称谓是由少年犯管教所发展而来的。未成年犯管教所是指监禁管理未成年服刑人员的监狱，是未成年犯接受教育的场所。而《监狱法》也明确了以未成年犯为对象的刑罚，其目的应以教育改造为主。所以，未成年犯管教所除了作为惩罚机关外，也特别强调其以教育为主的职能定位。

（二）未成年犯管教所的对象

未成年犯管教所关押的对象主要是已满 14 周岁但不满 18 周岁的判决已经确定的各类少年罪犯。不过《监狱法》也规定对于年满 18 周岁剩余刑期不超过 2 年的罪犯可以在未成年犯管教所执行剩余刑期。根据 2013 年湖南省未成年犯管教所公布的数据：未成年犯管教所中的少年犯中的暴力型犯罪为 67.4%，财产型犯罪为 14.5%，性侵型犯罪为 11.6%，其他类型的犯罪为 6.5%。[2]但是，实际上，关押在未成年犯管教所的未成年人也

---

〔1〕　参见闫佳、刘同强：“中国未成年犯权利保护的实践和思考”，载《人权》2011 年第 6 期。

〔2〕　参见周悦：“湖南少年犯：乡村占 73%社区矫正实施 2 年分流 25%”，载《潇湘晨报》2014 年 3 月 6 日。

并非全部都是已经被判决确定刑罚的人员。《刑法》第 17 条中所规定的"政府收容教养"未成年人也大多数在未成年犯管教所执行，只是与执行刑罚的未成年犯分列编班。

(三) 未成年犯管教所的管理

未成年犯管教所设置管理、教育、劳动、生活卫生、政治工作等机构。一般而言，未成年犯管教所会在仿照成年监狱的基础上进行机构设置。某些未成年犯管教所从机构设置上甚至并不能看出与一般监狱存在区别。例如，贵州省未成年犯管教所的机构设置为政治处（组织宣传科、人事警务科、警务督查队）、所办公室（指挥中心）、纪检监察科、劳动保障科、医院、狱政管理科、刑罚执行科、教育改造科、生活卫生科、信息技术科、狱内侦查科、劳动改造科、财务管理科、后勤管理科、企业管理科、安全监督科、离退休管理科、服刑人员指导中心、心理矫治中心、一管区、二管区、三管区、四管区、五管区、六管区、工会、团委等，这与一般监狱的机构设置并无差异。

根据未成年犯管理的需要，实行所、管区两级管理，管区押犯不能超过 150 名。未成年犯管教所按照未成年犯的刑期、犯罪类型，实行分别关押和管理。根据未成年犯的改造表现，在活动范围、通信、会见、收受物品、离所探亲、考核奖惩等方面给予不同的处遇。例如，《贵州省未成年犯管教所服刑人员会见管理办法（试行）》第 3 条规定："服刑人员会见的条件、次数和形式，按照分级管理和分级处遇的规定执行。会见管理工作由狱政管理科负责监督管理，监区具体实施。"第 5 条规定："服刑人员每月可以会见亲属一次；获两个监狱级行政奖励或获一次刑事奖励的服刑人员每月可以会见亲属二次。"《贵州省未成年犯管教所罪犯亲情电话管理暂行规定》第 2 条规定："罪犯每月可以拨打一次亲情电话，监狱改造积极分子可以增加一次，省级改造积极分子可以增加两次。"此外，对未成年男犯、女犯，应当分别编队关押和管理。未成年女犯由女性人民警察管理。少数民族未成年犯较多的，可单独编队关押和管理。

未成年犯管教所和管区警察配备比例应当高于成人监狱和监区。未成年犯管教所的人民警察须具备大专以上文化程度。其中具有法学、教育学、心理学等相关专业学历的应达到40%。未成年犯管教所应当配备符合国家规定学历的人民警察担任教师，按押犯数4%的比例配备。教师实行专业技术职务制度。禁止罪犯担任教师。

二、关于工读学校的争议

在中国，讨论少年犯机构化处遇还有可能涉及工读学校的问题。中国工读学校是受20世纪50年代苏联教育家马卡连柯当年创办"工学团"的启发而得以创立的。全国第一所工读学校——北京市海淀寄读学校——是于1955年在彭真同志的批准和支持下创办的。在北京之后，上海、沈阳、重庆等大城市又建立了几十所工读学校，文革中基本上全部停办。1979年，中共中央、国务院颁发中发58号文件，重申"工读学校是挽救失足青少年的好形式"；1987年国办发38号文件《国务院办公厅转发国家教育委员会、公安部、共青团中央关于办好工读学校几点意见的通知》颁布之后，工读学校在全国相继恢复建立。

因为与未成年犯管教所存在某些相似特征，有些学者将工读学校归类为少年犯机构化处遇机构。这些学者认为，我国现行法律没有规定"虞犯"的概念，但是我国《预防未成年人犯罪法》第34条规定了9类严重不良行为。与其他法域的虞犯制度相比较，虽然《预防未成年人犯罪法》对于未成年人不良行为的规定分类更细，且部分行为触犯了《治安管理处罚法》，但我国实施不良行为及严重不良行为的未成年人仍在虞犯的范围内。因为虞犯的认定标准是行为人有触犯刑法的危险性，但尚未触犯刑法；而严重不良行为则为行为人的行为尚不够刑事处罚，而不是行为触犯刑法但因年龄原因而免于刑事处罚。所以，实施严重不良行为的未成年人符合虞犯的定义，不良行为的未成年实施人也必然属于虞犯的范围。[1]笔者认为，持这种观点的学者可能没有真正明白国外虞犯制度的含义。虞犯的英文表达为"status offense"，如果直译则是身份犯，实际上就是由于其少年之身份而构成的犯罪行为，其本质上仍然是一种犯罪行为。由于国内外法律体系不同，刑法犯罪圈的范围也大不相同，对于犯罪概念的认识也存在差异，但是无论何种犯罪圈，犯罪和非犯罪之间都是存在界限的。也就是说，虞犯是外国针对青少年的一种身份犯罪类型划定，在国外属于刑法的调整范围，但是在国内，刑法并没有此类犯罪规定，所以不能因为某些行为的性质与国外虞犯中的行为相同，就认为此类行为是虞犯。

1991 年通过、2012 年修订的《未成年人保护法》第 25 条确定了针对父母或者其他监护人"无力管教或者管教无效的"未成年人的专门学校。1999 年通过、2012 年修订的《预防未成年人犯罪法》第 35、36 条直接称之为"工读学校"，将其列入对未成年人严重不良行为矫治的学校，其招生对象必须实施了该法第 34 条规定的"纠集他人结伙滋事，扰乱治安""携带管制刀具，屡教不改""多次拦截殴打他人或者强行索要他人财物""传播淫秽的读物或者音像制品等""进行淫乱或者色情、卖淫活动""多次偷窃""参与赌博，屡教不改""吸食、注射毒品"和"其他严重危害社会的行为"等 9 种"严重不良行为"。

---

〔1〕 参见刘若谷、苏春景："虞犯制度背景下工读学校改革走势的思考"，载《中国特殊教育》2016 年第 8 期。

《义务教育法》第 20 条规定，工读学校是为具有严重不良行为的少年设置的"专门的学校"。可见，从法律上看，工读学校是一种专门为特定未成年人群体实施义务教育而设置的学校。作为一种特殊的教育模式，工读学校实际上是国家针对轻微违反法律或实施轻微犯罪行为的少年开设的特殊教育学校，在义务教育中扮演着特殊角色。但是，从本质上看，其并不是针对少年犯的处遇机构。[1]

实际上，《中国教育统计年鉴》也把工读学校作为与高等教育、中等教育、初等教育、特殊教育和学前教育并列的独立的教育类型。之所以要设置工读学校，是因为根据我国《宪法》《教育法》《义务教育法》的相关规定，未成年人具有接受义务教育的权利，而未成年人一旦出现了严重不良行为，根据《未成年人保护法》和《预防未成年人犯罪法》的相关规定便不适合继续在普通学校上学。这种不适合，一方面是因为对这些未成年人的不良行为需要进行矫治，而普通学校没有针对他们的专门矫治手段；另一方面是因为这些未成年人如果留在普通学校，还会干扰其他同学的正常学习，扰乱普通学校正常的教学秩序。[2]

第三节　中国少年犯机构化处遇的发展困境

中国少年犯机构化处遇经过多年发展，虽然有其成功之处，但是也仍然存在很多问题。这些问题有些是基于少年犯机构化

---

〔1〕　参见李勇："今天，我们还需不需要工读教育？"，载《法制日报》2004 年 6 月 2 日。但是工读学校由于定位和生源问题，数量逐渐减少，截至 2010 年 12 月，全国只有 67 所工读学校。参见张雷："记者调查：工读学校还需要吗？尴尬困局如何破解？"，载 http://china. cnr. cn/yxw/20150523/t20150523_ 518621060. shtml.

〔2〕　参见张振峰："对中国工读学校法律定位的再思考——以美国替代学校为参照"，载《中国青年研究》2017 年第 2 期。

处遇模式本身缺陷而来的，有些则是由自身管理或者缺乏与其他社会机构联动导致的。

一、封闭化处遇环境带来的负面影响

目前，中国少年犯处遇机构，无论是未成年管教所还是工读学校，均属较封闭、闭锁性的收容处所，少年犯较少与外在环境联系。无法正常与外在环境接触之隔离特性，导致收容于校所内的少年，无可避免地只能在校所形成或同化于机构内独特的次级文化，但是少年过度依存于内部的价值观或者思考模式，对少年未来重返并融入社会，无法形成正面帮助力量。

顾名思义，封闭的机构处遇可以协助少年与原先之成长环境隔离开来。工读学校与未成年管教有所不同，其定位是专门的教育学校，所以与未成年管教所相比，封闭及监禁程度必定会有差异，但不可回避的问题是，二者都是通过隔绝之处遇让少年与社会隔离的。少年在校所的生活肯定与校所外生活完全不相同，若期待其离开校所后能够完全适应社会生活，似乎过于苛求，多数少年在离开校所后常会面临适应不良或与社会脱节的问题。

现行少年机构处遇仍然是可供选择的手段之一，但我们不应忽视封闭性机构可能给少年造成的影响。从积极方面评析封闭性机构教育，其可以使少年与原先外在环境带来的不良刺激隔离开来，让少年可以有一个喘息及重新省思的机会。但是，从反面而言，这也让少年必须重新适应一个机构的文化，需要同时面对不同年龄层、相异态样的少年、封闭机构场所内所形成的特殊文化，以及与社会越趋遥远的距离。除此之外，隔离式的感化教育也意味着要剥夺少年在一般环境下学习、成长的机会，希望使少年与原先接触的不良环境隔离开来，却又面临着让少年与社会环境隔绝的困境，毕竟，少年仍旧要重回社会生活，离开社会生活的时间越长，少年需要重新和社会融合的时间及困难相对就越多。因此，除了社区式处遇的灵活运用外，如何改善现行少年犯处遇的封闭式、机构式处遇环境，都是必须面对的问题。

监狱化的过程是以缓慢且渐进的方式形成的，少年待在矫治机构处所时间越长，监狱化的效果越趋明显，带来的显著影响便是脱离社会关系，习惯于内部生活。虽然也有论者认为，在现在这个网络社会，少年犯处遇机构不会与外在环境脱离得过远，毕竟，少年仍然可以通过电视、杂志、报纸或者与家长见面的方式接收外在社会信息。[1]但不可否认的是，即使少年可以接触外在之讯息，因其仍非处于社会环境下，根本无法正常与社会一起互动或生活，这与在校所内和训导员、少年的关系有所不同。

虽然未成年犯管教所一再强调，其设立不是将少年隔绝于社会，而是希望通过暂时性的离开，达成联系少年环境或者隔绝高风险生活环境等功能。纵使设立目的良好，但其仍然是将少年收容于闭锁性的机构，长时间过着集体生活，彼此间具有竞争、冲突的互动。在此过程中，自然会形成一套与外在社会不同之运作模式，而此运作模式对少年未来融入社会之影响，不可小觑。不同的地区、不同的人口组成会形成相异的文化，同样，在闭锁机构内也会形成其独特的文化，我们可称此为"少年处遇机构之次级文化"。在少年处遇机构中次级文化最明显之态样，应该是"黑话"（Argot）的使用。少年处在一个与原先环境隔绝的地方，即使处遇带着教育、改造等柔性目标，但

---

〔1〕 参见黄征男、赖拥连：《21世纪监狱学：理论、实务与对策》，一品文化出版社2005年版，第295页。

处在一个封闭环境同时又能接触到许多同年龄层之少年，借由黑话沟通，让少年在处遇机构能够适应群体生活。因此，少年使用黑话，不仅可以让他们的沟通变得方便，又可以避开训导人员之监看，甚或可以让他们拥有融入团体的归属感，增强彼此认同感并拉近关系，使少年可以趋同于内部的互动模式以及生活状态。少年在处遇机构的时间越长，对次级文化的内容就会越熟悉，同时也代表着越难在日后回归社会生活。

二、少年犯机构化处遇的有效性质疑

如本书前部分章节所述，美国监狱对受刑人改造的效果一直遭致怀疑。同样，中国监狱对受刑人改造的效果也令人有所怀疑。一项对未成年犯管教所关押少年犯再犯率的研究表明：经过未成年犯管教所教育改造释放之后的少年犯再犯率仍然不低。浙江省未成年犯管教所 2003 年至 2007 年统计数据表明：年龄低于 11 周岁的初次违法犯罪者，再犯率为 65%；年龄在 12 周岁~15 周岁之间的初次犯罪者，再犯罪率为 54%；年龄在 16 周岁~18 周岁之间的初次违法犯罪者，再犯罪率为 40%。[1] 通过 2008 年 10 月到 2009 年 3 月对北京、湖北、贵州三地未成年犯管教所进行的抽样问卷调查，北京师范大学刑事法律科学研究院课题组得出了这样的结论：在全部未成年犯中，43.1% 的未成年犯中实施过一次犯罪行为，56.9% 的未成年犯实施过两次以上犯罪行为。[2] 将这一调查结果与 20 世纪 90 年代初期进行的一项同类调查结果进行对比，我们可以发现，未成年犯罪

---

〔1〕 参见黄子玉："论未成年犯的再犯罪"，载 http://www.chinacourt.org/article/detail/2013/03/id/931794.shtml.

〔2〕 参见黄子玉："论未成年犯的再犯罪"，载 http://www.chinacourt.org/article/detail/2013/03/id/931794.shtml.

人中多次犯罪的比例明显增多。

2011 年，上海市第一中级人民法院少年审判庭课题组以上海市未成年犯管教所在押少年犯为样本进行了详细的研究，其数据很能说明问题。该课题将未成年犯重新犯罪界定为初次犯罪时未成年、重新犯罪时未成年或已经成年的犯罪情况。调查对象选取采取整群抽样的方法，即对上海市未成年犯管教所目前所有在押少年犯进行调查。具体调查采取问卷调查法，即通过未成年犯管教所干警对少年犯发放问卷，由少年犯自行填写问卷。从结果来看，未成年犯管教所在押少年犯中重新犯罪周期很短，判处非监禁刑或者刑满释放后一年内重新犯罪人数为36 人，这一再犯人数为有效样本的 80%，其中有 6 人在 3 个月内重新犯罪，有 17 人在 6 个月至一年内重新犯罪，而所有第三次犯罪也均在第二次犯罪后的一年内实施。[1]

在个案上，也有很多从未成年犯管教所教育改造之后的少年犯的再犯罪行为更加严重的情形。例如，少年马某于 16 岁时因为抢劫被送到呼和浩特市少管所服刑。2014 年 7 月释放后，他非但没有洗心革面，反而开始更加疯狂地实施盗窃行为。短短一个多月时间，马某和同伙就已经在包头市、巴彦淖尔等多地实施盗窃 60 余起，其中，在乌拉特前旗仅仅 2 小时就盗窃8 起。[2]又如，在轰动一时的"北京摔童案"中，案犯韩某未成年时曾经多次因为盗窃进工读学校，后来又进入未成年犯管

---

〔1〕 参见上海市第一中级人民法院少年审判庭课题组："未成年人重新犯罪的实证分析及对策研究——以上海市未成年管教所在押少年犯为研究样本"，载《青少年犯罪问题》2011 年第 3 期。

〔2〕 参见梁耀东、王学铁："少管所出来后一个多月 疯狂盗窃 60 余起"，载《黄河晚报》2014 年 8 月 25 日。

教所服刑，但是其仍然没有经过矫治而成为正常之人。[1]类似这样的例子不胜枚举。

最为典型的是少年犯韦某，其 2016 年减刑释放后再犯故意杀人案，也是典型的为少年犯矫治失败例子。2010 年，韦某在家乡掐死一名男孩，但因为未满 14 周岁而不负刑事责任；2011 年，其在家乡又持刀伤害一小女孩被判刑 6 年；2016 年 1 月 18 日 13 时 50 分许，其骑自行车途经韦涌村广明高速桥底时，见被害人陈某独自一人行走，便起了歹心，捂住被害人的口鼻拖到桥底的偏僻处实施了性侵，后将陈某杀害并逃离现场。[2]

强调禁闭与控制的成人模式监狱无法满足未成年人健康发展的需求——成年人可以关注自身的发展，例如参与亲社会行为、教育学习以及发展决策能力与批判思维技巧的活动，而少年犯则不能。同时，这些机构包含着太多负面影响，只会加剧少年犯已经经历过的创伤或强化其错误选择与冲动行为。如此，经过未成年犯管教所教育改造之后的少年犯犯罪率仍然持续走高，使得人们不得不怀疑未成年犯管教所对少年犯的改造的实际效果。如果这一少年犯矫治方式有其他更有效或者强度更小的替代方式，则在矫治效果不降低的前提下应当采取强度更小的替代方式。

与此同时，采取多元化、非机构化处遇的措施，有利于逐步降低少年犯的再犯率。最高人民检察院的数据显示，近 5 年来，未成年人重新犯罪人数逐年递减。许多涉罪未成年人得到及时帮教，重新回归了社会。但这更多的是建立在对少年犯非

---

〔1〕 参见张媛："北京摔童案嫌犯少年时缺管教，曾在狱中写小说"，载《新京报》2013 年 9 月 17 日。

〔2〕 参见徐明轩："'少年犯'减刑出狱再犯大案，谁当反思"，载《新京报》2016 年 1 月 21 日。

机构化处遇的基础上，比如上海市、江苏省江阴市、四川省广元市利州区人民检察院，牵头联系社会各界建立涉罪未成年人管护教育基地，以配合帮教。以江苏省江阴市人民检察院为例，其管护基地已接纳 106 名外来涉罪未成年人，其中 98% 以上被适用不起诉等非监禁处置，无一重新犯罪。[1] 这与未成年犯管教所少年犯的高再犯率形成了鲜明对比，同时也说明了传统机构化处遇的教育改造有效性很值得怀疑。

三、未成年犯管教所管理存在问题

（一）教育改造功能异化

监狱生产是对服刑人员改造的手段之一。劳动改造这一概念是在国家刑罚执行机关之中定义的，主要指依法强制组织有劳动能力的服刑人员来从事创造价值的活动，以促进其不断改变观念，发展能力，增强体质。从未成年犯的角度看，根本目的也是要让未成年犯在劳动的过程中矫正自身的不良习惯，通过劳动这一手段达到培养积极的劳动观念的目的。直至当下，将监狱与罪犯连接得最为广泛、最为紧密的还是罪犯劳动。监狱法将服刑人员从事劳动规定为其应尽的义务，相应地也给予了一定的对等权利。但是，我国地域辽阔，未成年犯管教所也遍布全国，由于各地区的经济条件及客观环境不尽相同，各地未成年犯实际参与劳动的项目也相差甚远。有些地区的未成年犯管教所为了自身建设及其他需要，在劳动的目的上，往往以生产商品、增长利润为指向。未成年犯管教所因为在押犯年龄及身心等特点，往往不能参与一些成型的生产项目，加上市场环境不好，竞争激烈，未成年犯的劳动操作能力较成年犯低，

---

〔1〕　参见庄庆鸿："近 5 年来未成年人重新犯罪人数逐年递减"，载《中国青年报》2014 年 5 月 30 日。

完成企业营利指标难度较大。这样就把教育改造放在了与生产劳动对立的层面上，监狱往往突出劳动，加大劳动强度，延长劳动时间，从而影响了教育质量。目前，未成年犯管教所也跟随监狱的整体步伐进行了监狱体制改革，但是仍然没能避免政治与经济两者兼具的实体双重性，有的还是有生产指标考核。这样就把以学习技能和改造身心等目的交融的劳动改造变成了单纯的创收。在劳动中以营利为目的，劳动对于未成年人培养良好的生产观念，价值观念的作用不能体现。未成年犯所处的年龄有生理能量、心理能量，需要多种多样的活动得以释放，促进成长，而这种创收性劳动往往占用了其他时间。在未成年犯的劳动中获得的利润有限，没有多少生产利润用来补充教育经费开支，也不利于未成年犯的教育改造，使得为了创收而劳动的现状加剧，陷入恶性循环。[1]

（二）管理制度松懈

大多数人对于监狱的印象是铁丝网、高墙，如果要进入监区则要经过层层检查，有搜身检查、清监查号等严密的防范措施。相对于成人监狱，未成年犯管教所虽然在管理理念上更趋于人性化，但也仍然属于监狱，其安全保障程度还是非常高的。

但并不是所有的未成年犯管教所都管理严格，有些未成年犯管教所管理非常松懈，产生过很多漏洞。这些漏洞如果长期存在，则会导致未成年犯管教的日常纪律形同虚设。例如，专门被用来处遇未成年罪犯的江西省未成年犯管教所，被报道出存在诸多与其自身管理漏洞有关的事情：2012 年 12 月，章某通过外协人员吴某，从未成年犯管教所外购买一部手机，并通过吴某带进所内，长期使用。按照监狱的管理规定，手机等物品

---

[1] 参见王彦文："未成年犯教育管理问题研究"，辽宁师范大学 2015 年硕士学位论文。

严禁带入监区，即使是民警，也必须在进入监区前将手机放进专门的地方统一管理。2013 年 6 月，同样是章某，通过外协人员涂某，从未成年犯管教所外买来一张手机卡，涂某还替章某买了四张黄色影碟、香烟等。这些东西，在监狱都属于严密防范的违禁物品。2013 年 7 月到 8 月间，章某通过值班罪犯徐某从民警值班室借来 DVD 影碟机，在监号内多次观看黄色影碟，不仅他一个人观看，值班罪犯徐某也在电视房内多次观看黄色录像。事件发生后，江西省未成年犯管教所〔2014〕一号文件认为，七管区罪犯违纪事件暴露了管区在管理教育罪犯及安全防范方面的工作不到位和存在薄弱环节，如监管防范制度落实不到位，搜身检查、清监查号、三互小组等基本制度没有得到很好执行，耳目、情况犯没有发挥作用，多名罪犯观看、多次观看、观看时间长，但没有一名罪犯举报、民警也没有发现；民警存在麻痹思想，安全防范意识不强，值班巡查、现场管理制度没有落实到位，特别是值晚班的民警未认真履行巡查职责等问题。[1]又如，2015 年 8 月，黑龙江未成年犯管教所还曾发生在押少年犯张某脱逃事件。张某于 2012 年 3 月 20 日因抢劫罪被双鸭山市尖山区人民法院判处有期徒刑 9 年，2012 年 7 月被投入黑龙江省未成年犯管教所服刑。2015 年 8 月 8 日 20 时左右，在黑龙江省未成年犯管教所服刑的张某翻越围墙脱逃。随后，警方发布通缉令，悬赏 5 万元给提供线索或直接抓获罪犯的单位和个人。在脱逃 20 小时后，警方于 8 月 9 日 16 时 40 分将其抓获。[2]2011 年，重庆市未成年犯管教所也发生过脱逃事

---

〔1〕　参见苟明江："少管所关成年人监管松懈，犯人向狱警借色情片看"，载《华西都市报》2014 年 5 月 23 日。

〔2〕　参见迟嵩："黑龙江越狱犯所在少管所曾因殴打犯人被整顿"，载 http:// news. qq. com/a/20150809/020364. htm.

件。2008 年 10 月 1 日凌晨，龚某强与毛某强、龚某涛共谋抢劫后，携带西瓜刀等作案工具，来到文龙街道交通大厦，招停渝BE××××出租车，讲好价 30 元到登瀛，当的哥倪某东驾车至离登瀛街约一公里路段时，毛某强拿出事先准备好的西瓜刀比到倪某东颈部，倪某东一边用手抓刀一边打开车门，迅速跑离现场并报警，龚某强等三人将其车上的 86 元现金抢走。作案次日，龚某强等被群众抓获并扭送公安机关。2009 年 2 月，龚某强以抢劫罪被判处有期徒刑 3 年，并处罚金 2000 元，刑期至2011 年 10 月 1 日。龚某涛由于年龄太小，被送进了未成年犯管教所接受教育。但 2011 年 4 月 13 日，龚某涛脱逃，重庆市未成年犯管教所发布悬赏公告称："对提供线索抓获龚某涛的，将给予 10 000 元的奖励；对直接抓获的，将给予 50 000 元的奖励。"〔1〕

（三）管理手段落后

从未成年犯的刑期来看，短刑犯管理难度较大。这类未成年犯所经历的改造时间短，往往不容易系统地接受未成年犯管教所的教育管理。德国刑法学家李斯特认为，短刑犯在改造中并未有较大的改观，也没有达到震慑这些服刑人员、使其不再犯罪的目的，有的只是使这类人自尊心受挫罢了。而在司法实践中，短刑犯的改造时间短、改造效果差也确实是一直没有解决的难题。减刑作为一种鼓励罪犯认罪悔罪、遵守监规、积极改造的制度，在改造工作中发挥着重要作用。但是，对于刑期较短的未成年犯来讲，由于受限于现有的相关规定，获得减刑变得十分困难。这类未成年犯一旦表现出消极改造的行为，往往难以找寻到短期内对其行之有效的监管手段，足以使其在刑

---

〔1〕 参见刘虎："重庆 15 岁少年犯脱逃，少管所悬赏 5 万"，载 http://blog. sina. com. cn/s/blog_ 4982e8be0100pplr. html.

满释放时从根本上获得较高的教育改造质量。[1]虽然大部分未成年犯管教所开始实行人道化、文明化、自主化的管教措施，但是还有些未成年犯管教所的管教手段非常落后，经常采用暴力、威胁等方式管教少年犯，使得少年犯不是从内心激发改变自己行为的动力，而是暂时屈服于管教而不反抗。这些问题的存在，都说明了目前未成年管教所的管理纰漏。

　　例如，2009 年，湖南两名未成年犯死在未成年管教所的事件引起了舆论关注。肖某于 2007 年 1 月因犯入户抢劫罪被判处有期徒刑 5 年，刑期至 2012 年 2 月 2 日，死亡前在湖南省未成年犯管教所五管区服刑。邱某于 2007 年因在网吧抢劫而被判处有期徒刑 2 年 6 个月，刑期至 2009 年 10 月 24 日，死亡前在湖南省未成年犯管教所二管区服刑。对于两名犯人的死亡经过，管教所称：肖某服刑期间，性格孤僻，沉默寡言，很少与其他犯人交流，个人卫生情况较差，经常答非所问，精神恍惚。2008 年 11 月，肖某开始出现尿失禁现象。从 2008 年 9 月 8 日到 2009 年 3 月 2 日期间，管教所安排警察带其到所内和所外医院就诊治疗共计 22 次。2009 年 3 月 2 日晚，在湘雅附三医院，肖某出现第一次心跳停止，经抢救恢复心跳；3 月 3 日 19 时左右出现第二次心跳停止，经医生抢救半小时后无效，于 19 时 34 分被宣布死亡。邱某因患气喘、消瘦病于 2009 年 2 月 16 日被送湖南省未成年犯管教所医院检查并住院，3 月 2 日医院通知出院，此后一直休息。3 月 6 日早 7 时许，同组服刑人犯叫邱某起床时发现其没反应，管教所立即将邱送至航天医院抢救。7 时 30 分，邱某经抢救无效死亡。对于两人的死亡原因，该地检察院委托有关部门进行了尸检，长检技鉴［2009］3 号长检技鉴

---

〔1〕　参见王彦文："未成年犯教育管理问题研究"，辽宁师范大学 2015 年硕士学位论文。

文书与法医学尸表检验报告分别称"死者邱某全身无致命伤及中毒症状，可以排除暴力及中毒死亡"，"邱某因疾病致呼吸循环衰竭死亡"，"肖某生前患有较大面积皮肤病（疥疮类），且时间较长。因皮肤长期反复感染不愈，导致身体重要生命器官功能衰竭，经抢救无效死亡。经尸表检验，未发现致命性外伤体征，可排除外伤致死因素。建议作尸体解剖查明死亡原因"。此后，湖南省湘雅司法鉴定中心对尸体进行了系统解剖。[1]

又如，2010年广东未成年犯管教所曾发生少年犯"睡觉死"事件，疑问丛生。周某于2009年7月29日进入广州市少教所。2010年3月8日早，同室学员未见周某起床，在叫周某起床时发现其昏迷不醒，随即报告大队领导。大队领导立即打电话给值班医生，值班医生马上赶到现场实施抢救，同时联系省武警医院。约8时30分，周某被送到省武警医院，后经抢救无效死亡。该医院出具了《医学死亡证明书》，在"导致死亡的直接原因"栏注明"心跳呼吸骤停"。少教所及时通知了周某家属，家属于当天下午从化州赶到广州。事发后，白云区人民检察院工作人员履行了相关职责，对尸体进行了尸表检查，未发现尸表有外伤。白云区人民检察院通报司法鉴定结果：排除周某是暴力因素致死的可能性，死因系其脑干部位血管病变出血引发并发症，导致中枢性呼吸循环功能衰竭。南方医科大学司法鉴定中心作出了《法医病理鉴定意见书》，表明：经过对周某的尸体进行系统剖验及法医病理学检查，未发现致命性机械性损伤，排除机械暴力因素所造成的死亡；周某系因脑干部位血管病变出血，并发脑水肿、脑疝，致中枢性呼吸循环功能衰竭而

死亡。[1]但是这一结果却并不能完全消除公众的疑虑。有人认为，和在押人员"躲猫猫死""喝开水死""冲凉死"等相比，"睡觉死"大约是眼下监狱管理机关最不担心遭人怀疑的一种死法。笔者认为，在押人员"睡觉死"事件明显有悖现行法律法规，因为按照《看守所条例》第 10 条的规定，看守所对在押人犯，应当进行健康检查。不予收押的情形有三种，其中之一是"患有其他严重疾病，在羁押中可能发生生命危险，或者生活不能自理的"。《看守所条例实施办法》第 5 条则规定："看守所对人犯收押前，应当由医生对人犯进行健康检查，填写《人犯健康检查表》。凡具有《条例》第十条规定情形之一的，不予收押，由送押机关依法作其他处置。"但是，从媒体报道的情况来看，在"睡觉死"事件的调查过程中，警方均未提供非正常死亡人员的"健康检查表"，以证明当事人收押之前身体有何可能危及生命的疾病。所以，存在两种怀疑：一是在涉案人员被收押时，未成年犯管教所根本没有依法为其做健康检查；二是虽说做了健康检查，但仅仅是例行公事，走个过场而已。不把收押人员健康状况当回事，是一种不折不扣的"软暴力"。[2]

再如，2013 年黑龙江未成年犯管教所内少年犯殴打少年犯的视频在网上曝光，引起舆论哗然。在该段视频中，一名身着监服的犯人叫骂着脏话，挥舞着木板，对同样身着监服的犯人反复凶狠抽打。[3]黑龙江未成年犯管教所称，2012 年 5 月某日，

---

〔1〕 参见陈勇："男子因打麻将进少管所　释放之际'睡觉死'"，载《南方日报》2010 年 3 月 10 日。

〔2〕 参见"少管所'睡觉死'：问责不能止于排除暴力因素"，载 http://news.sctv. com/plpd/sh/201004/t20100423_ 358106_ 1. shtml。

〔3〕 参见"少管所犯人互殴视频曝光"，载 http://v. ifeng. com/news/society/201305/8dfa249d-1ced-49f3-b273-a09ab30cd042. shtml。

该所集训管区罪犯郭某向罪犯杨某借手机一部，于当日将手机交给同管区罪犯吕某。第二天早上8时左右，罪犯李某在集训管区生产车间因同犯不遵守劳动现场纪律，用木板先后殴打罪犯蔡某、梁某、张某，此过程被吕某用手机录下，并于第三天将存有视频的手机交给罪犯郭某，后郭某又将手机还给罪犯杨某，并由杨某在释放出监时将存有视频的手机存储卡带出。这不仅反映出未成年管教所对罪犯的管理教育和监控管理不到位，也反映出民警现场直接管理不到位。[1]

四、社会参与度不够

（一）社会组织参与不够

社会化是一个生物人通过学习、内化社会的规范与价值从而成长为一个社会人的过程。得益于社会化过程，大部分的人都能学会遵守社会的规范、行为准则，从而不会发生越轨与犯罪行为。一旦个人遭遇社会化失败，那么这个人就很有可能发生越轨行为，甚至实施犯罪行为。[2]近年来，无论是英美学者还是日本学者，均会讨论机构式处遇对少年可能造成标签或烙印之不良后果，且倘若少年可以在未与社会脱离联系，有效地学习如何在诱惑及刺激的环境下控制自己不会再度破坏社会规范，则机构式处遇不一定是必需的。但是，在必要情形下，仍然须将少年与原生活环境隔绝，细腻且专业地调整少年所面临之难处，使少年于一段时间内与外在环境隔绝。

阻隔少年与外在环境接触，动机并非是将其排除于社会环

---

〔1〕 参见"网现黑龙江少管所犯人殴打犯人视频 回应称属实"，载《京华时报》2013年5月14日。

〔2〕 参见于铁山："社会化与社会控制视角下的青少年犯罪——基于湖北省少管所的实验研究"，载《青年探索》2015年第2期。

境外，而是希望让原先紧绷的关系暂时获得舒缓，其与外在社会环境之联系不应该被切断。换言之，少年处在封闭的处遇机构，并非被家庭、学校或社会放弃，应该让他们在机构内可以同样地与社会保持联系，让其对社会人际关系的互动不处于陌生或茫然的状态，未来离开校所时能坦然面对社会生活，这是少年犯处遇所必须付出的努力。

近些年来，中国少年犯处遇机构也意识到了这个问题，开始加强与社会的互动和连接。少年司法志工团体、教育团体等社会组织也开始更多地与少年犯处遇机构合作。例如，湖南省未成年犯管教所就曾邀请家属和社会机构前来帮教和感化少年犯，对少年犯进行心灵的洗涤，并且效果不错。湖南省未成年犯管教所的公开数据显示，自从开展与社会合作的教育方式以来，少年犯改造质量评估在一步一步上升。[1]此外，湖南省未成年犯管教所还同中等职业学校、技工院校等加强合作，开办"焊工""维修电工"等促进少年犯融入社会的职业培训，统一组织参加国家职业资格鉴定考试。截至目前，已经培训学员1300人，合格1225人，获证率在94%以上。[2]但是，目前少年犯处遇机构的社会组织参与度仍然不高，很多社会组织的参与程度不深，或者无法长时间跟踪参与。

（二）少年犯家庭参与不够

家庭是少年完成社会化的主要场所，少年最初的社会化任务即由家庭承担，家庭在少年社会化的过程中扮演着基础性作用。而且，对于少年来说，情感控制等来自于家庭的实质性社

---

[1] 参见周悦："湖南少年犯：乡村占 73%社区矫正实施 2 年分流 25%"，载《潇湘晨报》2014 年 3 月 6 日。

[2] 参见邹园："湖南省未成年犯管教所：别样的人生加油站"，载《家庭导报》2013 年 11 月 8 日。

会控制是感受最为强烈的社会控制。在少年社会化的过程中，如果家庭没有有效地实施非正式社会控制，便不能有效地参与少年的社会化过程，那么，这在很大程度上将造成少年无法实现自己的角色期待。从对湖北省未成年犯管教所的问卷调查我们可以发现，在未成年犯中属于单亲家庭或者孤儿家庭的占了相当大的比例，分别占被全部调查人数的 22.7% 与 4.7%，不完整家庭的占比达到 27.4%。[1] 由此可见，家庭对于少年犯的影响之大，这种影响也必然存在于少年犯的处遇过程中。根据北京市监狱管理局 2016 年的统计，北京市未管所未成年服刑人员家庭教养方式中"简单粗暴型"竟高达 30%。（参见表 21）

表 21　北京市未管所未成年服刑人员家庭教养方式统计表

家庭教养方式	民主型	简单粗暴型	溺爱纵容型	放任型
人数（人）	92	71	23	59
比例（%）	37	30	9	24

（＊数据来源：北京市监狱管理局）

但是，在中国的少年处遇机构中，家庭在少年犯处遇机构管理中的作用也开始被重视，不少未成年犯管教所都尝试强化家庭在少年犯处遇中的作用。例如，2014 年初，北京市未成年犯管教所与中国人民公安大学李玫瑾教授团队合作，在总结长期工作实践经验的基础上开展了少年犯"亲情修复"改造项目，以家庭为单位，充分借鉴心理学中的家庭治疗相关理论和方法，采取定性与定量相结合、评估与矫正并行、"亲情修复"项目与"循证矫正"结合等原则，通过治疗性会谈、行为作业及其他非

---

〔1〕　参见于铁山："社会化与社会控制视角下的青少年犯罪——基于湖北省少管所的实证研究"，载《青年探索》2015 年第 2 期。

言语性技术，普及心理健康知识，找出少年犯个案中家庭问题"症结"，协助少年犯家庭构建合理信念、行为方式和表达方式，找出家庭参与少年犯改造路径和帮助他们选择正确的参与方式。同时，北京市未成年犯管教所与专家团队通过对家庭的科学引导和训练，促进家庭成员间良性互动，消除家庭问题，恢复家庭正常功能，为少年犯回归家庭创造了良好的接受环境，降低了少年犯再犯罪率。[1]又如，郑州未成年犯管教所实施的"3+1"管教创新模式，就是在未成年犯管教所主导下，让少年犯家庭、企业共同参与完成，对少年犯采用国学教育，"正其心"，家庭不离不弃的关心给予了少年犯亲情归属感，企业接纳则免除了少年犯回归社会的后顾之忧。[2]

　　但是总体而言，中国少年犯机构处遇中并未形成成熟的家庭参与参考模式，家庭的参与度不够。可以说，当前以安全本位模式所呈现出的少年犯处遇机构管理模式过度崇尚技术规训的理性展望，这实际上是惩罚走向现代化的主要缺陷表征，并借由风险控制的外衣极端地推出"惩罚与隔离"少年犯处遇机构管理思路。特别是未成年犯管教所的封闭性要求层层加码，在安全稳定的惯性思维下，少年犯的合法权益极易被屏蔽或忽视。为防止违禁品流入机构内部，家长与子女会见时要隔着玻璃，通过电话交谈，面对面的肢体语言交流被阻断。虽然说肢体语言并非必要，但是在一些场合下，简单的肢体语言会带来很大的心理安慰。例如，只是与父母简单的拥抱便会让少年犯感受到来自父母的内心支持，带来强大的改造动力。虽然有些

---

　　〔1〕　参见北京市监狱管理局："家庭教育与预防未成年人犯罪相关性分析——以北京市未成年犯管教所'亲情修复'矫治项目为例"，载 http://www.bjjgj.gov.cn/lldt/2447.htm.

　　〔2〕　参见李彤："郑州未成年犯管教所创新管教模式"，载《人民日报》2016年11月11日。

地方的少年犯处遇机构开始探索和开展"家庭面对面"等接触活动，但是大部分仍采取相对隔离的参与方式。这是与少年犯特殊的心理需要相违背的，这种隔离带来信任的缺乏，必然会伤及少年犯不成熟的内心，从而阻碍矫治的效果。在大多数未成年犯管教所中，家庭帮教在未成年犯中的形式与成年犯监狱并没有差别，或者说直接沿用成年犯监狱的家庭参与形式，以探视型帮教为主。"长期以来，与成年犯监狱单位一样，能够接见的对象仅限于直系亲属，每次会见的人数不超过 3 人，时间不超过 30 分钟。普遍实行的特优会见、亲情会餐、离监探亲很少。许多单位将会见室作为民警安置场所，岗位上安排年纪比较大的民警，上进心较差，对待罪犯亲属态度生硬，不够热情，少数管理人员对家属提出的问题不能耐心解答，或者因业务能力弱而答非所问，对未成年犯教育管理的方针政策宣传不到位，没有从服务和谐社会大局建设执法窗口，导致未成年犯父母对管教所工作产生抵触、排斥心理。"[1]

五、专门少年犯处遇机构缺乏

(一) 缺乏对少女犯处遇之重视

随着经济繁荣与社会迅速的变迁，家庭、社会结构均面临重大转变，再加上妇女解放运动的发展，"少女犯罪"的议题渐渐受到重视。此外，女性少年犯罪的数量呈现增长趋势，也不得不引起重视。例如，厦门市思明区人民法院 2015 年对少年犯的一份调研报告显示，虽然该法院近年来审理的未成年人整体犯罪数量呈下降趋势，但是其中未成年女性犯罪比例却逐年递增，所占

---

[1] 参见卞万根："家庭在未成年犯矫正中的社会支持问题研究"，载《预防青少年犯罪研究》2014 年第 6 期。

比例从 2008 年的不足 1/10 上升到了 2014 年的 1/5。[1]

　　对于处在一个父权主义余威尚存的社会，施加在女性身上的限制绝对多于男性，这些基于男女性别差异而有的限制，并非显见于明文规定，而是多通过人际间的相处将无形的社会氛围嵌入女性的性格或意识之中；在呼吁平权的社会氛围下，此种将女性定位在柔弱、逆来顺受的观念已被淘汰，但是不可否认的是，其仍有一些遗毒。有论者认为，社会对少女的女性特质仍具有既定的想法，例如清纯、乖巧、纯洁等，但在偏差或犯罪少女偏离"良家妇女"的形象下，她们往往不被认为具有完全的女性特质。少女犯罪面临着更复杂的情况，其背后隐藏着少女角色、地位的转变，同时，青春期少女所面对的生理状态转变与少年亦不同，这些都是少女犯罪所面对之难题。当少女犯罪带有更复杂的情状时，自然必须有与男性少年相异的处遇方式加以解决。且观察少女犯罪的罪名我们可以发现，这些罪名常属于犯罪学所说的"无受害者犯罪"（Victimless），她们多半觉得受到伤害最多的其实是自己，也可能觉得无需为这样的行为服刑、为社会负责任。然而，此类没有具体受害者的犯罪，其伤害往往具有深远的渗透性，虽然她们也认为这样的行为会导致对自己、家人（有时还包含对朋友）的伤害，但仍是一种以自己为中心，伤害逐渐扩散到家人和亲友的观点。[2]

　　由于男女存在性别差异，尤其是在少年阶段，男性与女性所面临之冲突并不相同，不区分地将男性之研究理论套用在女性情状上，是无法解决少女犯罪处遇所面临之问题的。中国目

　　〔1〕　参见杨长平、张晴、陈强："未成年女性犯罪逐年增加　不少利用'性角色'作案"，载《中国青年报》2015 年 6 月 12 日。
　　〔2〕　参见苏益志：《触法少年辅导实务：晤谈室中的沉思、领悟与行动》，心理出版社 2006 年版，第 34 页。

前并没有针对少女犯的专门处遇机构，而只是在一般未成年犯管教所或者成年女子监狱中单独分区而已。这忽视了少女犯罪背后所隐含之复杂性或许更甚于少年犯罪，可能仅因为少女犯罪人数相对较少，或者是因为少女犯罪之研究长期未受瞩目，导致对待少女之处遇手段并无较成熟之方式。

此外，或许有人会认为将少女犯关押于一般女犯监狱即可解决男性少年犯与女性少年犯之差异需求问题。但如此做法则又忽略了少女犯与成年女犯之差异，且不论少女犯与成年女犯犯罪类型差异，仅仅是其身心需求就存在较大差异。例如，青春期的少女犯需要了解如何与异性相处以及正确认识如何和异性间建立良好关系等，这也是不少少女犯的犯罪原因之一，而这些需求则不存在于身心已经成熟之成年女犯中。如果不加区分，将少女犯和成年女犯合监关押，则不能满足少女犯个性化矫治需求。又如，少女犯处于情感发展期，其情感细腻、敏感脆弱、易受伤害，一旦因为不良行为被贴上"坏女孩""行为不检"等社会越轨行为标签，就会感觉自身受到漠视，自卑感增强，导致心理崩溃甚至自暴自弃，而这些现象在成年女性中则表现得并不明显。[1]少女犯的这些身心特点，也导致其犯罪有明显的情感特征。浙江省台州市临海市人民法院少年庭 2015 年的数据显示，在受理的未成年女性犯罪案件中，主要因感情纠纷引起的案件已经占到未成年女性犯罪案件全部的 60% 以上，其中又以男女关系引起的纠纷导致的犯罪占大部分。[2]

（二）特殊少年犯处遇机构的缺乏

根据一项针对少年犯罪成因的调查，少年心理因素之比例

---

[1] 参见杨长平、张晴、陈强："未成年女性犯罪逐年增加　不少利用'性角色'作案"，载《中国青年报》2015 年 6 月 12 日。

[2] 参见颜敏丹、韩亚敏："一份关于未成年女性的犯罪分析"，载《台州日报》2015 年 11 月 17 日。

日渐攀升，不可再单纯地认为仅是一时性的冲动或是情绪无法掌控，而忽略少年可能存在情绪障碍。而入狱的少年犯中有严重心理问题的比例也非常高。广东省未成年犯管教所在对未成年犯进行入狱心理评估后发现，心理不健康者占总人数的20%，有严重心理问题的占3%，有自杀倾向的占2%。[1]

为此，必须关注的问题是，身心障碍、发展障碍之犯罪少年与一般障碍少年间之教育需求可能不相同，毕竟，这些犯罪少年不再拥有一般障碍学生可以获得的"社会关爱"，如何在矫正机关对其进行特殊教育，且同时可以协助其未来融合于社会，实有必要加以深思。而且，对于硬性地要求少年必须领有身心障碍证明才能划入特殊教育范围，也有待商榷。当心理测验或调查认定该名少年在情绪管理或智能等方面有所障碍时，便应该密集地观察、辅导及提供适当的处遇措施。但是，我国目前并没有专门针对存在身心障碍问题之少年犯的处遇机构。

目前，虽有一些未成年犯管教所对监狱进行了功能划分，但是并没有针对特殊少年犯的处遇功能进行划分。例如，广东省未成年犯管教所将第十二监区、第十三监区、第十四监区作为功能监区。第十二监区负责罪犯入监教育、集训罪犯和禁闭室的管理。第十三监区负责老残犯及罪犯伙房的管理；负责罪犯的出监教育。第十四监区负责监门管理、罪犯会见管理工作；战训队、特警队的管理和训练；承办监狱内部接处警、应急处突，罪犯调遣押解、外诊押解等应急事务；负责对罪犯实施实时监控；负责枪库管理。

---

〔1〕　参见黄琼："广东省未成年犯管教所：广东两成未成年犯有心理问题"，载《新快报》2015年5月25日。

本章小结

中国少年犯处遇制度的发展与完善，或许可以从美国少年犯机构化处遇的发展变迁中汲取营养。中国少年犯处遇领域刑事政策的内容除了包括"教育、感化、挽救的方针""教育为主、惩罚为辅的原则"之外，还应当包括参与维度的总结，即"家庭、学校、社会、司法的四维参与"。在法律支撑方面有从宪法到机构内部的五个层次，目前其主体支撑主要是未成年犯管教所。中国少年犯机构化处遇经过多年发展，虽然有其成功之处，但是也仍然存在很多问题。这些问题有些是基于少年犯机构化处遇模式本身的缺陷而来的，有些则是少年犯处遇机构自身管理或者缺乏与其他社会机构的联动导致的。

第八章

域外镜鉴：美国少年犯机构化处遇发展对中国的启示

"他山之石，可以攻玉。"中国少年犯处遇制度的发展与完善，或许可以从美国少年犯机构化处遇的发展变迁中汲取营养。本章在前文反观中国少年犯机构化处遇实践与问题的基础上，可以看到中国少年犯处遇机构至少在理念、转向处遇、多元学科、专门处遇机构、社会参与、专门社区矫正等方面还有可改进之处，因而提出中国少年犯福利型处遇理念的确立、少年犯转向处遇委员会的构建、吸收多元学科专业参与、建立专门化处遇机构、完善社会对少年犯机构化处遇参与、拓展少年犯专门社区矫正等完善路径。

第一节　少年犯福利型处遇理念的确立

所谓福利型处遇是指以少年福利为核心的处遇。具体是指对于少年犯应以保护措施优先于处罚，以儿童及少年最佳利益为依归，并以养成少年健全的人格为目的。福利型的保护优先主义滥觞于美国法上的"国家亲权主义"，其所强调的监护、保护、福祉及教育成为之后少年司法处遇以保护代替刑罚的特色以及各国以"保障少年儿童成长发展需求之权益"为原则的"福利型"取向。我国台湾地区于 1997 年修订其"少年事件处理法"的时候，改变以往刑罚主义色彩，引进少年福利色彩措

施的保护优先主义，朝少年处遇福利模式前进。福利型少年犯
处遇理念确立的核心在于明确少年发展需求。对于少年犯的处
遇，应当首先区分少年成长阶段之性格特征与行为特质，并针
对个别少年之认知能力，帮助其了解行为结果及其法律责任，
从而有利于辅导、矫治或者处罚的有效执行。

美国心理学家马斯洛在其著名的《需求层次理论》中将人
类的需求从低到高分成五种，包含生理需要、安全需要、爱与
隶属的需要、尊重的需要及自我实现的需要。[1]在讨论少年犯
生长环境中之发展需求时，我们也可以从马斯洛的五个需求层
次一一理解少年犯的发展需求：第一，生理需求是人类最原
始也是最基本的需要，亦即一个人的衣、食、住、行必须最先
获得满足。虽然无法直接联结少年犯罪与家庭经济状况之因果
关系，但是在有关少年犯罪的统计中，家庭经济背景产生了一
定的影响力。针对生理需求而言，生长环境资源较缺乏的少年，
实施犯罪的比例确实偏高，在经济环境困窘下，家庭功能发挥
的紧密度仍然可能受到影响。第二，安全需求包含人身安全、
生活稳定，拥有家庭以及免于遭受痛苦、威胁、疾病等，得以
让人满足于稳定生活的需求。而是否拥有一个稳定的生活和稳
固的关系，关系到少年是否拥有一个坚强的后盾，让其得以安
定地规划生活及面对未来，也让少年感受到身旁拥有许多愿意
帮助及倾听且给予其力量的人，安全感的重要性不言而喻。现
代实证分析显示，少年成长的安全需求最主要来自于家庭以及
学校。第三，所谓爱与隶属的需求代表对友情、爱情等隶属关
系的需求。倘若欠缺此种社交需求，少年可能会认为自己在某
一个团体或社会之中是没有价值的。而与同侪间、朋友间的人

---

[1] 转引自潘晓萱、谢如媛："少年感化教育理念与实践"，政治大学 2015 年
博士学位论文。

际互动，对于正在摸索自我认同、关系建立的青春期少年而言是十分重要的。社会控制理论认为，趋向或附属于某些亲密团体，可降低少年的疏离及孤立感，进而降低犯罪率。第四，尊重需求的内容包含对成就或自我价值的个人认同，同时也包含其他人对自己的认可或尊重。在少年的成长过程中，他人的肯定或赞美相当于是肯定少年的行为，倘若其无法得到肯定，甚或受到批判或责难，便很容易产生自我否定的心态。对青少年而言，在学校若无学习成功经验，中途辍学或者表现较低的自尊，将会大概率地产生偏差行为，这些表现与偏差行为具有间接的连带关系。第五，自我实现乃是最高层次的需求，指在满足前四项需求，包含生理需求、安全需求、爱与隶属的需求以及尊重的需求后，得以相继产生的需求。犯罪少年在不同层次的需求前均面临不同的缺乏或困境，而处遇制度所扮演的角色及功能，便是促使少年在接受处遇的过程当中，补足所欠缺的需求，了解其在社会生活所具备的特有价值。

对少年犯进行处遇矫正的时候，不应将其视为惩罚或监禁，而是应借由暂时的隔绝空间或者社会化的方式，通过教育的手段，理解少年在不同的需求层次所欠缺的要素，在处遇教育过程中提供给少年稳定的生活，教导少年与同侪互动，而非仅是竞争或者逞强。其可以是一种陪伴鼓励、正面共同发展，以及让少年在此空间和过程中探索自己所适合的技能，用多元课程设计，通过在学习领域的成就感、培养专精的技能，使少年犯有信心且尽情地发挥自己的专长，改善少年犯在面对未来的态度。[1]

就算少年犯的行为具有高度危险性，出于社会安全与少年

---

〔1〕 参见潘晓萱、谢如媛："少年感化教育理念与实践"，政治大学 2015 年博士学位论文。

安全的双重考虑而不得不进入安全级别较高的未成年犯管教所等封闭机构对其进行感化教育，前阶段家庭、学校与社区机构功能之发挥，对预防少年犯罪行为也是至关重要的。当少年犯罪行为已然发生且必须由封闭机构教育进行处遇时，一个封闭的机构，也可以在理解少年犯面临的困境后，从家庭、同侪关系及学习过程等方面入手，让少年犯了解其周遭存在很多支持力量，并使其离开处遇机构时得以明了其并非独自面对社会上的困难，而是拥有许多关系的联结。填补少年犯本就应该具备的需求，让少年可以在接受感化教育的过程中渐渐地填补原先的空缺，当此些填补的要素适当地回应少年需求后，感化教育可以发挥其关键功能。此时，少年可以拥有较正面的力量，以面对比在院所更复杂的人际关系与社会生存。感化教育可以扮演更积极的角色，让少年理解其四周所环绕的关怀与照顾，当少年能够有充足的自我肯定、正向价值观引导其思维方式时，其离开处遇机构面对未来生活，便能确实地在完善的关系建构下健全成长，发挥自身的价值。

美国法学家弗格森在《失控的惩罚》一书中提到，惩罚是一种对错误行为的反射性回复，惩罚者在其怒气下，总是随时准备而有所动作。矫治则要求思考、计划、工作，以及愿意探测在一个更世俗化的悔罪目标里的变化。在惩罚优先的监狱系统里，惩罚总是比发起一项治疗计划更容易。[1]在少年犯处遇领域，面对着少年未来无尽的可能，我们所期待的应是积极陪伴少年犯储备能量的过程，而非被怒气掩盖的惩罚过程。

---

〔1〕 参见［美］劳勃·弗格森：《失控的惩罚——剖析美国刑罚体制现况》，高忠义译，商周出版社2014年版，第388页。

第二节 少年犯转向处遇委员会的构建

一、少年犯转向处遇委员会的构成

美国少年司法在《统一少年法院法》制定后已达成了由观护人收案的共识，只有少数州法院系由检察官收案并负责筛选。由观护人或检察官负责转向处遇之执行的优点在于作为少年犯案件之收案机关，经过一定背景调查及风险评估后，已熟悉少年犯的生长背景，并对少年犯有了一定程度的了解，有利于作出适合少年犯的转向处遇措施。但是，本书认为，由观护人或检察官接案的唯一优点只在于其对少年犯生长背景较为熟悉而已。少年犯的未来具有不确定性、延展性及不可预见性，仅凭观护人与检察官的单一片面调查无法加以预测及决定。此外，虽然观护人与检察官对于少年犯的成长背景掌握度较高，但是少年犯罪不仅牵涉家庭因素，还牵涉心理学、犯罪学、社会学、社会工作、教育等不同层面及领域的问题，因而少年犯罪不仅是单一面向的问题，更是多面向的科际整合问题。

为此，本书认为，少年转向处遇的执行宜由集合各领域专业人士共同组成的转向委员会来决定。实际上，负责转向处遇者必须是基于具有赎罪性质的少年福利填补机制，而不适合交由具有司法诉追性质的观护人或检察官单独作出。因此，应引入具有社会填补色彩的社会福利机构人员、社会工作人员、公安机关人员、学校老师以及心理相关人员等，共同为少年犯的犯罪行为找出原因。若认为其适于转向，则应由以上人员以转向委员会的名义作出决定。正是在这个意义上，虽然本书主张引入少年犯转向处遇制度，但是并不赞成如同美国少年司法处遇制度那样，直接将转向处遇的作成权限交由观护人或检察官单独负责。至于转向委员会的成员，由于少年犯生长环境复杂，并非是受传统法学教育的司法人员所能够处理的，必须整合教育、社政、福利、警察、法务、检察官、法官等众多方面，结合家庭、机构、社区、民间、志愿工作者通力合作。因此，本书不建议采取美国少年司法中由观护人或检察官负责转向处遇之作成的做法，而认为应融合各界专家一齐以委员会方式讨论。委员会成员应包括检察人员、少年法官、社会福利机构人员、社会工作人员、公安机关人员、学校老师以及心理相关人员等，一同就少年是否需受转向处分，以书面方式进行审查。

二、少年犯转向处遇委员会的设置

避免犯罪少年进入少年司法程序，符合少年脱离司法程序的转向处遇精神。当前，中国实际上只有检察院享有实质的转向处分权，即根据《刑事诉讼法》针对少年犯作出不起诉或者附条件不起诉。少年犯罪案件进入法院后，若法院认为少年不应承担刑事责任或者不予刑事处罚，可以根据《刑法》第 17 条，责令家长或者监护人管教或者由政府收容教养。本书认为，检察院不起诉、附条件不起诉或者法院认为不予刑事处罚的少年犯，本质上犯罪行为轻微，不应直接进入司法程序，应该在进入司法程序前，通过设置少年犯转向处遇委员会把关筛选，替微罪少年"踩刹车"，使其不至冲入可能造成标签烙印的司法程序之中。简言之，即应当在进入司法前的转向程序中替微罪少年找一条出路。

微罪少年的犯罪行为大多都是由其生长环境或背景因素导致的，因此需要提供少年充足的社会福利资源，在资源已穷尽且无法针对其生长环境而对少年犯进行矫正时，才能将少年犯引入少年司法程序之中，以符合社会福利资源优先以及司法被动性的精神，而不是毫不区分少年犯行为的情节轻重，一律直接移送检察院审查起诉。也就是说，转向处遇的目的在于给少年犯罪分类，用以挑选适合转向处遇处分少年的转向处遇委员会有其成立之必要，而且，为避免标签烙印，其应被设置于司法体系之外。因此，我国应在公安机关设置转向委员会，以地方公安局长兼主任委员。之所以优先考虑在公安机关设置少年犯转向处遇委员会，是因公安机关隶属于行政部门，相较于司法的强制性，其所具有的行政权属性给少年犯留下的标签烙印似乎较少。

三、少年犯转向处遇委员会的处理流程

在设置转向处遇委员会后，警察一旦发现犯罪少年，即可先由社工人员等相关专业人士调查少年的年龄、犯罪历史、是否有犯罪可能、轻罪或重罪等情况，并使少年了解转向处遇的流程与违反的法律效果，取得少年及其父母同意后作成书面意见并"一律"送交转向处遇委员会。

在审查上，少年犯转向处遇委员会可以参考记载美国法实务经验的《少年转向处遇指南》（Juvenile Diversion Guidebook）中所建议的 16 个步骤以及华盛顿州的转向经验，在接收少年书面资料后，就书面资料对该少年非行原因进行"初次资格审查"，用以决定少年是否适合转向处遇。《少年转向处遇指南》中详列的具体步骤包括：① "目标"（Objectives）；② "转向的决策时点"（Referral Decision Point）；③ "决定干预的程度"（Extent of Intervention）；④ "运作机关"（Operations）；⑤ "经费"（Funding）；⑥ "转向以及其标准"（Referral and Eligibility）；⑦ "扫描与评估"（Screening and Assessment）；⑧ "参加条件"（Participant Requirements）；⑨ "服务"（Services）；⑩ "奖励"

（Incentives）；⑪ "失败的后果"（Consequences of Failure to Comply）；⑫ "完成与未完成的标准"（Program Completion/ Exit Criteria）；⑬ "资讯使用"（Information Use）；⑭ "向辩护人咨询"（Legal Counsel）；⑮ "处遇机构的公平"（Program Integrity）；⑯ "成效评估"（Outcome Evaluation）。[1]

少年犯通过初次资格审查后，转向处遇委员会会作出将少年转向至何种非机构化处遇机构的决定，后续 "第二次审查" 的任务则交由接收转向处遇的机构进行。接收转向处遇的机构将就少年犯之行为以及是否符合资格等进行审查，若符合转向机构设置目的，经过机构同意，少年即可以进行转向处遇。但是，如果受转向处遇机构不同意，则代表该少年的犯罪行为并非是社会福利系统可处理的，必须将少年犯移送检察院审查起诉，然后由法院衡量决定适合少年犯的处遇方式。

如果少年犯不适于转向处遇，则少年犯转向处遇委员会得依照《刑事诉讼法》将案件移交检察院审查起诉，由法院加以审理。当然，如果法院认为该少年情节轻微不构成犯罪，或者可以不予刑事处罚，或者判处管制或缓刑，那么，少年犯仍然可以有机会进入社区性处遇机构，但此时，少年犯已经被烙上了司法标签，这并非是转向处遇之目标。

关于接收转向处遇的机构，本书认为，在中国目前的少年犯处遇制度构造之下，比较现实的是社区矫正机构和工读学校。因为这两类机构目前都已经存在，并且都具备对少年犯或越轨少年的教育、矫治功能。因此，由这些机构作为少年犯转向处遇的接收机构具有现实基础。特别是将工读学校作为少年犯转向处遇接收机构，可以将此类逐渐被边缘化的机构重新启用，

---

[1] 详见："Models for Change Juvenile Diversion Workgroup, Juvenile Diversion Guidebook（2011）"，http://www.modelsforchange.net/publications/301，2016-01-10.

还可以节约大量的社会资源，不必另起炉灶设置新机构。当然，从长远而言，本书认为，中国还是要对不同类型的少年犯进行有针对性的安置，建立多元化的转向处遇接收机构。

第三节 吸收多元学科专业参与

少年犯虽然具有复杂性，然而对其进行矫治处遇仍不失矫治的性质。身为教导少年犯的矫治人员，一方面必须通过多种方式让少年犯了解他们在社会上受到尊重、可以寻求关怀，并非仅是被隔绝在黑暗的角落。另一方面，少年犯罪背后隐含非常多复杂的原因，矫治处遇并非是教导他们以前的行为都是"错误"，也非把教育者的个人主观意识强加至少年身上，而是希望通过矫治的手段，让其可以在这个短暂的独立空间学习如何与社会沟通、与周边环境沟通、适应于社会的未来。因此，矫治处遇必须站在受矫治少年的立场，重新了解及满足其矫治需求，才符合少年犯处遇的特殊性。

少年所面对的困境或难题，无法通过单一学科解决。例如，少年可能有精神障碍或者心理创伤等，除了教育课程的教导，相关医疗措施及咨询过程皆应该被引入整个少年犯处遇执行的过程，以便真正落实"了解少年所需"的处遇过程。的确，教育有其界限，而此界限无法通过"教育学"自行解决。承认对少年犯教育的界限以及困境并非坏事，反而可以更深入地思考如何让少年犯处遇发挥其功能。少年犯处遇背后所隐藏之理念是"教育"和"福利"的色彩，非"惩罚""戒护"之眼光，这种理念并未与其他专业领域互相排斥，美国当前的少年犯处遇，从司法处遇、矫正处遇，一直到社会复归的各个阶段，都是积极、必要且与多机关互相联系的。美国少年犯处遇领域也有关于少年犯处遇功能的争论，但其开展多元领域的投入，包含通过心理治疗活动的协助，有利于少年犯未来离开处遇机构之后的复归生活。教育功能确实有其局限，但是把少年犯处遇看作是一个平台，以少年犯矫治教育为核心进而联结各专业之投入，或许会是一个突破少年犯处遇界限的路径。

福利型少年处遇是以"教育"为核心理念，纵向由司法体系所为的处遇。基于少年犯罪背后所隐藏的社会结构问题，我们不应对少年犯带有司法惩戒之眼光，而是要通过对少年犯教育的过程理解少年所缺少及可以填补之缺块。对少年犯进行教育，就像是构建一个充满各类专业资源的平台，而少年生活在此平台上则像是暂时的充电，当具有足够电力后，他们就可以自信地迎向未来之挑战。如前文所述，中国目前执行少年处遇的机构仍隐含诸多悬而未决的困难，亟须多元资源的投入及关注。社会应以更宏观之眼光和积极的态度面对少年犯处遇，让少年犯处遇成为一种开放式的、连接少年犯与社会的方式，其对少年犯而言将不再只是一种惩罚或绝望，而是重新出发的"充电站"。

所有少年犯罪行为的背后都隐含着许多生活的难题，如经济环境、安全感或同侪关系等，既然认识到了这些窘境的存在，就应多方检讨，不应将少年犯罪行为视为一个苛责的对象，而应重新审视社会结构与社会氛围。当少年法官认定少年目前的生长环境已经紧绷到需要通过暂时的隔绝环境进行矫治时，暂时的隔离并非也不应该被视为是将少年犯与社会隔离开来。希望少年犯处遇可以发挥积极的功能，创造一个环境，让少年在此获得原先生长环境所欠缺的要素，抛弃原先可能承受的身份挫折感，进而重新缔造属于自己的价值。[1]

---

〔1〕 参见潘晓萱、谢如媛："少年感化教育理念与实践"，政治大学 2015 年博士学位论文。

第四节　建立专门化处遇机构

在目前的中国少年犯处遇机构体系中，并无以对象为区分的专业的处遇机构分类，欠缺专业机构的设立，在处遇的过程中可能会忽略少年的背景及需求，以致无法给予其相适应的处遇。虽然专业矫正机构的设立牵涉政府预算、人力的配置，导致短时间的落实可能较有困难，但从长远来看，设立专业化处遇机构还是十分必要的。强化监狱分类管理一直是我国监狱建设的方向。2016年底，《司法部关于加强监狱分级分类建设的指导意见》（司发通［2016］133号）指出："进一步加强监狱分级分类建设，实现对罪犯分类关押、分类管理、分类施教，有利于进一步提高教育改造质量，创新教育方法，增强教育改造的科学性、针对性、实效性；有利于确保监狱安全稳定，保障监狱依法履行职能，促进公正廉洁执法；有利于进一步加强监狱内部管理，改进和创新监狱管理模式，不断提升监狱管理水平；有利于完善监狱功能体系，进一步完善中国特色社会主义监狱制度。"

一、设立女性少年犯专门处遇机构

目前，有无必要设立收容女性少年犯的专门机构，其实很值得讨论。因为少女与成年女性存在差异，尤其是青春期的少女，需要了解如何与异性相处，需要正确认识和异性间的良善关系之建立，一味限制及阻隔两性间交流，对少女而言未必是一个正常理解两性关系之管道，至于担心两性间交流所可能产生之问题，应该是预防及管理，而非径行将二者予以阻绝。对此，专门机构可以对少女投入更多资源。

从矫正教育女性少年犯的观念和实践来看，普遍存在着有意或无意消除女性少年犯的个别差异的现象。一是要求女性少年犯与矫正教育者思想一致起来。矫正教育者会有意无意地把自己作为女性少年犯的标准或者参照物，对于女性少年犯中存在和自己不一样的，或者自己不喜欢的特征的，都想加以改变和消除。二是由于对女性少年犯统一管理，所以会有意或无意地希望所有女性少年犯之间一致起来。对所有的女犯进行同样的管理，而不管她们之间是否存在差别。在劳动中，不考虑成年与未成年女犯的个人经历、劳动技能、身体状况等差异，要求所有的成年与未成年女犯都完成同样的劳动定额。不管未成年女犯之间的文化水平、知识观念等方面的差异，要求其参加同样的矫正教育活动，学习同样的内容。在矫正教育女犯的活动中不尊重或忽视个体的差异性，有很多的弊端：一是矫正资源的浪费。与犯罪心理的形成和犯罪行为的实施无关的个别差异，是不需要矫正或者转变的。否则，只能是资源浪费。二是加重女性少年犯的身心痛苦。在监禁环境中，女性少年犯没有自由，如果矫正工作者忽视成年与未成年女犯之间的差异而进行不必要的干预的话，就会给女性少年犯提出更多的要求，对其进行更多的限制，这样只能是加重其身心的痛苦。[1]

而专门针对女性少年犯的处遇机构，应当考虑少女犯罪背后所隐藏之复杂度，无论是社区服务、心理等咨询，还是于处遇机构内开设的课程，都应该为女性少年犯提供更多的选择，但是又不能仅偏向女性技能，还应该有汽车修护或者电脑软件等其他可供女性少年犯选择的选项。应当对女性少年犯传达正确、健康之两性关系，毋庸将此当作禁忌话题，只有让女性少

─────────────

〔1〕 参见刘俐："监禁状态下未成年女犯矫正教育创新研究——以江苏省某未成年犯管教所为例"，南京理工大学 2010 年硕士学位论文。

年犯更加了解异性，她们才会懂得如何在异性关系中了解及保护自己。由于人数较少，女性少年犯常是受忽略之群体，但这并不表示其不应受重视。相反，因为社会结构、家庭伤害等要素，她们可能受到了更多压迫，在矫治和教育过程应当受到更细致的了解与处遇。如果不能正视此一问题及现实，女性少年犯未来要真正融入社会生活将遭遇更多的困境。

二、设立身心障碍少年犯特殊处遇机构

根据美国学者曾经做过的实验，患有身心障碍的少年犯无论是失业率还是重回处遇机构的比率，与其他犯罪少年相比，均高出不少。有身心障碍的少年犯在整个少年犯处遇体系中处于一个需要投入高资源关怀的位置，感化教育更需要思索如何让这些少年可以在未来社会适当地生活。[1]

需要接受特殊教育的少年犯，无论是智能发展、情绪管理还是行为管理，都与一般的同龄人群有所不同，一起生活可能较不适应。处遇机构借由特别规划的教材或小班制，为他们提供适当的教学过程。少年犯面对感化教育必定会有茫然及困惑感，更遑论那些受情绪困扰的少年犯，所面临的情状更加窘迫，同时，对情绪管理的障碍、智能发展较为迟缓等状况，又未有相应环境、教材、处遇手段加以配合。中国的未成年犯管教所虽然对特殊教育的少年犯开始渐渐设置相关课程，然而单一课程的设计或者未对相关心理障碍［例如亚兹伯格症（自闭症）、注意力不足等］配有相对应的处遇手段，使得感化教育仅是另外一个拘禁空间，使得有身心障碍的少年犯更容易受到排挤与

---

〔1〕　See M. Bullis and P. Yovanoff, "Idle hands: Community Employment Experiences of Formerly Incarcerated Youth", 14, *Journal of Emotional and Behavioral Disorders*, （2006）2.

孤立。

我国目前尚未设立专门针对有身心障碍少年犯的处遇机构，且在未成年犯管教所内也未有特殊教育师资，仍有许多方面需要改善。接受感化教育处遇这段期间，处遇机构如果未提供适当的处遇内容及相关的配合课程，我们将难以期待有身心障碍的少年犯能够获得其原来所缺失的社会资源，更难以期待感化教育能意识到少年犯调整生活环境甚或需要特别调整之重要性。从近期来看，我国目前能够改善的方面是要尽量整合相关教育、医疗资源，少年犯处遇机构应提供专业的少年身心鉴定及专业的特殊教育课程及治疗，让少年犯在感化教育处所中得以获得于院所外所欠缺之要素，并在此过程中渐渐学习基本的独立生活能力及与人相处互动能力。感化教育更应当考虑少年犯离院时所面临的各种困境，调整其未来的生活环境以及为其社会复归提供充足的资源。从长远看，我国应当设立针对身心障碍者的专门处遇机构，通过专业化的矫治来回应有身心障碍少年犯的矫治需求。

第五节　完善社会对少年犯机构化处遇的参与

一、未成年犯管教所的适度开放

现行未成年犯管教所都是"封闭"的矫正机构，也就是说，其中的少年犯白天至晚上的作息（无论是上课、吃饭、休闲、晚上睡觉等活动）都是处在相同之空间，四周有高墙、铁丝网的戒护设备，舍房内有铁门的阻隔，无论是有形还是无形的空间设置，皆显示着"封闭"的特质。而封闭性的环境，对少年犯未来离开院所融入社会生活，并不具有正面的影响力，反而具有很大的阻力。因此，应通过改变少年犯处遇执行的过程，让少年犯不仅限于被封闭在院所的环境。

　　但是，此处有一个核心问题，即为何感化教育必定是"封闭"的教育环境？接受处遇的少年犯，原先所需要暂时隔离的要素可能是成长过程中的高风险的家庭环境、过度的同侪影响力，或者是学校环境适应不良所引发的后续效果等。暂时隔绝给予少年犯更多的元素或者刺激，封闭所代表的并非是少年犯需要与整体社会环境隔绝，而是希望少年犯能够暂时远离那些处于紧张环境的要素，因此"隔绝"并非是将少年犯排除于社会活动之外，而仅是排除少年犯与原先要素之联结。未成年犯管教所"无区分地"将所有影响少年犯生活上的所有因素一并排除，从手段上说似乎过于扩张，不符合刑罚比例原则下的最小侵害原则。

　　其实，封闭的空间并非仅有隔离少年犯与原先高风险生活环境的功能。其还可以让少年犯有较单纯的生活以重新思考及接受多元的刺激。当少年犯状态趋于稳定或者成熟时，适度的开放可以让少年犯感受在一般社会生活的氛围。这不仅可以使他们为未来离开未成年犯管教所的生活预先做好准备，也可以让少年渐渐感觉他们与别人并没有什么不同。

　　但是，如何实现适度的开放呢？有学者认为，这种适度开放可以覆盖少年犯处遇的全程，建议构建一种全程开放式的处遇模式，不以少年犯服刑时段为限。[1]也有人认为，开放化是指监狱充分面向社会，依靠社会对罪犯进行多渠道的教育改造，包括"请进来"与"走出去"。所谓"请进来"，就是在对少年犯进行教育改造的过程中，吸收社会力量的参与。如动员社会

──────────

　　〔1〕　对于这一观点的详细内容可以参见沈玉忠博士在其著作中所展开的阐述。参见沈玉忠：《未成年犯犯罪特别处遇研究》，中国长安出版社 2010 年版，第 373~377 页。

各界人士对少年犯进行帮教，对少年犯进行励志教育，鼓励其走出自己的心理阴影。所谓"走出去"，是指在对少年犯进行教育改造的过程中，为少年犯走出监狱创造条件，鼓励少年犯了解社会的变化，及时更新自己的知识系统，跟上社会发展的节奏，不至于在出狱的时候与社会严重脱节。[1]

本书认为，所谓适度开放应当主要是在少年犯处遇后期在一定条件下允许少年犯"走出去"，并不包括"请进来"的部分。因为开放应当是一种外向型的行为，是一种主动将处遇机构展示给外界的行为。因此，本书这里所说的适度开放并不包括"请进来"的部分。具体言之，就是由少年法官、未成年犯管教所管理人员等在判断少年犯各种状况都稳定的前提下，考虑让少年犯进行适当的与社会接触的活动。主要包括：①在完成教育课程后或者假日回原生家庭或由相关社工联系的寄养家庭生活；②可以在假日替少年报名参加有益身心的马拉松、健行、才艺比赛等休闲活动；③组织少年犯外出参观、开展社区服务和参加社会学习；④组织试工、试读，以增强释放后的社会适应；⑤设立社会复归中心，于少年犯释放前几个月将其转移到社会复归中心，进行出狱前的社会适应训练。有人认为，这种开放性的构想绝对会面临非常大的挑战，无论是管理、少年状态的评估，还是相关寄养家庭环境的评估，都必须耗费相当多的人力以及调查成本。此外，原生父母以及寄宿父母之配合与支持也非常重要。也就是说，相关人员要有很大的共识才能执行。[2]但是本书认为，这种未成年犯管教所的适度开放可引导

---

〔1〕 参见宋志军："未成年人刑事司法的社会参与问题研究"，载《北方法学》2016 年第 2 期。

〔2〕 参见潘晓萱、谢如媛："少年感化教育理念与实践"，政治大学 2015 年博士学位论文。

少年犯在出狱前适应及联结社会，对于释放后尽快适应社会非常有帮助，因此，这种成本耗费是有意义的。

二、激励社会组织参与机构化处遇

脑科学、发展心理学与人文经验强调少年司法中的少年犯处于心智未成熟的年纪，需要成熟且成功的成年人的引导。少年犯在情感冲动的情况下自律能力有限，他们对环境的影响更为敏感，又尚未学会站在长远的角度作出正确的决定。因此，针对未成年犯的处遇，应当将心理学、生物学、神经科学、发展科学、社会工作等专业知识结合起来，共同帮助少年犯。单单依赖未成年犯管教所进行少年犯处遇，会使得未成年犯管教所不堪重负，当然也就不利于矫治效果的产出。

社会组织参与少年犯机构化处遇也是社会治理体制和机制不可或缺的重要内容，如果不加强这一领域的社会组织参与，则会导致社会治理整体出现"木桶效应"，即一个社会组织的短板拉低整个社会治理的水平和效果。社会组织参与少年犯机构化处遇既是在弥补少年犯家庭监护的缺失，也是在弥补未成年犯管教所在少年犯处遇方面的不足。根据宋志军博士的总结，参与少年犯机构化处遇的社会主体可以包括"具有保护未成年人职责的部门和社会团体"。根据法律规定，未成年人保护组织包括民政局、教育局等政府职能部门和团委、妇联、关工委等群团组织，这些组织最主要的优势是拥有专门的组织系统、经费、场所、人员和保护未成年人的经验。同时，负有协调相关部门和单位进行未成年人保护和犯罪预防的职责，并结合辖区内街道、乡镇的实际情况，具体组织实施对未成年罪犯的教育矫治等相关工作。学校是未成年人获取知识、学习技能以及行为规范的重要场所，爱心企业、社区在实践中已成为未成年人审前非羁押支持机制的重要力量。我国可以以其为依托建立涉罪未成年人观护帮教基地。公益性社会组织和民办非企业单位等非政府组织参与未成年刑事司法是未来的发展趋势，即由专业司法社工组织负责涉案未成年人的社会调查、社会帮教、矫治等工作。[1]

实际上，我国不少地方的未成年犯管教所都已经开始和社会组织共同探索良好的合作模式，值得进一步推广。例如，贵州省监狱管理局在贵州省未成年犯管教所实施的监校合一制度，就是非常好的合作路径。其根据当前少年犯处遇机构教育存在的问题，协调社会办学机构与贵州省未成年犯管教所合作，在管教所内成立贵州省电子信息高级技工学校未成年犯管教所分校和遵义重美职业技术学校省未成年犯管教所分校，在管教所内开办了为期 3 年的中等职业学历教育。[2]又如，四川省未成年犯管教所与多家社会企业建成了就业帮扶基地，签订了《刑满释放人员就业帮扶协议》，给刑满少年提供就业岗位，使得少年犯释放之后的生计有着落，降低了再犯率。[3]云南省未成年犯管教所与昆明市司法局、律师事务所等合作为未成年服刑人员提供法律咨询服务；对外邀请社会团体（如昆明 12355 青少年服务台、红嘴鸥青少年事务中心、LP 志愿者服务等）在未成年服刑人员中开展个体心理咨询及团体辅导活动。多年来，云南省关工委以及昆明市、玉溪市等多地政府部门、法院、团委、妇联等坚持到未管所开展社会帮教工作，每年帮教的未成年服

---

〔1〕　参见宋志军："未成年人刑事司法的社会参与问题研究"，载《北方法学》2016 年第 2 期。

〔2〕　参见周茂、孟良川："贵州省未成年犯管教所，监校合一铺就迷途少年回归路"，载《贵州日报》2016 年 9 月 22 日。

〔3〕　参见蔡小丽："刑满出狱第一天，少年靠帮扶基地找到工作"，载《成都商报》2011 年 12 月 12 日。

刑人员平均达 1400 人次以上，仅 2015 年上半年就开展了政府部门、社会团体帮教活动 12 次，帮教服刑人员 654 人次，组织大型亲情帮教活动 1 次，充分发挥了社会帮教在教育改造未成年服刑人员工作中的作用。[1]

三、提升家庭在少年犯处遇中的参与度

家庭是以婚姻和血缘关系为基础的社会单位，包括父母、子女和其他共同生活的亲属在内。一项关于犯罪原因的调查统计表明，除了犯罪个人的认知因素、社会外界的因素之外，家庭因素也不容忽视。例如，家庭暴力、父母离异、受到忽视等都会导致少年走上犯罪的道路。[2]因此，对少年犯的处遇工作，需要家庭的参与，以帮助少年犯树立改过自新的信心，适时对少年犯进行关照，使其从家庭中获得激励和支持。如果少年犯家庭环境依然没有做出相应调整，则会对少年犯的教育改造造成严重阻滞。

对于未成年管教所而言，其应该帮助消除未成年犯与其原生家庭之间的隔阂，有针对性地开展家庭教育，通过"家长学校""告家长书""远程探视""亲情会见"[3]"离监探亲""亲情帮教"等多种拉近少年犯与其家庭距离的方式，帮助少年犯家庭正视少年犯罪及其接受刑罚处遇的现实，指导其学习掌握疏导少年犯的方法和技巧，引导家庭从心理和精神上给予少年犯慰藉，促进少年犯从内心获得改变。

---

　　[1]　参见周菲娅："云南省未成年犯管教所 突出特色教育 增强学习兴趣"，载《云南法制报》2015 年 7 月 15 日。

　　[2]　参见刘最跃：《论未成年犯的教育改造》，天津大学出版社 2013 年版，第 136~137 页。

　　[3]　参见卞万根："家庭在未成年犯矫正中的社会支持问题研究"，载《预防青少年犯罪研究》2014 年第 6 期。

家长学校并非真正的学校，而是少年犯家长的一种集体学习方式。鼓励未成年犯家长参与家长学校，让少年犯家长了解未成年犯的身心特征、交流方式等，可以提升家长与少年犯交流的能力，并进一步提高父母帮教的效果。

告家长书是通过书面的形式将一些未成年犯教育改造的知识传递给未成年犯父母，使其不必通过在场的参与，也可以学习到未成年犯矫正教育的知识。家长学校和告家长书，都旨在提升未成年犯家长参与未成年犯矫正处遇的能力。

亲情会见就是让少年犯与其家庭在合适条件下进行会见，以拉近少年犯与家庭之间的距离。例如，广东省未成年犯管教所创建的家庭式会见方式就非常有助于拉近少年犯与家庭之间的距离。一般来说，未成年犯管教所服刑人员的会见都是隔着玻璃的，双方交流通过电话进行，即便近在咫尺，二者也不能促膝而谈。而广东省未成年犯管教所启动的家庭式亲情会见，则让少年犯与亲友可以同坐在新辟的隔间沙发上促膝谈心。但是，少年犯与亲人亲情会见需要达到一定条件，即只有进入宽管期的服刑少年方有机会获得这个"特权"。首先，少年犯需要通过考察期，最短半年，如果是无期徒刑的话，考察期可能还会更长。在此基础上，少年犯还需要在教育改造、纪律考核等方面都表现优秀方可。[1]广东省的这一模式可以为其他地方的亲情会见制度构建提供参考。

亲情帮教就是开展活动，让亲属从精神和物质上帮助少年犯。例如2011年，河南省郑州未成年犯管教所为少年犯及其家庭举行了新年帮教会，让225名未成年犯和他们的父母、亲人在

---

〔1〕 参见孙毅："广东少管所改革会见方式，服刑少年与亲人零距离"，载《新快报》2014 年 5 月 22 日。

狱中团圆。[1] 2015 年 4 月 16 日，喀什未成年犯管教所结合监区实际，将刑期较长、表现较好的服刑人员确定为亲情帮教对象。该日上午 10 时 30 分，在监区民警带领下，20 位母亲实地观摩了服刑人员监舍、教学楼、食堂等场所。在民警的组织下，服刑人员精心准备并表演了文艺节目。阿某的诗朗诵《对不起，母亲》抒发了自己对母亲的无限思念和深深的忏悔，场面十分感人；一名服刑人员的现身说教，让母亲们意识到服刑人员的行为给家庭和社会带来的严重危害，从而引导服刑人员树立正确的世界观和人生观，达到了教育感化服刑人员、促进其自觉改造的目的。在帮教过程中，监所教育改造科还与 20 位母亲签署了《亲情帮教协议书》，促成了社会、家庭、监狱民警"三位一体"的帮教工作新格局。[2]

远程探视就是让少年犯与其家庭之间通过专门设置的电话或者网络进行视频语音交流，从而节约现场探视的人力、物力成本，提高家庭探视和参与的可接近性。例如，为了解决家属前往异地监狱探视服刑人员"审批难、距离远、开销大"的难题，增加亲人"会面"交流思想和感情的频率，让服刑人员安心接受改造，2016 年 3 月 20 日起，辽宁省未成年犯管教所开通了远程视频探视系统，实现了服刑人员与其家属的团聚。辽宁省未成年犯管教所在押服刑人员的相关亲属都可以申请远程探视，包括父母、祖父母、外祖父母、曾祖父母、曾外祖父母等，岳父母，兄弟姐妹及其配偶、子女，配偶的兄弟姐妹及其配偶，父母的兄弟姐妹及其配偶、子女等。

---

〔1〕　参见赵蕾："225 名未成年犯含泪忏悔"，载《河南法制报》2011 年 1 月 26 日。

〔2〕　参见梁呈浩、阿依帕夏·阿迪力："喀什未成年犯管教所亲情帮教暖人心"，载《新疆财经报》2015 年 4 月 17 日。

离监探亲就是允许表现良好的宽管级少年犯在节假日等时间可以回家和家人团聚。《罪犯离监探亲和特许离监规定》第5条规定："监狱每年可分批准予罪犯离监探亲。每年离监探亲罪犯的比例不得超过监狱押犯总数的2%。女子监狱和未成年犯监狱的离监探亲比例可以适当提高。"2010年，因为在管教期间表现很好，已经19岁的陈某连续2年获得"新生奖"。今年，他终于有机会离监探亲、回家过年了。3年前，陈某因为"太想开车"，便伙同几个同学一起抢了一辆轿车，后来因为抢劫罪入狱。"以前太调皮了，也不太听爸妈的话，犯了大错才知道自己是不对的。"现在的陈某已经不是当年那个桀骜不驯的小子了。"我一定要珍惜这4天，好好陪陪爸妈。"说到最想做的事情，陈某想了想说，他希望一回去就到外婆的坟前上炷香。[1]让表现优秀的少年犯回家过年，不仅是对他们的一种奖励，也是希望通过这种方式促进他们改造，同时还能够激励其他的学员向他们学习、争取离监探亲的机会。

当然，未成年犯家庭参与未成年犯处遇的形式并不固定，除了以上形式以外，还可以有更多的创新形式。但在有些时候，家长并非在一开始就愿意参与或者适合参与。这个时候，就需要未成年管教所的鼓励。因为在入狱后，少年犯的父母家人可能会因对其失望而不愿来监狱探望甚至断绝与其的联系。这个时候，干警应当及时与罪犯的家庭进行沟通，并且定期把罪犯的良好改造情况告诉其家人。例如，北京市未成年犯管教所的干警在遇到这种情况时会及时与家长进行沟通，做家长工作。

---

〔1〕 参见刘璐："离监过年的孩子 回家先给外婆上一炷香"，载《华西都市报》2010年2月13日。

在干警的不断努力下，许多少年犯的家人最终都被感化了。[1]

第六节　拓展少年犯专门社区矫正

之所以要拓展少年犯专门社区矫正，是因为少年犯社区处遇比未成年犯管教所更能够契合少年犯的发展需求。利普西、威尔逊、科恩等人在 2000 年的研究中比较了少年监狱与社区处遇，发现社区处遇在学习及其他社会领域更适应未成年人个体的不同需求。[2]

一、在《社区矫正法》中设置专章规定少年犯社区矫正

我国已经从 2003 年开始试点社区矫正制度。2011 年，《刑法修正案（八）》还把社区矫正正式写入了法律。[3]2012 年，《刑事诉讼法》修改后规定了对判处管制、宣告缓刑、假释或者暂予监外执行的四类罪犯实施社区矫正。《刑事诉讼法》第 277 条第 1 款规定："对犯罪的未成年人实行教育、感化、挽救的方针，坚持教育为主，惩罚为辅的原则。"第 280 条规定："对未成年犯罪嫌疑人、被告人应当严格限制适用逮捕措施。人民检察院审查批准逮捕和人民法院决定逮捕，应当讯问未成年犯罪嫌疑人、被告人，听取辩护律师的意见。对被拘留、逮捕和执行刑罚的未成年人与成年人应当分别关押、分别管理、分别教

---

〔1〕　参见王斌："北京市未成年犯管教所创新监狱管理模式"，载 http://www.legal daily.com.cn/2011 年 5 月 3 日。

〔2〕　See M. W. Lipsey, D. B. Wilson and L. Cohen, *Effective Interventions for Serious Juvenile Offenders*, Washington, D. C. : U. S. Department of Justice, Office of Juvenile Justice and Delinquency Prevention, 2000.

〔3〕　2011 年《刑法修正案（八）》规定了对判处管制、缓刑以及假释的罪犯，依法实行社区矫正。

育。"2012 年最高人民法院、最高人民检察院、公安部、司法部还专门制定了《社区矫正实施办法》，对社区矫正的基本问题进行了规定。其中第 33 条还专门规定了未成年人的社区矫正问题：①对未成年人的社区矫正应当与成年人分开进行；②对未成年社区矫正人员给予身份保护，其矫正宣告不公开进行，其矫正档案应当保密；③未成年社区矫正人员的矫正小组应当有熟悉青少年成长特点的人员参加；④针对未成年人的年龄、心理特点和身心发育需要等特殊情况，采取有益于其身心健康发展的监督管理措施；⑤采用易为未成年人接受的方式，开展思想、法制、道德教育和心理辅导；⑥协调有关部门为未成年社区矫正人员就学、就业等提供帮助；⑦督促未成年社区矫正人员的监护人履行监护职责，承担抚养、管教等义务；⑧采取其他有利于未成年社区矫正人员改过自新、融入正常社会生活的必要措施。犯罪时不满 18 周岁被判处 5 年有期徒刑以下刑罚的社区矫正人员，也适用上述规定。从规模来看，2016 年，我国的社区服刑人员已达 70 万人。从效果来看，社区服刑人员在矫正期间重新违法犯罪率一直保持在较低水平，大约为 0.2%。但由于我国社区矫正工作起步较晚，理论研究和制度供给很不充分，实践中还存在着适用率低、矫正力量不足、重视监管而不重视教育矫治等诸多问题。与此相对应，未成年人社区矫正也有很多问题，比如，机构和人员专门化程度过低、特色矫正项目缺失等。导致这些问题的原因有很多，但毫无疑问的是，社区矫正立法的缺失是其中最为重要的原因。[1]

2016 年 12 月，原国务院法制办公布了《社区矫正法（征求意见稿）》，共五章 36 条：第一章为总则部分，主要规定了立

---

[1] 参见杜延玺："未成年人社区矫正立法建议"，载《中国青年研究》2017 年第 6 期。

法目的、适用范围、基本原则、各相关主体的权利义务等内容；第二章为实施程序部分，主要规定了社区矫正机构在入矫、施矫和解矫阶段的具体程序等内容；第三章为监督管理部分，主要规定了社区矫正人员接受监督管理、社区矫正机构实施监督管理的具体内容和方法；第四章为教育帮扶部分，主要规定了社区矫正机构、矫正小组、政府、社会、家庭对社区矫正人员进行教育帮扶的具体内容和方法；第五章为附则部分。但是，第 25 条中只规定了 4 项对未成年社区矫正人员实行监督管理的内容，都是一些原则性规定，相比《社区矫正实施办法》更为简略。这样单薄的立法设置，对于完善矫正程序，充分发挥矫正作用，保护未成年社区矫正人员合法权益来讲，是远远不够的。我国应当立足保护主义理念，设置专章对未成年人社区矫正的原则目标、适用对象、机构人员、社会调查评估、档案管理等问题作更为全面的规定。

从立法技术的角度出发，针对未成年人社区矫正的立法呼吁主要有两种观点。一是主张单独制定《未成年人社区矫正法》。使《未成年人保护法》和《预防未成年人犯罪法》所确立的基本原则、精神向其他法律、法规和条例渗透，制定专门的《未成年人社区矫正法》，最终建立起具有中国特色的未成年犯罪人社区矫正的法律体系，从而为未成年犯罪人社区矫正工作提供必要的法律依据。[1]二是主张在《社区矫正法》中设置未成年人专章。有学者认为，一部法律的出台需要一段时间，结合当前的现实需要，我国可以在《刑法》《刑事诉讼法》修改过程中对有关未成年人社区矫正的一些适用程序作出规定，如社区矫正中的减刑、假释的处理，社区矫正执法的主体、适用

---

〔1〕　参见武志坚、邹学忠："建立我国未成年犯罪人社区矫正制度的设想"，载《吉林公安高等专科学校学报》2006 年第 6 期。

对象等。同时，修改《预防未成年人犯罪法》，在该法中明确社区矫正的主要内容、社区矫正的监督与在对未成年犯罪人适用社区矫正过程中的权利保障。[1]

笔者认为，在目前我国还没有正式出台《社区矫正法》的前提下，对少年犯社区矫正进行专门立法还有一定困难，但是至少可以在《社区矫正法》中设置专章规定少年犯社区矫正问题。实际上，这种专章立法的做法与《监狱法》和《刑事诉讼法》是一脉相承的，上述两法中都分别于专章规定了少年犯的矫正和诉讼程序问题。基于保持未成年人立法协调统一及适应我国未成年人司法改革与建设的需要，《社区矫正法》也宜采用专章立法形式。而且，这种立法模式不仅具有将未成年人与成年人分管、分教的象征意义，更是《联合国儿童权利公约》《未成年人保护法》遵循未成年人最大利益原则、对未成年人实行特殊优先保护原则的要求。此外，从刑事一体化角度来看，刑罚执行是刑事诉讼的重要环节，在《社区矫正法》中增设未成年人社区矫正专章，是贯彻《刑事诉讼法》专章中的"对犯罪的未成年人实行教育、感化、挽救的方针，坚持教育为主、惩罚为辅的原则"的规定。[2]

值得注意的是，专章立法在实践上也有经验可循。我国地方的社区矫正实践已开始将未成年人社区矫正从普通社区矫正中分离出来，并进行了积极和富有成效的探索。早在 2008 年，上海市就专门颁布了《关于进一步加强青少年社区服刑人员分类矫正工作的实施意见》，明确了青少年社区服刑人员分类矫

---

〔1〕 实际上该学者的建议在《刑法》《刑事诉讼法》中已经实现。参见林春玉："论未成年人社区矫正立法调整的完善"，载《天津法学》2011 年第 4 期。

〔2〕 参见蒲晓磊："有必要设立未成年人社区矫正专章"，载《法制日报》2017年 1 月 3 日。

正工作的具体内容、措施和工作要求。江苏省苏州市也在 2013 年专门制定了《未成年人社区矫正规定》，建立了未成年人社区矫正专门制度。在其他省市社区矫正实践中，也有不少未成年人社区矫正制度的专门探索。《社区矫正法》应当积极回应社区矫正实践的发展，把成熟经验上升为法律规定，将有关未成年人社区矫正的对象、社会调查、专门机构、特殊矫正措施、矫正档案不公开及封存等必要的内容，通过专章进行合理规范。

在具体的条文设置上，本书赞同杜延玺博士的观点，建议参考《监狱法》的立法模式，将《社区矫正法》第五章设置为"未成年人社区矫正"，并将《社区矫正法（征求意见稿）》的"第五章 附则"改为"第六章 附则"。[1]但本书不同意杜延玺博士关于专章设置条文数目的限定。杜延玺博士认为，未成年人社区矫正专章立法的条文数量以不超过 5 条为宜。这一方案意味着，即便《社区矫正法》的其他章节不增加条文，专章的法条数量也仅占整部法律条文数量的 1/10 左右，篇幅也仅约为其他章节条文数的一半。本书认为，法律的设定首先要考虑的是内容的可行性和完备性，而不是法律条文之间的数量协调性，不能因为照顾数量协调性而牺牲法律条文的可行性和完备性。因此，未成年犯社区矫正专章立法不应当设置条文数量的上限或者下限，而应当根据内容的实际需求设置条文数量。建议专章主要规定八方面的内容：一是明确未成年人社区矫正的管理体制，主要包括重申基本原则，确立分别管理、分别教育、分别评价等基本制度。二是统一未成年人社区矫正的对象范围并适当扩充，以回应实践需要。三是明确社区矫正的专门机构。

---

[1] 参见杜延玺："未成年人社区矫正立法建议"，载《中国青年研究》2017 年第 6 期。

四是明确社区矫正工作人员的选任条件。五是明确不同于普通社区矫正的执行程序，特别是社会调查程序。六是明确符合未成年人特点的特殊矫正措施，例如社会服务、心理辅导、假日生活辅导、亲职教育等具体项目。七是建立对未成年人社区矫正效果的动态评估制度。八是明确未成年社区矫正人员的社会复归措施，使其可以更好地回归社会，主要规定矫正宣告不公开、矫正档案封存、就学就业不受歧视等针对未成年犯的社会复归特殊性照顾措施。

在具体条文上可以在"第五章 未成年人社区矫正"下分为如下几条：[1]

表 21

第35条 (基本原则)	未成年人社区矫正实行教育、感化、挽救方针，坚持教育为主、惩罚为辅原则，与成年人社区矫正分开进行、分别评价。
第36条 (适用对象)	本章规定适用于犯罪时未成年的社区矫正人员，但交付社区矫正或者社区矫正期间已满二十五周岁的，不适用本章规定。 因为不满十六周岁不予刑事处罚且未采取收容教养、送专门教育学校的未成年人，可参照本章规定进行社区矫正。
第37条 (专门机构)	社区矫正机构应当设置专门部门负责未成年人社区矫正工作。条件不成熟的，也可以成立专门小组或者指定专人，对未成年社区矫正人员分别管理、分别教育。
第38条 (矫正人员)	应当选任政治、业务素质好，熟悉青少年特点，具有法学、社会学、心理学、教育学等方面专业知识的人员从事未成年人社区矫正工作，并通过定期培训和业务指导，提高相关人员的专业水平。

---

[1] 本部分建议中的条文表述参照了杜延玺博士的表述。

续表

第 39 条 （调查评估）	人民法院、人民检察院、公安机关、监狱办理未成年人刑事案件或者拟适用社区矫正，可以委托社区矫正机构对未成年犯罪嫌疑人、被告人及未成年犯的成长经历、犯罪原因、监护教育、社会危险性、对社区的影响等进行社会调查评估。 社区矫正机构可以自行或委托青少年社工机构等第三方开展社会调查评估，调查对象为女性的，调查评估人员应有女性。
第 40 条 （特殊措施）	针对未成年社区矫正人员的年龄、心理特点和发育需要等特殊情况，采取社会公益服务、假日生活辅导、心理辅导、禁止从事特定行为、禁止出入特定场所、禁止接触特定人员等有益于其成长的矫正措施。 监护人不履行监护职责或者不恰当履行监护职责的，社区矫正机构可以对监护人予以训诫，责令其严加管教，或者采取其他强制亲职教育措施。
第 41 条 （矫正评估）	根据未成年人身心特点，建立未成年人矫治效果量化评估工具，对未成年人社区矫正人员要进行动态评估。 根据评估效果动态调整矫正措施。
第 42 条 （社会复归）	未成年社区矫正人员的矫正宣告不公开进行。 对被判处五年有期徒刑以下刑罚的未成年社区矫正人员，矫正期满后应当对其矫正档案予以封存。 未成年社区矫正人员在社区矫正期间及矫正期满后，在教育、就业、社会保障等方面不受歧视。
第 43 条 （其他）	未成年人社区矫正，除本章已有规定的以外，按照本法的其他规定进行。

2017 年 2 月 27 日，国务院办公厅印发了《国务院 2017 年立法工作计划》，在第一部分"全面深化改革急需的项目"中提到了《社区矫正法》。

二、发展多样化的持续性社区项目

相关研究结果展现了建立适应不同少年犯个体需求的持续

性社区项目的重要性。加蒂、特伦布莱、维塔等人于 2009 年的一项研究结论表明，"任何将少年犯安置于监狱或罪犯群体当中的干预措施，都有可能加剧少年犯的反社会行为"，并且"司法系统对少年犯的干预措施越严厉，其负面影响越强"。[1]因此，我国应发展多样化的持续性社区项目，以替代少年犯监禁处遇带来的负面影响，同时，这些社区项目又应当是符合少年犯发展需求的。

那么，什么样的社区项目才是符合少年犯发展需求的呢？美国研究局发布的《少年司法改革——发展的路径》（*Reforming Juvenile Justice：A Developmental Approach*）报告指出，构成社区项目的组成部分的原则包括：①限制、重构与反社会人群的联系；②保证少年犯不远离其所在的社区，使其在发展过程中尽可能受到更小的伤害；③保证家长与家庭的参与；④从社会角度为少年犯提供充分的机会，为其构筑健康发展的环境，并为少年犯提供应对负面影响的相应措施，使其在未来能够顺利克服困难；⑤提供完成学业和参与相关活动的机会，帮助少年犯学会决策与批判思维技巧。[2]

真正能够符合少年犯发展需求的项目至少应当符合上述五个原则。而由此产生的高质量和高期待的社区处遇项目，能为少年犯创造亲社会、适宜发展的环境，同时能够帮助其回到正常的生活轨道并顺利实现从学校到工作岗位的过渡。少年犯通过亲社会认知和行为干预所获得的技能与经历，对其在未来发展中获得成功至关重要。

---

〔1〕 U. Gatti, R. E. Tremblay and F. Vitaro, "Iatrogenic Ects of Juvenile Justice", 50, *Journal of Child Psychology and Psychiatry*, 2009（8）：991~998.

〔2〕 R. J. Bonnie et al（eds.）, *Reforming Juvenile Justice：A Developmental Approach*, Washington D. C.：The National Academies Press, Committee on Law and Justice, Division of Behavioral and Social Sciencesand Education, 2013.

前文研究的美国多样化的少年犯社区矫正项目都是在上述五个原则的基础上展开的。在这些社区项目中，无论受雇于政府还是非营利机构，社区矫正人员均应受到帮助未成年积极发展的系统训练，以充分利用公共资源，在监督未成年人的同时对其进行心理创伤治疗，并明确在竭尽相关手段时方可将未成年人带离家庭的原则。

基于我国少年犯社区矫正的实际，我们暂时还没有办法像美国少年犯社区矫正项目那样成体系，但是至少可以按照风险高低分为高、中、低三种类型的社区矫正项目，以应对风险高低不同的少年犯社区矫正的基本需求。低危险性少年犯的矫正项目设置主要适用于那些初犯且犯罪情节轻微的少年犯，包括社区服务、技能培训、日处遇项目、生存提升训练、人际沟通等。中危险性少年犯的矫正项目设置主要适用于犯罪情节较为严重的少年犯，主要包括营地训练、中途之家、寄养家庭、社交监控[1]等。高危险性少年犯的矫正项目设置主要适用于那些犯罪情节严重甚至恶劣、主观恶性较深或者人身危险性较大的少年犯，主要包括在家监禁、电子监禁、震慑项目等。

三、寻求离家最近的社区住宿式处遇安置

在某些情况下，有必要将少年犯带离其家庭或邻里环境一段时间。这种隔离措施应旨在在尽可能保持家庭与社区纽带的前提下，考虑少年犯自身的意愿，在离家较近的社区住宿式项目机构中于最短的时间内完成。在我国，这些针对少年犯的离家比较近的社区住宿式项目机构可以在当前社区矫正体系中已经建立的社区服务基地的基础上进行构建。根据司法部的统计，

---

〔1〕　参见徐升："浅议未成年犯社区矫正项目的类型化设置"，载《黑龙江省政法管理干部学院学报》2011 年第 2 期。

截至 2016 年底，我国已经建立社区服务基地 2.5 万个。[1]根据少年犯家庭分布的统计，在少年犯家庭相对比较集中的区域，可以在社区服务基地基础上建立少年犯住宿式安置机构，而在少年犯家庭分散的区域，可以在现有的社区服务基地内部设立少年犯安置小组。

这些针对少年犯的住宿式社区机构主要依靠在少年犯与社区成人间建立相互尊重的亲密关系进行处遇工作。进入这些机构的员工必须经过严格训练，且真正关心少年犯，并在上级监督下展开工作。高质量且严格的住宿式处遇项目很有必要，并不是单纯地要求少年犯机械地参与，而是提升他们在教育、社会与情感方面的发展。

而这种离家近的小型社区住宿式处遇安置可以从美国密苏里州的成功模式中看到一些端倪。密苏里州的成功模式整合了包括非矫正的居家式环境、处遇项目以及机构员工和父母、家庭的衔接参与等几种关键要素。[2]从整体导向上帮助少年犯回归正常的生活轨道的处遇和发展项目，离不开受过良好训练和严密监督的机构员工。他们帮助少年犯了解自己的心理创伤，发展亲社会技能，得到学业或职业指导，克服好逸恶劳，树立工作意愿，以及获取工作经历。

不过，项目的有效实施，还需要硬件设备保障少年犯的发展与成功。最佳途径即小型化的正常环境，例如家庭式的餐饮，穿着私人衣物或学校校服，起居室应更像是家庭卧室而非监狱牢房，机构内家具都应为居家风格。而大型的机构式监狱无法

---

〔1〕 参见姜爱东：“社区矫正需要社会广泛参与”，载《人民日报》2017 年 5 月 17 日。

〔2〕 See Patrick McCarthy, Vincent Schiraldi and Miriam Shark, "The Future of Youth Justice: A Community-Based Alternative to the Youth Prison Model", NCJ, 2016.

被改造为上述环境。一般情况下，未成年犯管教所都远离少年犯家庭，使得少年犯在维持家庭联系与从监狱向社会的过渡过程中遇到诸多困难，而这两者之间的成功过渡又是少年犯在今后人生中获得成功的关键所在。[1]因此，从长远来看，比较可行的选择是以距离少年犯所在社区不远的小型家庭住宿式社区机构取代未成年犯管教所的监禁处遇。

本章小结

从美国少年犯处遇机构发展中反观中国少年犯处遇机构的发展，我们可以看到，我国少年犯福利机构至少在理念、转向处遇、多元学科、专门处遇机构、社会参与、专门社区矫正等方面还有应改进之处。因而，在立足于前文对我国少年犯机构化处遇存在的问题进行剖析的基础上，本书提出中国少年犯福利型处遇理念的确立、少年犯转向处遇委员会的构建、吸收多元学科专业参与、建立专门化处遇机构、完善社会对少年犯机构化处遇参与、拓展少年犯专门社区矫正等完善路径。通过这些方面的改善，我国少年犯机构化处遇应该可以得到较大的改善，从当前的强监狱类型走向弱监狱类型，甚至更为开放的程度。但是，任何现有制度的转变都是一个不断摸索的漫长过程，也不可能存在一劳永逸的方案。本书提出的这些改良进路也只是在笔者的知识基础上的建议。因此，本书期望还可以有更为详细或者优良的进路能够被提出。

---

〔1〕 See Patrick McCarthy, Vincent Schiraldi and Miriam Shark, "The Future of Youth Justice: A Community-Based Alternative to the Youth Prison Model", NCJ, 2016.

未竟的少年犯机构化处遇研究

　　在美国少年司法制度中，少年犯机构化处遇一直是少年犯处遇的核心内容，正是经过处遇，才使得少年犯通过一定的程序和制度转变为契合社会发展的正常少年。少年犯处遇制度运作的良莠以及效果的好坏，直接关系到少年犯回归社会的表现，也关系到少年犯罪现象整体的发展与应对策略的采取。我国当前少年犯罪率和再犯率一直居高不下的原因实际上也与其矫治制度的矫治成效有很大关联，现实中，我们往往基于少年犯罪频发的现象而采取回应性的打击策略，很少有人认真关注少年犯在刑法打击之中和之后的处遇问题。因此，本书对美国少年犯机构化处遇进行了研究，从美国少年犯机构化处遇的发展、问题与改革，反观中国少年犯机构化处遇的问题与改革。

　　通过本书的研究，笔者认为可以得出以下几方面的结论：

　　第一，美国少年犯机构化处遇经过长期的历史演变，形成了自己特定的理论模式特点。所谓少年犯机构化处遇是指将少年犯安置于一定机构提供住宿，但严格限制其与社会接触的矫治措施，这是美国少年法院对少年犯所能施加的最为严格的处遇类型。美国少年犯机构化处遇经过了长期历史演变才成为目前的样态，形成了包括目的、任务和原则等有机组成的理论模式。美国少年犯机构化处遇目的并非是唯一的，而是多样化的、体系化的，主要包括威慑、矫治、应报与隔离等四个方面。但是强调重点有不同，这些目的在不同时候或者在有些司法区之间可能是冲突的。美国少年犯机构化处遇的任务旨在达到美国少年犯机构化处遇的目的，至少减少少年犯罪、保障社会安全、促进责任承担和提升少年能力四个方面，也在不少美国少年犯机构化处遇实践部门的自我定位中得到印证。美国少年犯机构化处遇不仅有目的和任务，其在具体的处遇实践中还有很多原则需要遵循。从总体上看，当前美国少年犯机构化处遇有以下原则需要遵循：教育原则、鼓励原则、表达原则、均衡原则、社会化原则、个别化原则。

　　第二，美国少年犯机构化处遇不仅是理念的先进，还有着完善的组织支撑，而正是这些组织让美国少年犯处遇得以实现。美国少年犯机构化处遇的实体支撑类型多样。少年拘留中心旨在暂时关押少年犯，以便于等待针对少年犯的听证、审判或者进一步的安置决定。少年拘留中心亦被称为少管所。通过将少年犯安全管束在拘留中心内，确保其能够按时顺利出庭审判，同时也能够暂时性保证被害人与社会的安全。少年庇护所对少年犯提供非安全级别的、居住式的暂时安置服务，是一个短期并且没有安全设置的设施，也可以说是半完全设施，又被称为庇护之家，主要是对少年犯给予短期的照护，亦即是针对身份犯少年的措施。少年教养院是允许少年犯与社区深入接触的长期服刑少年机构，少年犯可以上学或工作。教养院要求少年犯必须居住在内，不得在家居住。少年训练营是对没有进一步犯罪可能性的少年所设计的，也就是对于再犯可能性较低的少年，集中施以 3 个月左右的时间，以严格的、规律的以及具备每日行程的方式实施。少年野营队是将少年带到野外，并于人烟稀少之处进行处遇。例如沙漠、森林或是未经开发的地区。野营队在美国不是一个新兴的处遇方法，其历史非常悠久，早在 20

世纪 50 年代就非常盛行。少年训练学校被认为是最具拘束性，并且是长期拘束的场所。公立与私立训练学校正逐渐得到推广。少年接收与诊断中心是经过审判的少年的第一站，目的是接收并且区分少年的类型，将他们分配到适合的地方。少年住宿处遇中心一般用于安置有明显的精神问题、心理问题、行为问题或药物滥用问题的少年，这些少年无法成功进行门诊处遇，也无法在寄养家庭、日处遇项目或其他非安全性机构进行妥善安置，但同时也没有达到安置在精神病医院或者高级别安全监禁机构的需求。实际上，除以上美国少年犯处遇机构之外，还有安定中心、成人监狱等其他类型的处遇机构，这些机构使用率不高，但偶尔仍会适用。正是以上多种机构组织的存在，才使得美国少年犯机构化处遇从理念落实到运作。

第三，美国少年犯机构化处遇在当代遇到诸多问题，并针对这些问题提出了改革措施。美国少年犯处遇机构虽然多有改革，但是在当代已经受到越来越多的质疑。其不仅在根本模式上存在问题，没有达到期望的矫治效果，包括忽视少年犯的自身发展需求、引发少年犯产生严重心理问题、少年犯处遇机构的高再犯率、存在着严重的种族不平等问题。同时，其成本还非常高，经常有各种虐待等非人道事件发生。而大量民营化少年犯处遇机构也因为追求利润而忽略少年犯的处境。因此，针对这些问题，美国少年犯机构化处遇不断探索改革。少年司法面临着不同的路线挑战，正确的解决方法应是全方位的，将目的重新导向为帮助少年犯重回正轨，并把少年犯的发展和责任感放在第一位，而不是无谓的惩罚。一个成功的少年司法制度要得到实现，必须不是首先寻求于公共运行的少年监狱，而是首先寻求为少年犯提供有利于其可持续发展的服务，这主要包括减少化、转处化、替代化、再投资化和连续化五个方面的改革，使少年犯机构化处遇走向对少年犯的连续化照顾，形成照顾少年犯的光谱化连续统一体。

　　第四，美国少年犯机构化处遇的发展及其改革对我国少年犯处遇制度的发展与完善提供着方向和具体制度的启示。我国少年犯机构化处遇经过多年发展，虽然有其成功之处，但是也存在很多问题。这些问题有些是基于少年犯机构化处遇模式本身缺陷，有些则是其自身管理或者缺乏与其他社会机构联动而导致。从美国少年犯处遇机构发展中反观我国少年犯处遇机构发展，可以看到，我国少年犯处遇机构至少在理念和制度方面需要进行转型。在理念方面，要转向福利型处遇，即以少年福利为核心的处遇，对于少年犯施以保护措施优先于处罚，并以儿童及少年最佳利益为依归，并以养成少年健全的人格为目的。在具体制度方面，将美国少年犯机构化处遇问题与改革对照我国少年犯机构化处遇的问题，从转向处遇、多元学科、专门处遇机构、社会参与、专门社区矫正等方面进行改进。

　　对于制度发展而言，研究其他先进国家制度的意义并非在于单纯照搬，也在于从其发展道路中汲取经验，避免同一失败问题在本国语境下亦步亦趋。早些年的法学研究中经常出现留德学者主张引入德国制度，留日学者主张引入日本制度，留美学者主张引入美国制度等现象。其结果我们也都看到了，即当前"刑事法领域中实体法偏向德日，而程序法偏向英美"的二元撕裂态势，造成很多时候同一问题的无谓争执。在少年司法与刑罚执行领域，虽然可能没有一般刑事法领域分裂得那样严重，但是仍然存在这种趋势，每个人都希望主张自己熟络方向的制度进路，而非完全基于可用性、易用性或效果性来考量制度的借鉴。实际上，这样的借鉴是一种短视的狭隘借鉴，任何国家的制度都应当是在本国语境下的本土消化，而非对他国制度语言的拿来主义。真正的研究应当避免早前国外问题研究的纯粹搬运式借鉴，走向辨别式借鉴，而这也正是本书努力之所在。但是，我们也反对那种关起门来的学术研究，现代学术已经难以处于一种彻底的"自创生系统"。所以，本书才以美国的少年犯机构化处遇为"他者"，通过对其内容系统化研究，将美国少年犯机构化处遇的整体展现给国内学术界，无论优劣，提供一种知识参照。当然，限于研究时间和研究资料，以及本人研究水平和视野的有限，本书在很多地方还有很多不足，例如对于一些制度在中美两国语境下的效果比较等问题还需要在以后的研究中进一步深入。

参考文献

一、中文文献

（一）专著

1. 刘日安：《中美少年法》，汉苑出版社 1979 年版。

2. 赵雍生：《社会变迁下的少年偏差与犯罪》，桂冠图书出版公司 1997 年版。

3. 林东茂：《刑法综览》，一品文化出版社 2007 年版。

4. 杨士隆、林健阳："我国少年观护制度的现况与展望"，载杨士隆、林建阳主编：《犯罪矫治——问题与对策》，五南图书出版公司 2007 年版。

5. ［美］Albert R. Robert：《矫正社会工作》，郑瑞隆、邱顾良译，心理出版社 2007 年版。

6. 许福生：《批判犯罪学：犯罪与刑事政策学》，元照出版有限公司 2012 年版。

7. 姚建龙：《超越刑事司法——美国少年司法史纲》，法律出版社 2009 年版。

8. ［德］安塞尔姆·里特尔·冯·费尔巴哈：《德国刑法教科书》（第 14 版），徐久生译，中国方正出版社 2010 年版。

9. 苏益志：《触法少年辅导实务：晤谈室中的沉思、领悟与行动》，心理出版社 2006 年版。

10. ［美］劳勃·弗格森：《失控的惩罚——剖析美国刑罚体制现况》，高忠义译，商周出版社 2014 年版。

11. 林山田：《刑罚学》，台湾商务印书馆 1998 年版。

12. 刘最跃：《论未成年犯的教育改造》，天津大学出版社 2013 年版。

13. 胡春莉：《未成年人刑罚制度研究》，武汉大学出版社 2012 年版。

14. 沈玉忠：《未成年人犯罪特别处遇研究》，中国长安出版社 2010 年版。

15. 高申春：《人性辉煌之路：班杜拉的社会学习理论》，湖北教育出版社 2000 年版。

16. ［美］罗伯特·K. 默顿：《社会研究与社会政策》，林聚任等译，生活·读书·新知三联书店 2001 年版。

17. 黄征男、赖拥连：《21 世纪监狱学：理论、实务与对策》，一品文化出版社 2005 年版。

18. ［美］玛格丽特·K. 罗森海姆等编：《少年司法的一个世纪》，高维俭译，商务印书馆 2008 年版。

19. 吴宗宪主编：《未成年犯矫正研究》，北京师范大学出版社 2012 年版。

20. 吴宗宪等：《刑事执行法学》，中国人民大学出版社 2015 年版。

21. 赵国玲主编：《刑事执行法学》，北京大学出版社 2014 年版。

22. ［美］巴里·C. 菲尔德：《少年司法制度》（第 2 版），高维俭、蔡伟文、任延峰译，中国人民公安大学出版社 2011 年版。

23. ［美］富兰克林·E. 齐姆林：《美国少年司法》，高维俭译，中国人民公安大学出版社 2010 年版。

（二）期刊

1. 张绒："少年社区处遇的惩罚与矫治意涵的探讨"，载《刑事政策与犯罪研究论文集（二）》，"台湾法务部"犯罪研究中心 1999 年版。

2. 王玉叶："美国死刑制度的演进：Roper v. Simmons 案废除少年犯死刑之意义"，载《欧美研究》1998 年第 12 期。

3. 胡伟新："美国少年司法制度的特点及思考"，载《人民司法》2010 年第 1 期。

4. 宋立军："监狱的困境及双向开放策略"，载《河南司法警官学院学报》2016 年第 1 期。

5. 许华孚、刘育伟："主要国家少年矫正机构之介绍分析——以美国、日本、韩国及中国为例"，载《犯罪、刑罚与矫正研究》2016 年第 1 期。

6. 许福生："科技设备监控在性侵害犯之运用"，载《月旦法学杂志》2009
年第 3 期。

7. 宋志军："未成年人刑事司法的社会参与问题研究"，载《北方法学》
2016 年第 2 期。

8. 卞万根："家庭在未成年犯矫正中的社会支持问题研究"，载《预防青少
年犯罪研究》2014 年第 6 期。

9. 高维俭、王群："论宽罚严管的少年刑事政策思想"，载《青少年犯罪问
题》2009 年第 4 期。

10. 梁根林："当代中国少年犯罪的刑事政策总评"，载《南京大学法律评
论》2009 年第 2 期。

11. 李康熙："对当前未成年犯改造工作的思考——兼述必须坚持以教育改
造为主原则"，载《预防青少年犯罪研究》2012 年第 2 期。

12. 杨木高："中国未成年犯管教所发展史研究"，载《犯罪与改造研究》
2012 年第 5 期。

13. 闫佳、刘同强："中国未成年犯权利保护的实践和思考"，载《人权》
2011 年第 6 期。

14. 上海市第一中级人民法院少年审判庭课题组："未成年人重新犯罪的实
证分析及对策研究——以上海市未成年管教所在押少年犯为研究样
本"，载《青少年犯罪问题》2011 年第 3 期。

15. 于铁山："社会化与社会控制视角下的青少年犯罪——基于湖北省少管
所的实证研究"，载《青年探索》2015 年第 2 期。

16. 柯鸿章、许华孚："电子监控的刑事政策比较"，载《刑事法杂志》
2010 年第 4 期。

17. 黄征男："从刑罚本质探讨我国犯罪矫正发展趋势"，载《矫正月刊》
2002 年第 1 期。

18. 王志亮："美国少年司法的新发展：少年法庭与毒品法庭"，载《青少
年犯罪问题》2014 年第 4 期。

19. 童德华、肖姗姗："美国少年犯转移制度评析"，载《广西大学学报
（哲学社会科学版）》2017 年第 2 期。

（三）学位论文

1. 陈孟萱："少年司法保护制度之契机——以美国少年法制为借镜"，台湾大学 2001 年硕士学位论文。

2. 张璇："中国少年司法制度建构的相关问题探讨——以美国少年司法制度为借鉴"，中国政法大学 2011 年博士学位论文。

3. 廖经晟："少年多样化处遇之研究——以美国法为中心"，台湾大学 2011 年硕士学位论文。

4. 陈依农："论少年司法之定位与功能"，台北大学 2011 年硕士学位论文。

5. 张依婷："构建少年观护制度资源网络之刍议"，中原大学 2012 年硕士学位论文。

6. 黄鼎轩："少年司法的管辖、搜索与转向——以美国法制为中心"，东吴大学 2015 年硕士学位论文。

7. 梅文娟："少年刑事政策研究"，西南政法大学 2015 年博士学位论文。

8. 潘晓萱、谢如媛："少年感化教育理念与实践"，政治大学 2015 年博士学位论文。

（四）报告

1. 侯正杰："美国青少年犯罪问题与社区处遇"，台湾警察专科学校 2005 年报告。

2. 汪南均："电子监控技术设备于刑事司法之实务运用"，美国哈佛大学法学院 2007 年进修研习报告。

（五）报纸

1. 李慧翔："美国如何惩治未成年人犯罪"，载《南方周末》2014 年 1 月 14 日。

2. 梁耀东、王学铁："少管所出来后一个多月　疯狂盗窃 60 余起"，载《黄河晚报》2014 年 8 月 25 日。

3. 张嫒："北京摔童案嫌犯少年时缺管教，曾在狱中写小说"，载《新京报》2013 年 9 月 17 日。

4. 杨波、包增光、苏艺："富二代缺钱持刀抢加油站，去年才出少管所"，载《安徽商报》2016 年 3 月 16 日。

5. 苟明江："少管所关成年人监管松懈，犯人向狱警借色情片看"，载《华西都市报》2014 年 5 月 23 日。

6. 周悦：“湖南少年犯：乡村占 73% 社区矫正实施 2 年分流 25%”，载《潇湘晨报》2014 年 3 月 6 日。

7. 周茂、孟良川：“贵州省未成年犯管教所，监校合一铺就迷途少年回归路”，载《贵州日报》2016 年 9 月 22 日。

8. 蔡小丽：“刑满出狱第一天，少年靠帮扶基地找到工作”，载《成都商报》2011 年 12 月 12 日。

9. 孙毅：“广东少管所改革会见方式，服刑少年与亲人零距离”，载《新快报》2014 年 5 月 22 日。

10. 赵蕾：“225 名未成年犯含泪忏悔”，载《河南法制报》2011 年 1 月 26 日。

11. 李勇：“今天，我们还需不需要工读教育？”，载《法制日报》2004 年 6 月 2 日。

（六）网络

1. 迟嵩：“黑龙江越狱犯所在少管所曾因殴打犯人被整顿”，载 http://news. qq. com/a/20150809/020364. htm.

2. 张雷：“记者调查：工读学校还需要吗？尴尬困局如何破解？”，载 http://china. cnr. cn/yxw/20150523/t20150523_ 518621060. shtml.

3. 黄子玉：“论未成年犯的再犯罪”，载 http://www. chinacourt. org/article/detail/2013/03/id/931794. shtml.

二、外文文献

（一）专著

1. Phillips et al. , *The Teaching Family Handbook. Lawrence*, Kans. : University of Kansas Printing Service, 1974.

2. A. R. Roberts, *Juvenile Justice Sourcebook*: *Past*, *Present*, *and Future*, New York: Oxford University Press, 2004.

3. Kett, "Adolescence and Youth in nineteenth-century America", in T. Rabb & R. Rotberg（eds.）, *The Family in History*, Harper Torchbook, 1971.

4. Frost, Stein, *The Politics of Child Welfare*: *Lnequality*, *Power and Change*, N. Y. : Harvester Wheatsheaf, 1989.

5. Cliff Roberson, *Juvenile Justice: Theory and Practice*, CRC Press, 2013.

6. Kären M. Hess, *Juvenile Justice*, World Group, 2009.

7. Jeffey A. Butts, *Juvenile Justice: Juvenile Court*, *Encyclopedia of Crime and Justice*, edited by Joshua Dressler, Vol. 3, Macmillan Reference USA, 2002.

8. Preston Elord and R. Scott Ryder, *Juvenile Justice*, Jones and Bartlett Publishers, 2011.

9. Cliff Roberson, *Juvenile Justice: Theory and Practice*, Taylor & Francis Group, LLC, 2010.

10. Robert W. Taylor, Eric J. Fritsch and Tory J. Caeti, *Juvenile Justice*, Jones and Bartlett Publishers, 2007.

11. Richard A. Mendel, *The Missouri Model*, Baltimore: The Annie E. Casey Foundation, 2010.

12. Laura L. Finley, *Introduction: Pre-1800s to Early Nineteenth Century*, *Juvenile Justice*, SAGE Publications, 2007.

13. Larry J. Siegel and John L. Worrall, *Introduction to Criminal Justice*, SAGE Publications, 2012.

14. Richard Lawrence and Mario Hesse, *Juvenile Justice: the Essentials*, Thousand Oaks, Calif.: SAGE Publications, 2010.

15. Irwin AHyman and Pamela A Snook, *Dangerous Schools*, San Francisco: Jossey-bass, 1999.

16. Stephanie Coontz, *The Way We Never Were: American Families and the Nostalgia Trap*, SAGE Publications, 2000.

17. Dean John Champion, *The Juvenile Justice System*, Pearson Prentice Hall, 2007.

18. Mary Magee Quinn, Jeffrey M. Poirier and Lili Garfinkel, *Girls with Mental Health Needs in the Juvenile Justice System: Challenges and Inequities Confronting a Vulnerable Population*, 2005.

19. H. L. Packer, *The Limits of The Criminal Sanction*, Standard, CA: Standard University Press, 1968.

20. G. Newman, *The Punishment Response*, Harrow and Heston Publishers, Alba-

ny, N. Y. , 1985.

21. H. Weihofen, "Punishment and Treatment: Rehabilitation", in S. E. Grupp (ed.), *Theories of Punishment. Bloomington*, IN: Indiana University Press, 1971.

22. P. L. Reichel, *Corrections: Philosophy, Practices, and Procedures*, West Publishing Company, St. Paul, MN. , 1997.

23. N. Walker, *Why Punishment? Theories of Punishment Reassessed*, New York: Oxford University.

24. K. PFarrington, *History of Punishment and Tourture: A Journal Through the Dark Side of Justice*, London: Reed International, 1996 .

25. F. E. Zimring and G. Hawkins, *Incapacitation: Penal Confinement and the Restraint of Crime*, Oxford University Press, N. Y. , 1995.

26. V. Rolando del Carmen and Chad R. Trulson, *Juvenile Justice - the System, Process, and Law*, Thomson Wadsworth, 2006.

27. Clements Bartollas and Stuart J. Miller, *Juvenile justice in America*, New Jersey: Prentice Hall, Inc. , 2009.

28. Thomas P. Dowd and Jeff Tierney, *Teaching Social Skills to Youth: A Curriculum for Child-Care Providers*, Boys Town, Neb. : Boys Town Press, 1992.

29. David Street, Robert D. Vinter and Charles Perrow, *Organization for Treatment*, New York: Free Press, 1966.

30. Richard Lawrence and Mario Hesse, *Juvenile Justice*, Sage Publication, Inc. , 2009.

31. M. Killias, S. Redondo and J. Sarnecki, "European Perspectives", in R. Loeber and D. P. Farrington (eds.), *From Juvenile Delinquency to Adult Crime: Criminal Careers, Justice Policy, and Prevention*, New York, N. Y. : Oxford University Press, 2012.

32. ［日］德冈秀雄：《少年司法政策の社會學》，东京大学出版社 1993 年版。

33. ［日］佐藤直樹：《大人の责任、子供の责任》，青弓社 1993 年版。

34. ［美］Barry Krisberg、James F. Austin：《アメリカ少年司法の再生》，

渡辺則芳译，敬文堂 1996 年版。

35. ［日］竹村典良：《社会奉仕命令》，载藤本哲也编：《現代アメリカ犯罪事典》，劲草书房 1991 年版。

36. ［日］小西由浩：《在宅拘禁（House arrest）》，载藤本哲也编：《現代アメリカ大事典》，劲草书房 1991 年版。

（二）期刊

1. Eric K. Klein, "Dennis the Menace or Billy the Kid: An Analysis of the Role of Transfer to Criminal Court in Juvenile Justice", 35, *American Crim. Law Review*, 1998 (2).

2. Geraghty, "Justice for Juvenile: How Do We Get There?", 88, *Journal Of Criminal Law & Criminology*, 1997 (1).

3. Patrick, "The Status of Capital Punishment: A World Perspective", 56, *J. Crim. L., Criminology & Policesci*, 1965 (2).

4. Melissa S. Caulum, "Postadolescent Brain Development: A Disconnect Between Neurosciencez, Emerging Adults, and the Corrections System", Wisc. L. Rev, 2007 (2).

5. A. S Regenery, "A Federal Perspective on Juvenile Justice Reform", 32, *Crime and Deliquency*, 1986 (1).

6. S. Dinitz, "Coping With Deviant Behavior Through Technology", 3, *Criminal Justice Research Bulletin*, 1987 (2).

7. Teare et al., "Placement Stability Following Short-Term Residential Care", 8, *Journal of Child and Family Studies*, 1999 (8).

8. Koehn et al., "Palm Beach County Child Abuse and Neglect System Redesign: Initial Process Evaluation", 10, *Journal of Child and Family Studies*, 2001 (2).

9. Hicks-Coolick et al., "Homeless Children: Needs and Services", 32, *Child and Youth Care Forum*, 2003 (1).

10. Litrownik et al., "Youth Entering an Emergency Shelter Care Facility: Prior Involvement in Juvenile Justice and Mental Health Systems", 25, *Journal of Social Service Research*, 1999 (1).

11. Melanie M. Dalton, I. Pakenham and Kenneth, "Adjustment of Homeless Adolescents to a Crisis Shelter: Application of a Stress and Coping Model", 31, *Journal of Youth and Adolescence*, 2002.

12. Barth et al., "Outcomes for Youth Receiving Intensive In-Home Therapy or Residential Care: A Comparison Using Propensity Scores", *American Journal of Orthopsychiatry*, 2007 (77).

13. Hernandez, "Juvenile Delinquency in Child Welfare: Investigating Group Home Effects", 26, *Children and Youth Services Review*, 2008.

14. Kathryn A. Kirigin et al., "Evaluation of Teaching – Family (Achievement Place) Group Homes for Juvenile Offenders", 15, *Journal of Applied Behavior Analysis*, 1982 (1).

15. Curtis et al., "A Literature Review Comparing the Outcomes of Residential Group Care and Therapeutic Foster Care", 18, *Child and Adolescent Social Work Journal*, 2001 (5).

16. James C. Howell and Mark W. Lipsey, "Promising Sanctions Programs in a Graduated System", 1, *Juvenile Sanctions Center Training and Technical Assistance Bulletin*, 2004 (4).

17. Joseph P. Ryan et al., "Juvenile Delinquency in Child Welfare: Investigating Group Home Effects", 30, *Children and Youth Services Review*, 2008 (9).

18. Jamie E. Muscar, "Advocating the End of Juvenile Boot Camp: Why the Military Model Does Not Belong in the Juvenile System", 12, *U. C. Davis Journal of Juvenlie Law & Policy* 1, 11 (2008).

19. Doris Mackenize and Andy Rosay, "Correctional Boots Camp for Juveniles", *Juvenile and Adult Boot Camp*, Laurel, MD: American Correctional Association, 1996.

20. Cliff Roberson, "Juvenile Justice: Theory and Practice", *Taylor & Francis Group*, 2010.

21. Doris L. Mackenzie and Robert Brame, "Shock Incarceration and Positive Adjustment During Community Supervision", 11, *Journal of Quantitative Criminology* 111, 42 (1995).

22. Barry L. McCurdy and E. K. McIntyre, "'And What About Residential...?' Reconceptualizing Residential Treatment as a Stop‑Gap Service for Youth With Emotional and Behavioral Disorders", 19, *Behavioral Interventions*, 2004 (3).

23. Joanna E. Bettmann and Rachael A. Jasperson, "Adolescents in Residential and InpatientTreatment: A Review of the Outcome Literature", 38, *Child & Youth Care Forum*, 2009 (4).

24. Brady C. Bates, Diana J. English and Sophia Kouidou‑Giles, "Residential Treatment and Its Alternatives: A Review of the Literature", 26, *Child & Youth Care Forum*, 1997 (1).

25. Robert Foltz, "The Efficacy of Residential Treatment: An Overview of the Evidence", 22, *Residential Treatment for Children & Youth*, 2004 (2).

26. James K. Whittaker, "The Reinvention of Residential Treatment: An Agenda for Research and Practice", 13, *Child and Adolescent Psychiatric Clinics of North America*, 2004 (1).

27. Amy J. L. Baker, Darren Fulmore and Julie Collins, "A Survey of Mental Health Service Provision in New York State Residential Treatment Centers", 25, *Residential Treatment for Children & Youth*, 2008 (4).

28. Ellen R. Morehouse and Nancy S. Tobler, "Preventing and Reducing Substance Use Among Institutionalized Adolescents", 35, *Adolescence*, 2000 (4).

29. Michael F. Caldwell and Gregory J. Van Rybroek, "Reducing Violence in Serious Juvenile Offenders Using Intensive Treatment", 28, *International Journal of Law and Psychiatry*, 2005 (3).

30. ［日］浜井浩一:《〈アメリカにおけるフートキャンフ処遇の試み—少年フートキャンフ処遇と日本の少年院処遇との比較を中心として〉》,载《刑政》,1997年108卷8号。

（四）论文

1. Angel Zang, *U. S. Age Boundaries of Delinquency 2015*, The National Center for Juvenile Justice, 2016.

2. Sarah Hockenberry, Andrew Wachter and Anthony Sladky, *Juvenile Residential Facility Census 2014: Selected Findings*, Office of Juvenile Justice and Delinquency Prevention, 2016.

3. Richard A. Mendel, *The Missouri Model*, Baltimore, Maryland: The Annie E-. Casey Foundation, 2010.

4. Joshua Rovner, *Declines in Youth Commitments and Facilities in the 21st Century*, Washington D. C. : The Sentencing Project, 2016.

5. Jr. Eric H. Holder, Karol V. Mason and Robert L. Listenbee, *OJJDP Family Listening Sessions Report*, Washington D. C. : Office of Juvenile Justice and Delinquency Prevention, 2013.

6. Jeff Slowikowski, *Youth's Needs and Services*, Washington D. C. : Office of Justice Programs, 2010.

7. GBA Strategies, "Poll Results on Youth Justice Reform", 2016-02-01.

8. BJA, "Juveniles in Adult Prisons and Jails", NCJ182503, 2000.

9. J. Cohen, *Incapacitating Criminals: Recent Research Findings*, *National Institute of Justice*, *Research in Brief*, Washington D. C. : Department of Justice, 1983.

10. Dale G. Parent, *Condition of Confinement*, Washington D. C. : Office of Juvenile Justice and Delinquency Prevention, 1994.

11. R. J. Bonnie et al. (eds.), *Reforming Juvenile Justice: A Developmental Approach*, Washington D. C. : The National Academies Press, Committee on Law and Justice, Division of Behavioral and Social Sciencesand Education, 2013.

12. Patrick McCarthy, Vincent Schiraldi and Miriam Shark, "The Future of Youth Justice: A Community-Based Alternative to the Youth Prison Model", NCJ, 2016.

13. Katherine K. Wallman, "America's Children in Brief: Key National Indicators of Well-Being", 2016.

14. Doris Mackenzie et al. , *A National Study Comparing the Environment of Boot Camps with Traditional Facilities for Juvenile Offenders*, Washinton D. C. :

National Institute of Justice, 2001.

15. Melissa Sickmund and Charles Puzzanchera, *Juvenile Offenders and Victims*: *2014 National Report*, National Center for Juvenile Justice, 2014.

16. PEW, *Public Opinion on Juvenile Justice in America*, The Pew Charitable Trusts, 2014.

17. American Association of Residential Treatment Centers, *Outcomes in Children's Residential Treatment Centers*: *A National Survey*, Washington D. C. , 1999.

18. David Satcher, *Mental Health*: *A Report of the Surgeon General*, Washington D. C. : U. S. Public Health Service, 1999.

19. Texas Task Force on Juvenile Justice, *Transforming Juvenile Justice in Texas*: *A Framework for Action*, Austin: State of Texas, 2007.

20. Santa Monica, *Seven-Year Life Outcomes of Adolescent Offenders in Los Angeles*: *A Rand Report*, CA: Rand Corp, 2010.

21. Kelly Dedel, *Assessing the Education of Incarcerated Youth*, San Francisco, CA: National Council on Crime and Delinquency, 1997.

22. Melissa Sickmund and Charles Puzzanchera, *Juvenile Offenders and Victims*: *2014 National Report*, National Center for Juvenile Justice, 2014.

23. Sara Mogulescu and Gaspar Caro, *Making Court the Last Resort*: *A New Focus on Supporting Families in Crisis*, Washington D. C. : Vera Institute of Justice, 2008.

24. Ryan et al. *Juvenile Residential Facility Census*, 2008: *Selected Findings*, Bulletin, Washington D. C. : U. S. Department of Justice, Office of Justice Programs, Office of Juvenile Justice and Delinquency Prevention, 2011.

25. Lynn MacKenzie, *Residential Placement of Adjudicated Youth*, *OJJDP Fact Sheet*, Washington D. C. : Office of Juvenile Justice and Delinquency Prevention, 1999.

26. Rajeev Ramchand, Andrew R. Morral and Kirsten Becker, *Seven-Year Life Outcomes of Adolescent Offenders in Los Angeles*: *A Rand Report*, Santa Monica, CA: Rand Corp, 2009.

27. Doris Mackenize and Andy Rosay, *Correctional Boots Camp for Juveniles*, *in*

Juvenile and Adult Boot Camp, Laurel, MD: American Correctional Association, 1996.

28. Dale G. Parent et al. , *Conditions of Confinement*, Washington D. C. : U. S. Department of Justice, Office of Juvenile Justice and Delinquency Prevention, 1994.

29. Andrea J. Sedlak and Karla S. McPherson, *Conditions of Confinement: Findings From the Survey of Youth in Residential Placement*, Washington D. C. : U. S. Department of Justice, Office of Justice Programs, Bureau of Justice Statistics, 2010.

30. Government Accountability Office, *Residential Treatment Programs: Concerns Regarding Abuse and Death in Certain Programs for Troubled Youth*, *Testimony Before the Committee of Education and Labor*, *U. S. House of Representatives*, Washington D. C. , 2007.

31. Government Accountability Office, *Residential Facilities: State and Federal Oversight Gaps May Increase Risk to Youth Well-Being*, Testimony Before the Committee of Education and Labor, U. S. House of Representatives, Washington D. C. , 2008.

32. Hockenberry et al. , *Juvenile Residential Facility Census*, *2008: Selected Findings*, Washington D. C. : U. S. Department of Justice, Office of Justice Programs, Office of Juvenile Justice and Delinquency Prevention, 2009.

33. Dedel Austin and Gregoriou Johnson, *Juvenile in Adult Prisons and Jails: A National Asseeement*, Washington D. C. : Bureau of Justice Assistance, 2000.

34. R. J. Bonnie et al. , *Reforming Juvenile Justice: A Developmental Approach*, Washington, D. C. : The National Academies Press, Committee on Law and Justice, Division of Behavioral and Social Sciences, and Education, 2013.

35. D. E. Abrams, *Lessons from Juvenile Justice History in the United States*, Columbia, MO: University of Missouri School of Law Scholarship Repository, 2004.

36. National Center for Juvenile Justice, *Juvenile Offenders and Victims: 2014 National Report*, 2015.

37. J. Rovner, *Declines in Youth Commitments and Facilities in the 21st Century*, Washington D. C. : The Sentencing Project, 2015.

38. Ethnic Racial, *Disparities in Youth Incarceration & Strategies for Change*, W. Haywood Burns Institute, 2016.

39. Justice Policy Institute, *Factsheet: The Tip of the Iceberg: What Taxpayers Pay to Incarcerate Youth*, Washington D. C. : Justice Policy Institute, 2015.

40. R. A. Mendel, *No Place for Kids: A Case for Reducing Juvenile Incarceration*, Baltimore, MD: Annie E. Casey Foundation, 2011.

41. R. A. Mendel, *Maltreatment of Youth in U. S. Juvenile Corrections Facilities: An Update*, Baltimore, MD: Annie E. Casey Foundation, 2015.

42. Disability Rights Center of Arkansas, *An Interim Report on the Conditions at the Arkansas Juvenile Assessment and Treatment Center*, 2014.

43. National Center for Juvenile Justice, *Juvenile Offenders and Victims: 2014 National Report*, 2015.

44. M. Sickmund et al. , *Easy Access to Census of Juveniles in Residential Placement*, Washington D. C. : U. S. Department of Justice, Office of Juvenile Justice and Delinquency Prevention, 2015.

45. R. J. Bonnie et al. (eds.), *Reforming Juvenile Justice: A Developmental Approach*, Washington D. C. : The National Academies Press, Committee on Law and Justice, Division of Behavioral and Social Sciences and Education, 2013.

46. J. R. Adler et al. , *What Works in Managing Young People Who Offend? A Summary of the International Evidence*, London, England: Forensic Psychological Services at Middlesex University, Ministry of Justice Analytical Series, 2016.

47. National Center for Juvenile Justice, *Juvenile Offenders and Victims: 2014 National Report*, 2015.

48. T. Fabelo et al. , *Closer to Home: An Analysis of the State and Local Impact of the Texas Juvenile Justice Reforms*, Council of State Governments Justice Center and The Public Policy Research Institute at Texas A&M University, 2015.

49. B. Krisberg et al. , *A New Era in California Juvenile Justice*, Oakland, CA: National Council on Crime and Delinquency, 2010.

50. M. W. Lipsey, D. B. Wilson and L. Cohen, *Effective Interventions for Serious Juvenile Offenders*, Washington D. C. : U. S. Department of Justice, Office of Juvenile Justice and Delinquency Prevention, 2000.

51. Jeree Thomas, *Juvenile Justice Re-investment in Virginia*, Campaign for Youth Justice, 2017.

52. Annie Balck, *Advances in Juvenile Justice Reform: 2009~2011*, Washington D. C. : The National Juvenile Justice Network, 2012.

53. Jeff Fleischer and Donna Butts, *Beyond Bars: Keeping Young People Safe at Home and out of Youth Prisons*, The National Collaboration for Youth, 2017.

（四） 网络资料

1. Liz Ryan, "What is A Youth Prison?", https://medium. com/@ LizRyanYJ/ locked-up-b22651d203e1#. qtfay0qso.

2. Liz Ryan, "Youth Prisons are Old, Outdated, and Obsolete", https://medium. com/@ LizRyanYJ/youth‐prisons‐are‐old‐outdated‐and‐obsolete‐eb1305f94eae#. s2io62tz8.

3. Liz Ryan, "A Youth Prison Mirrors Adult Corrections", https://medium. com/@ LizRyanYJ/a‐youth‐prison‐mirrors‐an‐adult‐corrections‐approach‐in‐key‐ways‐241c563b2592#. b4a1b0jeh.

4. Liz Ryan, "Kids Are In Youth Prisons", https://medium. com/@ LizRyan YJ/kids‐are‐in‐youth‐prisons‐6d7d733ed03e#. mm6gl2p87.

5. Da'Quon Beaber, "Virginia needs a real alternative to youth prisons", http:// pilotonline. com/opinion/columnist/guest/da‐quon‐beaver‐virginia‐needs‐a‐real‐alternative‐to‐youth/article_ 8873e4fc‐8047‐5e7d‐aee5‐9e2b9988f25 2. html.

6. Justice Families, "Families Unlocking Futures : Solutions to the Crisis in Juvenile Justice", http://www. justice4families. org/media/Families_ Unlocking_ FuturesFULLNOEMBARGO. pdf.

7. Liz Ryan, "The Imitation Game: Youth Prisons Mimic Adult Prisons", ht-

tps://medium. com/@ LizRyanYJ/the-imitation-game-youth-prisons-mimic-adult-prisons-e7a6065fdd5d#. l4iohy978.

8. "Division of Juvenile Corrections Goals", http://doc. wi. gov/documents/web/familiesvisitors/juvenileservices/missiongoalsguidingprinciples/djc%20mission %20goals%20guiding%20principles. pdf.

9. "Farron Lennon, Juvenile justice in oregon", https://law. uoregon. edu/images/uploads/entries/19. 5_lennon_conf. pdf.

10. "Division of Juvenile Corrections Mission Statement", http://doc. wi. gov/documents/web/familiesvisitors/juvenileservices/missiongoalsguidingprinciples/djc%20mission%20goals%20guiding%20principles. pdf.

11. "Division of Juvenile Corrections Guiding Principles", http://doc. wi. gov/documents/web/familiesvisitors/juvenileservices/missiongoalsguidingprinciples/djc%20mission%20goals%20guiding%20principles. pdf.

12. Office of Juvenile Justice and Delinquency Prevention, "Balanced and Restorative Juvenile Corrections", https://www. ncjrs. gov/html/ojjdp/juris_ tap_ report/ch3_ 02. html.

13. "Division of Juvenile Corrections Guiding Principles", http://doc. wi. gov/documents/web/familiesvisitors/juvenileservices/missiongoalsguidingprinciples/djc%20mission%20goals%20guiding%20principles. pdf.

14. Judge Michael Corriero, Maris Schwartz and Catherine Boatwright, "FFT Alternatives for Adolescent Offenders Should Be Institutionalized Within System", http://jjie. org/2017/01/02/fft-alternatives-for-adolescent-offenders-provide-better-outcomes-should-be-institutionalized-within-system/.

15. Liz Ryan, "Youth prisons are under scrutiny", https://medium. com/@ LizRyanYJ/youth-prisons-are-under-scrutiny-e4c3c6a8155b#. v9muxv3pv.

16. Farron Lennon, "Juvenile justice in oregon", https://law. uoregon. edu/images/uploads/entries/19. 5_ lennon_ conf. pdf.

17. PEW, "Re-Examining Juvenile Incarceration (2015)", http://www. pewtrusts. org/~/media/assets/2015/04/reexamining_ juvenile_ incarcera-

tion. pdf.

18. "Recidivism of Juvenile Offenders", http://www. cfc. wa. gov/Publication-Sentencing/Recidivism/Juvenile_ Recidivism_ FY2007. pdf.

19. "2014 Juvenile Recidivism Rate", https://www. in. gov/idoc/files/2014 Juv RecidivismRpt. pdf.

20. Liz Ryan, "Racial & Ethnic Disparities Are In Youth Prisons", https://medium. com/@ LizRyanYJ/racial - ethnic - disparities - in - youth - prisons - f6d24e6cddb#. 57uv3jfu9.

21. Celeste Bott, "Rauner to close troubled downstate youth detention center", http://www. chicagotribune. com/news/local/politics/ct - bruce - rauner - juvenile-detention-center-closing-met-20160212-story. html.

22. "Definition of Continuum of Care", http://www. himss. org/definition-continuum-care? ItemNumber=30272.

23. "Virginia Department of Juvenile Justice Data Resource Guide", http:// www. djj. virginia. gov/pages/aboutdjj/drg. htm.

24. Positive Youth Justice Website, "John Jay School of Criminal Justice", https://johnjayrec. nyc/pyj.

25. "New Jersey Bring Our Children Home Act", https://repo. njstatelib. org/ handle/10929. 1/9506.

26. Goff, P. et. al. , "The Essence of Innocence: The consequences of dehumanizing black children", https://www. apa. org/pubs/journals/releases/psp-a0035663. pdf.

27. "Washington D. C. Department of Youth and Rehabilitative Services RFP for the Credible Messenger Initiative", http://cmidyrs. org/wp-content/uploads/2016/07/Credible-Messenger-RFP-Final-July-18-2016. pdf.

28. "Virginia's Young People Advise Commonwealth to Invest in Families and Communities, Not Youth Prisons", http://www. riseforyouth. org/2016/03/03/virginias-young-people-advise-commonwealth-to-invest-in-families-and-communities-not-youth-prisons.

29. D. Dorfman, "Strengthening Community Education: The Basis for Sustainable

Renewal Mapping Community Assets Workbook （1998） ", http://www. abcdinstitute. org/docs/Diane%20Dorfman-Mapping-Community-Assets-WorkBook （1） -1. pdf.

后 记

　　卡夫卡说:"我们称之为路的,不过是彷徨。"所以,尽管看过很多别人的后记,我却仍写不好自己的后记。然而或许每一本书总要有个后记才算完整,所以从一开始就念叨要写后记,仿佛看到后记就意味着任务的完成。终于到写后记的时候,却发现并无太多可记,从前有很多想要写的,已经在不知不觉中忘却。就算隐约觉得有些要写下的字句,也已经不知从何敲起。是因为此刻窗外飘泼的大雨打断了思绪?还是敲击老旧键盘的声响过于聒噪?抑或是因为年龄越来越大不习惯了电脑的写作?在思路被打断的时候,我们总想找一个聊以安慰的借口,期颐现下的困拙并非因为自己的愚钝。但就算愚钝,还是要努力促成完整,如同当初选择少年犯机构化处遇来研究,并非因为自己对此非常熟知,而只是因为觉得这个领域应该需要关注却并没有多少人关注。

　　从话题角度而言,少年犯这个话题并不新鲜,每天的报纸都不乏少年犯罪的新闻报道。学界也不缺少对少年犯罪的关注,国内刑法学、犯罪学领域存在大量关于少年犯的研究。但无论新闻还是学界,向来关注点在于两个:如何预防少年犯罪和如何规制少年犯罪。而对于已经走上歧途的少年犯如何矫治则关注甚少,疏落的文献也多从教育学的角度研究少年犯的矫治问题,极少有人关注机构内的少年犯矫治。因为受到关注不多,导致机构内的这部分少年犯被遗忘、被疏离，更有不少少年犯发展为成年犯。如果我们能够对机构内的少年犯多一点关注，或者对少年犯机构化处遇多一点关注，让少年犯得到有效的矫治，结果或许就大不一样。而这正是本书的写作初衷。

怀着这样一点并不成体系的想法，我开始选择参照制度。作为现代少年司法制度发源地的美国，当然首先进入我的考量视野，在发现国内尚未有人对美国少年犯机构化处遇进行系统研究之后，我正式将其作为研究对象，希望能从美国少年犯机构化处遇的历史变迁与制度应对中得到一些少年犯机构化处遇的参考良方或者经验教训。然而在厘定初步研究框架之后，我才发现这远比我想象的要困难许多，研究框架也几经修改，才成为现在的样子。

为了能将美国少年犯机构化处遇全面且详细地展现出来，尽量运用一手资料，我翻阅和翻译了大量文献，包括少年犯机构的最新官方统计资料、学术机构的调查报告、最新的研究文献等，希望尽量通过数据展现美国少年犯处遇的历史、现状、问题与应对，避免纯粹理论化思辨，努力迈向循证方法的道路。实际上，美国少年犯机构化处遇也往往是在循证的基础上开出来的"药方"，与本书的研究方式不谋而合。但遗憾的是，限于资料和数据的公开度，以及作者获取资料的能力，本书在很多地方无法做到一以贯之的"循证"，而只能通过大量的实例或案例的方式来展现与论证。期待将来条件具备的时候能够将本书的研究内容进一步深化，更加详细地将美国少年犯机构化处遇的所有内容展现出来，给国内少年犯处遇机构改革与优化提供更为可靠的资料借鉴。同时也希望有更多的人投入这个领域的研究，关注少年犯处遇，将少年犯作为少年整体的一部分来看待。

　　当然，在本书的写作中我也得到了诸多师长和前辈的指导。特别感谢中国政法大学王顺安教授多年来的指导和帮助，无论是学术上还是生活上，王老师都是值得我学习的楷模。也感谢届学武教授、刘志伟教授等诸多师长对本书所提的意见，使本书能够更加完善。

　　谨希望本书能为中国少年犯矫治事业提供些微智识贡献。是为记。

　　　　　　　　　　　　　　　　　　　刘洪峰
　　　　　　　　　　　　　　　　2017 年 7 月 16 日